U0613624

黄土高原区

耕地质量主要性状数据集

农业农村部耕地质量监测保护中心　编著

中国农业出版社
北　京

编辑委员会

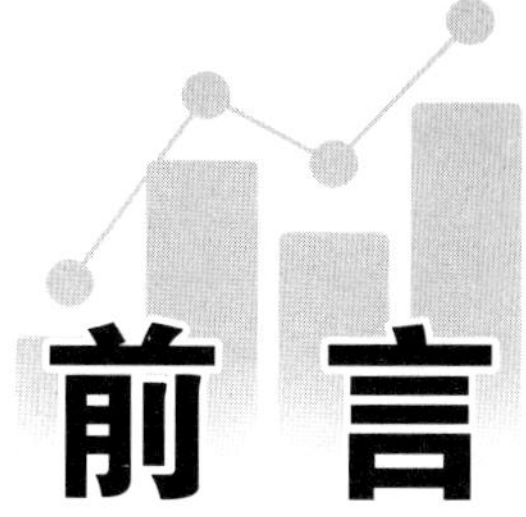

前言

黄土高原区包括陕西省中、北部，甘肃省中、东部，青海省东部，宁夏回族自治区中、南部，山西省中、南部，河北省西部太行山区和河南省西部地区，总耕地面积 1 133 万 hm^2，占全国耕地总面积的 8.4%。全面梳理黄土高原区主要土壤类型耕地质量性状，对发挥黄土高原区域耕地质量优势，发展生产，解决耕地质量劣势，有效培肥，促进耕地质量的有效保护、耕地的可持续利用有重要的意义。

为全面掌握黄土高原区耕地质量状况，推动评价成果为农业生产服务，自 2018 年起，农业农村部耕地质量监测保护中心组织陕西省、甘肃省、青海省、宁夏回族自治区、山西省、河北省、河南省 7 个省份有关技术人员，根据《耕地质量调查监测与评价办法》《耕地质量等级》(GB/T 33469—2016)，开展了黄土高原区耕地质量区域汇总评价工作。按照兼顾土壤类型、行政区划、地貌类型、地力水平等因素的原则，在该区域共计甄别遴选了 16 471个评价样点，并对数据进行了集中审查，建立了规范化的耕地资源属性数据库。在此基础上，根据土壤发生学分类，按照土类、亚类、土属整理汇编了《黄土高原区耕地质量主要性状数据集》。黄土高原区耕地包括棕壤、暗棕壤、褐土、灰褐土、黑土、黑钙土、栗钙土、栗褐土、黑垆土、灰钙土、黄绵土、红黏土、新积土、风沙土、粗骨土、石质土、草甸土、潮土、山地草甸土、沼泽土、草甸盐土、水稻土、灌淤土 23 个主要土壤类型、57 个主要亚类和 130 个主要土属。数据集涵盖有效土层厚度、耕层厚度、耕层容重、土壤有机质、土壤全氮、土壤有效磷、土壤速效钾、土壤缓效钾、土壤有效铜、土壤有效锌、土壤有效铁、土壤有效锰、土壤有效硼、土壤有效钼、土壤有效硫、土壤有效硅、耕层质地及土壤 pH 等 18 个数据项，涉及数据 26 万余个。

本书由科技基础资源调查专项“典型农区耕地质量演替数据整编与深加工”项目 (2021FY100500) 所属“耕地质量与生产力数据深加工”课题 (2021FY100505) 资助出版，特此感谢！

由于数据量大，编著者水平有限，不妥之处敬请广大读者批评指正！

编著者

2024 年 5 月

目录

前言

一、土　类

棕壤耕地土壤主要理化性状 …… 3
暗棕壤耕地土壤主要理化性状 …… 4
褐土耕地土壤主要理化性状 …… 5
灰褐土耕地土壤主要理化性状 …… 6
黑土耕地土壤主要理化性状 …… 7
黑钙土耕地土壤主要理化性状 …… 8
栗钙土耕地土壤主要理化性状 …… 9
栗褐土耕地土壤主要理化性状 …… 10
黑垆土耕地土壤主要理化性状 …… 11
灰钙土耕地土壤主要理化性状 …… 12
黄绵土耕地土壤主要理化性状 …… 13
红黏土耕地土壤主要理化性状 …… 14
新积土耕地土壤主要理化性状 …… 15
风沙土耕地土壤主要理化性状 …… 16
粗骨土耕地土壤主要理化性状 …… 17
石质土耕地土壤主要理化性状 …… 18
草甸土耕地土壤主要理化性状 …… 19
潮土耕地土壤主要理化性状 …… 20
山地草甸土耕地土壤主要理化性状 …… 21
沼泽土耕地土壤主要理化性状 …… 22
草甸盐土耕地土壤主要理化性状 …… 23
水稻土耕地土壤主要理化性状 …… 24
灌淤土耕地土壤主要理化性状 …… 25

二、亚　类

棕壤—典型棕壤耕地土壤主要理化性状 …… 29
暗棕壤—典型暗棕壤耕地土壤主要理化性状 …… 30
褐土—典型褐土耕地土壤主要理化性状 …… 31
褐土—石灰性褐土耕地土壤主要理化性状 …… 32
褐土—淋溶褐土耕地土壤主要理化性状 …… 33
褐土—潮褐土耕地土壤主要理化性状 …… 34
褐土—塿土耕地土壤主要理化性状 …… 35

褐土—褐土性土耕地土壤主要理化性状 …… 36
灰褐土—暗灰褐土耕地土壤主要理化性状 …… 37
灰褐土—淋溶灰褐土耕地土壤主要理化性状 …… 38
灰褐土—石灰性灰褐土耕地土壤主要理化性状 …… 39
黑土—典型黑土耕地土壤主要理化性状 …… 40
黑钙土—典型黑钙土耕地土壤主要理化性状 …… 41
黑钙土—淋溶黑钙土耕地土壤主要理化性状 …… 42
黑钙土—石灰性黑钙土耕地土壤主要理化性状 …… 43
栗钙土—典型栗钙土耕地土壤主要理化性状 …… 44
栗钙土—暗栗钙土耕地土壤主要理化性状 …… 45
栗钙土—淡栗钙土耕地土壤主要理化性状 …… 46
栗褐土—典型栗褐土耕地土壤主要理化性状 …… 47
栗褐土—淡栗褐土耕地土壤主要理化性状 …… 48
黑垆土—典型黑垆土耕地土壤主要理化性状 …… 49
黑垆土—黏化黑垆土耕地土壤主要理化性状 …… 50
黑垆土—黑麻土耕地土壤主要理化性状 …… 51
灰钙土—典型灰钙土耕地土壤主要理化性状 …… 52
灰钙土—淡灰钙土耕地土壤主要理化性状 …… 53
灰钙土—草甸灰钙土耕地土壤主要理化性状 …… 54
灰钙土—盐化灰钙土耕地土壤主要理化性状 …… 55
黄绵土—黄绵土耕地土壤主要理化性状 …… 56
红黏土—典型红黏土耕地土壤主要理化性状 …… 57
红黏土—积钙红黏土耕地土壤主要理化性状 …… 58
新积土—典型新积土耕地土壤主要理化性状 …… 59
新积土—冲积土耕地土壤主要理化性状 …… 60
风沙土—草原风沙土耕地土壤主要理化性状 …… 61
风沙土—草甸风沙土耕地土壤主要理化性状 …… 62
粗骨土—中性粗骨土耕地土壤主要理化性状 …… 63
粗骨土—钙质粗骨土耕地土壤主要理化性状 …… 64
石质土—中性石质土耕地土壤主要理化性状 …… 65
石质土—钙质石质土耕地土壤主要理化性状 …… 66
草甸土—典型草甸土耕地土壤主要理化性状 …… 67
潮土—典型潮土耕地土壤主要理化性状 …… 68
潮土—灰潮土耕地土壤主要理化性状 …… 69
潮土—脱潮土耕地土壤主要理化性状 …… 70
潮土—湿潮土耕地土壤主要理化性状 …… 71
潮土—盐化潮土耕地土壤主要理化性状 …… 72
潮土—碱化潮土耕地土壤主要理化性状 …… 73
山地草甸土—典型山地草甸土耕地土壤主要理化性状 …… 74
山地草甸土—山地草原草甸土耕地土壤主要理化性状 …… 75
沼泽土—腐泥沼泽土耕地土壤主要理化性状 …… 76
沼泽土—草甸沼泽土耕地土壤主要理化性状 …… 77
草甸盐土—典型草甸盐土耕地土壤主要理化性状 …… 78
水稻土—潴育水稻土耕地土壤主要理化性状 …… 79

水稻土—淹育水稻土耕地土壤主要理化性状 …… 80
水稻土—潜育水稻土耕地土壤主要理化性状 …… 81
水稻土—盐渍水稻土耕地土壤主要理化性状 …… 82
灌淤土—典型灌淤土耕地土壤主要理化性状 …… 83
灌淤土—潮灌淤土耕地土壤主要理化性状 …… 84
灌淤土—盐化灌淤土耕地土壤主要理化性状 …… 85

三、土 属

棕壤—典型棕壤—黄土质棕壤耕地土壤主要理化性状 …… 89
棕壤—典型棕壤—麻砂质棕壤耕地土壤主要理化性状 …… 90
棕壤—典型棕壤—硅质棕壤耕地土壤主要理化性状 …… 91
棕壤—典型棕壤—砂泥质棕壤耕地土壤主要理化性状 …… 92
暗棕壤—典型暗棕壤—麻砂质暗棕壤耕地土壤主要理化性状 …… 93
褐土—典型褐土—黄土质褐土耕地土壤主要理化性状 …… 94
褐土—典型褐土—泥砂质褐土耕地土壤主要理化性状 …… 95
褐土—典型褐土—灰泥质褐土耕地土壤主要理化性状 …… 96
褐土—典型褐土—红土质褐土耕地土壤主要理化性状 …… 97
褐土—石灰性褐土—黄土质石灰性褐土耕地土壤主要理化性状 …… 98
褐土—石灰性褐土—泥砂质石灰性褐土耕地土壤主要理化性状 …… 99
褐土—石灰性褐土—硅质石灰性褐土耕地土壤主要理化性状 …… 100
褐土—石灰性褐土—泥质石灰性褐土耕地土壤主要理化性状 …… 101
褐土—石灰性褐土—灰泥质石灰性褐土耕地土壤主要理化性状 …… 102
褐土—石灰性褐土—红土质石灰性褐土耕地土壤主要理化性状 …… 103
褐土—淋溶褐土—黄土质淋溶褐土耕地土壤主要理化性状 …… 104
褐土—淋溶褐土—泥砂质淋溶褐土耕地土壤主要理化性状 …… 105
褐土—淋溶褐土—硅质淋溶褐土耕地土壤主要理化性状 …… 106
褐土—淋溶褐土—灰泥质淋溶褐土耕地土壤主要理化性状 …… 107
褐土—淋溶褐土—砂泥质淋溶褐土耕地土壤主要理化性状 …… 108
褐土—潮褐土—黄土质潮褐土耕地土壤主要理化性状 …… 109
褐土—潮褐土—泥砂质潮褐土耕地土壤主要理化性状 …… 110
褐土—塿土—油塿土耕地土壤主要理化性状 …… 111
褐土—塿土—垆塿土耕地土壤主要理化性状 …… 112
褐土—塿土—立茬塿土耕地土壤主要理化性状 …… 113
褐土—塿土—斑斑土耕地土壤主要理化性状 …… 114
褐土—塿土—塿墡土耕地土壤主要理化性状 …… 115
褐土—褐土性土—黄土质褐土性土耕地土壤主要理化性状 …… 116
褐土—褐土性土—泥砂质褐土性土耕地土壤主要理化性状 …… 117
褐土—褐土性土—硅质褐土性土耕地土壤主要理化性状 …… 118
褐土—褐土性土—灰泥质褐土性土耕地土壤主要理化性状 …… 119
褐土—褐土性土—砂泥质褐土性土耕地土壤主要理化性状 …… 120
灰褐土—暗灰褐土—泥质暗灰褐土耕地土壤主要理化性状 …… 121
灰褐土—淋溶灰褐土—黄土质淋溶灰褐土耕地土壤主要理化性状 …… 122
灰褐土—石灰性灰褐土—黄土质石灰性灰褐土耕地土壤主要理化性状 …… 123
灰褐土—石灰性灰褐土—泥质石灰性灰褐土耕地土壤主要理化性状 …… 124

黑土—典型黑土—黄土质黑土耕地土壤主要理化性状 …… 125
黑钙土—典型黑钙土—黄土质黑钙土耕地土壤主要理化性状 …… 126
黑钙土—典型黑钙土—泥砂质黑钙土耕地土壤主要理化性状 …… 127
黑钙土—淋溶黑钙土—黄土质淋溶黑钙土耕地土壤主要理化性状 …… 128
黑钙土—淋溶黑钙土—麻砂质淋溶黑钙土耕地土壤主要理化性状 …… 129
黑钙土—石灰性黑钙土—黄土质石灰性黑钙土耕地土壤主要理化性状 …… 130
黑钙土—石灰性黑钙土—红土质石灰性黑钙土耕地土壤主要理化性状 …… 131
栗钙土—典型栗钙土—黄土质栗钙土耕地土壤主要理化性状 …… 132
栗钙土—典型栗钙土—泥砂质栗钙土耕地土壤主要理化性状 …… 133
栗钙土—典型栗钙土—麻砂质栗钙土耕地土壤主要理化性状 …… 134
栗钙土—典型栗钙土—硅质栗钙土耕地土壤主要理化性状 …… 135
栗钙土—典型栗钙土—泥质栗钙土耕地土壤主要理化性状 …… 136
栗钙土—暗栗钙土—黄土质暗栗钙土耕地土壤主要理化性状 …… 137
栗钙土—暗栗钙土—泥砂质暗栗钙土耕地土壤主要理化性状 …… 138
栗钙土—暗栗钙土—泥质暗栗钙土耕地土壤主要理化性状 …… 139
栗钙土—淡栗钙土—黄土质淡栗钙土耕地土壤主要理化性状 …… 140
栗钙土—淡栗钙土—麻砂质淡栗钙土耕地土壤主要理化性状 …… 141
栗褐土—典型栗褐土—黄土质栗褐土耕地土壤主要理化性状 …… 142
栗褐土—淡栗褐土—黄土质淡栗褐土耕地土壤主要理化性状 …… 143
黑垆土—典型黑垆土—黑垆土耕地土壤主要理化性状 …… 144
黑垆土—黏化黑垆土—黏化黑垆土耕地土壤主要理化性状 …… 145
黑垆土—黑麻土—黑麻土耕地土壤主要理化性状 …… 146
灰钙土—典型灰钙土—黄土质灰钙土耕地土壤主要理化性状 …… 147
灰钙土—典型灰钙土—泥砂质灰钙土耕地土壤主要理化性状 …… 148
灰钙土—典型灰钙土—砂田灰钙土耕地土壤主要理化性状 …… 149
灰钙土—淡灰钙土—黄土质淡灰钙土耕地土壤主要理化性状 …… 150
灰钙土—淡灰钙土—泥砂质淡灰钙土耕地土壤主要理化性状 …… 151
灰钙土—淡灰钙土—砂田淡灰钙土耕地土壤主要理化性状 …… 152
灰钙土—草甸灰钙土—泥砂质草甸灰钙土耕地土壤主要理化性状 …… 153
灰钙土—盐化灰钙土—氯化物灰钙土耕地土壤主要理化性状 …… 154
灰钙土—盐化灰钙土—硫酸盐灰钙土耕地土壤主要理化性状 …… 155
黄绵土—黄绵土—绵土耕地土壤主要理化性状 …… 156
黄绵土—黄绵土—绵砂土耕地土壤主要理化性状 …… 157
黄绵土—黄绵土—绵墡土耕地土壤主要理化性状 …… 158
黄绵土—黄绵土—黄墡土耕地土壤主要理化性状 …… 159
红黏土—典型红黏土—典型红黏土耕地土壤主要理化性状 …… 160
红黏土—积钙红黏土—积钙红黏土耕地土壤主要理化性状 …… 161
新积土—典型新积土—山洪土耕地土壤主要理化性状 …… 162
新积土—典型新积土—石灰性山洪土耕地土壤主要理化性状 …… 163
新积土—典型新积土—堆垫土耕地土壤主要理化性状 …… 164
新积土—典型新积土—坝淤土耕地土壤主要理化性状 …… 165
新积土—典型新积土—漫淤土耕地土壤主要理化性状 …… 166
新积土—冲积土—冲积砾砂土耕地土壤主要理化性状 …… 167
新积土—冲积土—冲积砂土耕地土壤主要理化性状 …… 168

新积土—冲积土—冲积壤土耕地土壤主要理化性状 …… 169
新积土—冲积土—石灰性冲积砂土耕地土壤主要理化性状 …… 170
新积土—冲积土—石灰性冲积壤土耕地土壤主要理化性状 …… 171
风沙土—草原风沙土—草原固定风沙土耕地土壤主要理化性状 …… 172
风沙土—草原风沙土—草原半固定风沙土耕地土壤主要理化性状 …… 173
风沙土—草原风沙土—草原流动风沙土耕地土壤主要理化性状 …… 174
风沙土—草甸风沙土—草甸固定风沙土耕地土壤主要理化性状 …… 175
粗骨土—中性粗骨土—暗泥质中性粗骨土耕地土壤主要理化性状 …… 176
粗骨土—中性粗骨土—麻砂质中性粗骨土耕地土壤主要理化性状 …… 177
粗骨土—中性粗骨土—硅质中性粗骨土耕地土壤主要理化性状 …… 178
粗骨土—中性粗骨土—泥质中性粗骨土耕地土壤主要理化性状 …… 179
粗骨土—中性粗骨土—砂泥质中性粗骨土耕地土壤主要理化性状 …… 180
粗骨土—钙质粗骨土—灰泥质钙质粗骨土耕地土壤主要理化性状 …… 181
粗骨土—钙质粗骨土—暗泥质钙质粗骨土耕地土壤主要理化性状 …… 182
石质土—中性石质土—砂泥质中性石质土耕地土壤主要理化性状 …… 183
石质土—钙质石质土—灰泥质钙质石质土耕地土壤主要理化性状 …… 184
石质土—钙质石质土—砂泥质钙质石质土耕地土壤主要理化性状 …… 185
草甸土—典型草甸土—草甸砂土耕地土壤主要理化性状 …… 186
草甸土—典型草甸土—草甸壤土耕地土壤主要理化性状 …… 187
潮土—典型潮土—潮砂土耕地土壤主要理化性状 …… 188
潮土—典型潮土—潮壤土耕地土壤主要理化性状 …… 189
潮土—典型潮土—潮黏土耕地土壤主要理化性状 …… 190
潮土—典型潮土—石灰性潮砂土耕地土壤主要理化性状 …… 191
潮土—典型潮土—石灰性潮壤土耕地土壤主要理化性状 …… 192
潮土—典型潮土—石灰性潮黏土耕地土壤主要理化性状 …… 193
潮土—灰潮土—灰潮壤土耕地土壤主要理化性状 …… 194
潮土—脱潮土—脱潮壤土耕地土壤主要理化性状 …… 195
潮土—湿潮土—湿潮砂土耕地土壤主要理化性状 …… 196
潮土—湿潮土—湿潮壤土耕地土壤主要理化性状 …… 197
潮土—盐化潮土—氯化物潮土耕地土壤主要理化性状 …… 198
潮土—盐化潮土—硫酸盐潮土耕地土壤主要理化性状 …… 199
潮土—盐化潮土—苏打潮土耕地土壤主要理化性状 …… 200
潮土—碱化潮土—碱潮壤土耕地土壤主要理化性状 …… 201
山地草甸土—典型山地草甸土—山地草甸壤土耕地土壤主要理化性状 …… 202
山地草甸土—山地草原草甸土—山地草原草甸土耕地土壤主要理化性状 …… 203
沼泽土—腐泥沼泽土—腐泥沼泽土耕地土壤主要理化性状 …… 204
沼泽土—草甸沼泽土—草甸沼泽土耕地土壤主要理化性状 …… 205
草甸盐土—典型草甸盐土—氯化物草甸盐土耕地土壤主要理化性状 …… 206
草甸盐土—典型草甸盐土—硫酸盐草甸盐土耕地土壤主要理化性状 …… 207
水稻土—潴育水稻土—潮泥田耕地土壤主要理化性状 …… 208
水稻土—潴育水稻土—潮泥砂田耕地土壤主要理化性状 …… 209
水稻土—淹育水稻土—浅潮泥田耕地土壤主要理化性状 …… 210
水稻土—潜育水稻土—青潮泥田耕地土壤主要理化性状 …… 211
水稻土—盐渍水稻土—氯化物涂砂田耕地土壤主要理化性状 …… 212

水稻土—盐渍水稻土—氯化物涂泥田耕地土壤主要理化性状 …… 213
灌淤土—典型灌淤土—灌淤砂土耕地土壤主要理化性状 …… 214
灌淤土—典型灌淤土—灌淤壤土耕地土壤主要理化性状 …… 215
灌淤土—典型灌淤土—灌淤黏土耕地土壤主要理化性状 …… 216
灌淤土—潮灌淤土—潮灌淤壤土耕地土壤主要理化性状 …… 217
灌淤土—盐化灌淤土—盐化灌淤土耕地土壤主要理化性状 …… 218

一、土　类

棕壤耕地土壤主要理化性状

项目名称	样本数（个）	平均值	标准差	变异系数（%）	范 围
有效土层厚度（cm）	34	106.3	35.31	33.21	40.0～150.0
耕层厚度（cm）	30	22.4	5.18	23.08	15.0～30.0
耕层容重（g/cm^3）	34	1.30	0.10	7.56	1.05～1.46
有机质（g/kg）	33	19.8	5.33	26.88	9.5～31.7
全氮（g/kg）	32	1.156	0.31	26.66	0.555～1.770
有效磷（mg/kg）	32	20.9	10.99	52.51	4.2～50.3
速效钾（mg/kg）	32	181	82.46	45.47	79～385
缓效钾（mg/kg）	32	1 034	186.71	18.07	761～1 424
有效铜（mg/kg）	22	1.21	0.47	38.69	0.21～2.08
有效锌（mg/kg）	22	1.20	0.67	56.15	0.26～2.56
有效铁（mg/kg）	20	15.20	4.53	29.80	9.72～24.61
有效锰（mg/kg）	22	11.18	4.37	39.11	3.40～20.14
有效硼（mg/kg）	22	0.72	0.34	46.68	0.24～1.60
有效钼（mg/kg）	22	0.174	0.28	159.36	0.067～1.378
有效硫（mg/kg）	22	31.28	18.87	60.34	10.81～70.97
有效硅（mg/kg）	21	100.25	46.22	46.10	52.18～239.00

耕层质地

砂土		砂壤土		轻壤土		中壤土		重壤土		黏土	
样本数	占比（%）	样本数	占比（%）	样本数	占比（%）	样本数	占比（%）	样本数	占比（%）	样本数	占比（%）
0	0.00	0	0.00	11	32.35	23	67.65	0	0.00	0	0.00

土壤 pH

≤4.5		(4.5～5.5]		(5.5～6.5]		(6.5～7.5]		(7.5～8.5]		>8.5	
样本数	占比（%）	样本数	占比（%）	样本数	占比（%）	样本数	占比（%）	样本数	占比（%）	样本数	占比（%）
0	0.00	0	0.00	1	2.94	8	23.53	25	73.53	0	0.00

暗棕壤耕地土壤主要理化性状

项目名称	样本数（个）	平均值	标准差	变异系数（%）	范　围
有效土层厚度（cm）	2	60.5	0.71	1.17	60.0～61.0
耕层厚度（cm）	2	22.9	10.04	43.85	15.8～30.0
耕层容重（g/cm^3）	2	1.23	0.11	8.66	1.15～1.30
有机质（g/kg）	2	15.7	2.26	14.41	14.1～17.3
全氮（g/kg）	1	1.520	—	—	—
有效磷（mg/kg）	2	30.8	14.14	45.92	20.8～40.8
速效钾（mg/kg）	2	228	102.53	45.07	155～300
缓效钾（mg/kg）	1	977	—	—	—
有效铜（mg/kg）	2	0.85	0.21	24.37	0.71～1.00
有效锌（mg/kg）	2	2.34	0.39	16.76	2.06～2.62
有效铁（mg/kg）	2	16.37	0.79	4.80	15.82～16.93
有效锰（mg/kg）	2	11.25	1.26	11.21	10.36～12.15
有效硼（mg/kg）	2	1.58	1.10	70.15	0.79～2.36
有效钼（mg/kg）	2	0.129	0.02	18.78	0.112～0.146
有效硫（mg/kg）	2	3.14	0.64	20.42	2.69～3.59
有效硅（mg/kg）	2	113.67	59.37	52.23	71.69～155.66

耕层质地

砂土		砂壤土		轻壤土		中壤土		重壤土		黏土	
样本数	占比（%）	样本数	占比（%）	样本数	占比（%）	样本数	占比（%）	样本数	占比（%）	样本数	占比（%）
0	0.00	0	0.00	0	0.00	2	100.00	0	0.00	0	0.00

土壤 pH

≤4.5		(4.5～5.5]		(5.5～6.5]		(6.5～7.5]		(7.5～8.5]		>8.5	
样本数	占比（%）	样本数	占比（%）	样本数	占比（%）	样本数	占比（%）	样本数	占比（%）	样本数	占比（%）
0	0.00	0	0.00	0	0.00	1	50.00	1	50.00	0	0.00

褐土耕地土壤主要理化性状

项目名称	样本数（个）	平均值	标准差	变异系数（%）	范　围
有效土层厚度（cm）	5 034	123.7	50.72	41.02	30.0～200.0
耕层厚度（cm）	5 249	23.6	4.86	20.58	15.0～40.0
耕层容重（g/cm^3）	5 081	1.26	0.09	7.01	1.05～1.49
有机质（g/kg）	5 157	18.8	5.99	31.88	4.7～32.3
全氮（g/kg）	5 181	1.105	0.34	30.33	0.300～2.068
有效磷（mg/kg）	5 250	18.4	11.40	61.84	3.3～72.7
速效钾（mg/kg）	5 264	201	72.51	36.14	69～424
缓效钾（mg/kg）	5 213	895	199.03	22.25	317～1 515
有效铜（mg/kg）	630	1.18	0.51	43.35	0.17～2.80
有效锌（mg/kg）	645	1.73	1.43	82.50	0.21～7.39
有效铁（mg/kg）	610	10.08	5.87	58.28	1.20～30.69
有效锰（mg/kg）	569	12.31	5.83	47.32	2.01～27.44
有效硼（mg/kg）	603	0.62	0.36	58.34	0.12～2.70
有效钼（mg/kg）	613	0.158	0.14	85.78	0.043～1.408
有效硫（mg/kg）	566	37.78	32.98	87.30	1.66～205.35
有效硅（mg/kg）	463	164.66	73.52	44.65	26.74～330.00

耕层质地

砂土		砂壤土		轻壤土		中壤土		重壤土		黏土	
样本数	占比（%）	样本数	占比（%）	样本数	占比（%）	样本数	占比（%）	样本数	占比（%）	样本数	占比（%）
9	0.17	277	5.21	1 041	19.58	3610	67.90	272	5.12	108	2.03

土壤 pH

≤4.5		(4.5～5.5]		(5.5～6.5]		(6.5～7.5]		(7.5～8.5]		>8.5	
样本数	占比（%）	样本数	占比（%）	样本数	占比（%）	样本数	占比（%）	样本数	占比（%）	样本数	占比（%）
0	0.00	0	0.00	20	0.38	120	2.26	4 722	88.81	455	8.56

灰褐土耕地土壤主要理化性状

项目名称	样本数（个）	平均值	标准差	变异系数（%）	范　围
有效土层厚度（cm）	127	92.8	46.47	50.06	32.0～200.0
耕层厚度（cm）	132	23.2	4.19	18.04	16.0～30.0
耕层容重（g/cm³）	125	1.26	0.08	6.25	1.07～1.43
有机质（g/kg）	126	16.2	5.26	32.58	6.4～29.7
全氮（g/kg）	125	1.043	0.32	30.56	0.335～2.063
有效磷（mg/kg）	127	24.8	16.36	66.02	3.9～70.2
速效钾（mg/kg）	125	212	95.06	44.86	74～413
缓效钾（mg/kg）	120	1 098	228.08	20.78	466～1 491
有效铜（mg/kg）	126	1.02	0.58	57.31	0.16～2.84
有效锌（mg/kg）	130	1.04	0.62	59.21	0.21～3.36
有效铁（mg/kg）	122	13.59	6.65	48.93	1.25～30.51
有效锰（mg/kg）	127	12.06	4.28	35.49	2.37～25.40
有效硼（mg/kg）	129	0.77	0.59	76.58	0.13～3.04
有效钼（mg/kg）	125	0.122	0.07	53.69	0.045～0.410
有效硫（mg/kg）	131	14.23	15.07	105.96	2.21～131.50
有效硅（mg/kg）	124	125.19	52.47	41.91	25.30～282.39

耕层质地

砂土		砂壤土		轻壤土		中壤土		重壤土		黏土	
样本数	占比（%）	样本数	占比（%）	样本数	占比（%）	样本数	占比（%）	样本数	占比（%）	样本数	占比（%）
0	0.00	3	2.27	3	2.27	126	95.45	0	0.00	0	0.00

土壤 pH

≤4.5		(4.5～5.5]		(5.5～6.5]		(6.5～7.5]		(7.5～8.5]		>8.5	
样本数	占比（%）	样本数	占比（%）	样本数	占比（%）	样本数	占比（%）	样本数	占比（%）	样本数	占比（%）
0	0.00	0	0.00	2	1.52	6	4.55	106	80.30	18	13.64

黑土耕地土壤主要理化性状

项目名称	样本数（个）	平均值	标准差	变异系数（%）	范 围
有效土层厚度（cm）	30	145.3	21.77	14.98	100.0～200.0
耕层厚度（cm）	30	18.8	2.63	13.95	15.0～30.0
耕层容重（g/cm^3）	28	1.28	0.03	2.67	1.18～1.35
有机质（g/kg）	27	16.0	4.21	26.31	9.6～29.3
全氮（g/kg）	28	1.076	0.31	28.63	0.610～1.670
有效磷（mg/kg）	28	20.0	10.00	49.99	5.7～39.5
速效钾（mg/kg）	27	206	107.06	51.91	68～424
缓效钾（mg/kg）	30	1 067	211.15	19.80	566～1 379
有效铜（mg/kg）	30	0.54	0.41	76.83	0.21～1.32
有效锌（mg/kg）	30	1.05	0.39	37.43	0.43～2.25
有效铁（mg/kg）	30	13.43	4.40	32.75	6.60～26.00
有效锰（mg/kg）	30	9.93	2.26	22.73	5.60～17.70
有效硼（mg/kg）	30	0.51	0.13	24.69	0.20～0.89
有效钼（mg/kg）	30	0.119	0.05	39.02	0.062～0.322
有效硫（mg/kg）	30	16.53	11.60	70.18	2.05～60.46
有效硅（mg/kg）	30	111.21	39.45	35.47	51.45～223.76

耕层质地

砂土		砂壤土		轻壤土		中壤土		重壤土		黏土	
样本数	占比（%）	样本数	占比（%）	样本数	占比（%）	样本数	占比（%）	样本数	占比（%）	样本数	占比（%）
0	0.00	0	0.00	0	0.00	30	100.00	0	0.00	0	0.00

土壤 pH

≤4.5		(4.5～5.5]		(5.5～6.5]		(6.5～7.5]		(7.5～8.5]		>8.5	
样本数	占比（%）	样本数	占比（%）	样本数	占比（%）	样本数	占比（%）	样本数	占比（%）	样本数	占比（%）
0	0.00	0	0.00	0	0.00	3	10.00	27	90.00	0	0.00

黑钙土耕地土壤主要理化性状

项目名称	样本数（个）	平均值	标准差	变异系数（%）	范围
有效土层厚度（cm）	79	133.3	27.17	20.38	40.0～150.0
耕层厚度（cm）	79	24.4	5.60	22.94	20.0～40.0
耕层容重（g/cm^3）	77	1.26	0.10	7.86	1.10～1.46
有机质（g/kg）	63	20.4	5.93	29.02	6.9～32.2
全氮（g/kg）	66	1.329	0.40	29.77	0.310～2.050
有效磷（mg/kg）	73	30.3	19.91	65.62	3.5～73.7
速效钾（mg/kg）	74	166	91.05	55.01	70～411
缓效钾（mg/kg）	75	864	205.65	23.80	483～1 491
有效铜（mg/kg）	69	0.75	0.38	50.73	0.17～1.94
有效锌（mg/kg）	71	1.86	1.20	64.26	0.23～6.19
有效铁（mg/kg）	67	15.99	6.88	43.02	5.10～30.66
有效锰（mg/kg）	77	8.45	3.73	44.16	2.04～20.85
有效硼（mg/kg）	78	0.68	0.41	59.68	0.21～2.53
有效钼（mg/kg）	77	0.113	0.04	33.38	0.053～0.206
有效硫（mg/kg）	76	33.32	24.64	73.95	5.69～170.08
有效硅（mg/kg）	53	209.61	67.26	32.09	72.40～330.00

耕层质地

砂土		砂壤土		轻壤土		中壤土		重壤土		黏土	
样本数	占比（%）	样本数	占比（%）	样本数	占比（%）	样本数	占比（%）	样本数	占比（%）	样本数	占比（%）
0	0.00	10	12.66	9	11.39	38	48.10	14	17.72	8	10.13

土壤 pH

≤4.5		(4.5～5.5]		(5.5～6.5]		(6.5～7.5]		(7.5～8.5]		>8.5	
样本数	占比（%）	样本数	占比（%）	样本数	占比（%）	样本数	占比（%）	样本数	占比（%）	样本数	占比（%）
0	0.00	0	0.00	0	0.00	6	7.59	71	89.87	2	2.53

栗钙土耕地土壤主要理化性状

项目名称	样本数（个）	平均值	标准差	变异系数（%）	范　围
有效土层厚度（cm）	687	121.1	34.59	28.56	30.0～200.0
耕层厚度（cm）	664	26.9	7.00	26.07	15.0～40.0
耕层容重（g/cm^3）	671	1.27	0.10	8.04	1.05～1.49
有机质（g/kg）	607	19.2	6.10	31.73	4.7～32.3
全氮（g/kg）	623	1.282	0.38	29.80	0.330～2.057
有效磷（mg/kg）	632	32.0	17.97	56.18	3.8～73.7
速效钾（mg/kg）	651	181	85.00	46.87	68～422
缓效钾（mg/kg）	686	905	197.41	21.83	369～1 453
有效铜（mg/kg）	624	0.81	0.55	68.79	0.14～2.67
有效锌（mg/kg）	562	2.04	1.62	79.40	0.21～7.33
有效铁（mg/kg）	656	11.49	6.31	54.92	1.21～30.79
有效锰（mg/kg）	649	8.41	5.61	66.78	1.90～27.39
有效硼（mg/kg）	683	0.68	0.46	68.17	0.13～3.19
有效钼（mg/kg）	557	0.114	0.04	36.91	0.046～0.359
有效硫（mg/kg）	558	33.66	23.64	70.23	2.45～196.01
有效硅（mg/kg）	648	143.72	60.85	42.34	40.50～330.00

耕层质地

砂土		砂壤土		轻壤土		中壤土		重壤土		黏土	
样本数	占比（%）	样本数	占比（%）	样本数	占比（%）	样本数	占比（%）	样本数	占比（%）	样本数	占比（%）
0	0.00	118	17.05	97	14.02	295	42.63	138	19.94	44	6.36

土壤 pH

≤4.5		(4.5～5.5]		(5.5～6.5]		(6.5～7.5]		(7.5～8.5]		>8.5	
样本数	占比（%）	样本数	占比（%）	样本数	占比（%）	样本数	占比（%）	样本数	占比（%）	样本数	占比（%）
0	0.00	0	0.00	0	0.00	7	1.13	583	93.73	32	5.14

栗褐土耕地土壤主要理化性状

项目名称	样本数（个）	平均值	标准差	变异系数（%）	范　围
有效土层厚度（cm）	194	150.5	51.22	34.02	56.0～200.0
耕层厚度（cm）	220	27.7	4.32	15.58	18.0～40.0
耕层容重（g/cm³）	210	1.24	0.06	4.55	1.10～1.32
有机质（g/kg）	198	10.5	5.37	51.23	4.8～29.5
全氮（g/kg）	183	0.765	0.46	59.71	0.300～1.900
有效磷（mg/kg）	220	10.1	7.33	72.74	3.3～38.7
速效钾（mg/kg）	219	134	50.41	37.60	68～307
缓效钾（mg/kg）	220	824	96.20	11.68	475～1 135
有效铜（mg/kg）	12	0.63	0.26	42.22	0.40～1.23
有效锌（mg/kg）	12	0.74	0.61	82.00	0.27～2.15
有效铁（mg/kg）	12	5.02	1.76	35.11	2.25～7.80
有效锰（mg/kg）	12	6.69	2.31	34.52	3.81～12.45
有效硼（mg/kg）	11	0.44	0.28	64.71	0.26～1.13
有效钼（mg/kg）	12	0.139	0.04	27.74	0.073～0.201
有效硫（mg/kg）	12	12.49	10.98	87.91	3.39～43.08
有效硅（mg/kg）	12	133.42	97.11	72.78	36.70～318.17

耕层质地

砂土		砂壤土		轻壤土		中壤土		重壤土		黏土	
样本数	占比（%）	样本数	占比（%）	样本数	占比（%）	样本数	占比（%）	样本数	占比（%）	样本数	占比（%）
0	0.00	45	20.45	125	56.82	38	17.27	7	3.18	5	2.27

土壤 pH

≤4.5		(4.5～5.5]		(5.5～6.5]		(6.5～7.5]		(7.5～8.5]		>8.5	
样本数	占比（%）	样本数	占比（%）	样本数	占比（%）	样本数	占比（%）	样本数	占比（%）	样本数	占比（%）
0	0.00	0	0.00	0	0.00	10	4.55	87	39.55	123	55.91

黑垆土耕地土壤主要理化性状

项目名称	样本数（个）	平均值	标准差	变异系数（%）	范 围
有效土层厚度（cm）	1 997	115.3	37.51	32.53	29.0～200.0
耕层厚度（cm）	2 006	22.8	5.53	24.23	15.0～40.0
耕层容重（g/cm³）	1 966	1.26	0.08	6.71	1.05～1.49
有机质（g/kg）	1 972	14.8	4.12	27.87	4.7～32.3
全氮（g/kg）	1 983	0.958	0.25	26.25	0.300～2.054
有效磷（mg/kg）	1 925	21.3	14.09	66.06	3.3～73.1
速效钾（mg/kg）	1 880	186	80.14	43.11	68～423
缓效钾（mg/kg）	1 856	1 096	200.65	18.30	329～1 523
有效铜（mg/kg）	1 750	0.70	0.44	63.51	0.14～2.84
有效锌（mg/kg）	1 767	0.86	0.45	52.42	0.21～4.26
有效铁（mg/kg）	1 737	11.13	4.87	43.71	1.23～30.74
有效锰（mg/kg）	1 755	9.46	3.47	36.70	1.91～26.76
有效硼（mg/kg）	1 772	0.71	0.44	61.11	0.12～3.51
有效钼（mg/kg）	1 767	0.117	0.06	53.71	0.041～1.409
有效硫（mg/kg）	1 772	17.41	12.11	69.56	2.00～197.24
有效硅（mg/kg）	1 731	110.70	34.27	30.96	24.70～281.00

耕层质地

砂土		砂壤土		轻壤土		中壤土		重壤土		黏土	
样本数	占比（%）	样本数	占比（%）	样本数	占比（%）	样本数	占比（%）	样本数	占比（%）	样本数	占比（%）
3	0.15	15	0.75	180	8.96	1 775	88.31	1	0.05	36	1.79

土壤 pH

≤4.5		(4.5～5.5]		(5.5～6.5]		(6.5～7.5]		(7.5～8.5]		>8.5	
样本数	占比（%）	样本数	占比（%）	样本数	占比（%）	样本数	占比（%）	样本数	占比（%）	样本数	占比（%）
0	0.00	0	0.00	2	0.10	21	1.04	1 599	79.55	388	19.30

灰钙土耕地土壤主要理化性状

项目名称	样本数（个）	平均值	标准差	变异系数（%）	范围
有效土层厚度（cm）	608	114.0	34.45	30.21	33.0～165.0
耕层厚度（cm）	634	21.1	4.36	20.68	15.0～40.0
耕层容重（g/cm^3）	579	1.27	0.08	6.55	1.06～1.49
有机质（g/kg）	605	13.1	4.56	34.89	4.7～28.8
全氮（g/kg）	605	0.823	0.28	34.29	0.300～1.980
有效磷（mg/kg）	569	22.6	16.40	72.62	3.3～73.3
速效钾（mg/kg）	588	189	83.49	44.21	67～422
缓效钾（mg/kg）	621	1 001	253.02	25.27	315～1 503
有效铜（mg/kg）	613	0.71	0.52	73.16	0.14～2.84
有效锌（mg/kg）	621	1.08	0.81	74.95	0.21～7.22
有效铁（mg/kg）	633	9.41	4.17	44.35	1.37～30.69
有效锰（mg/kg）	629	8.60	3.38	39.29	2.55～26.24
有效硼（mg/kg）	605	0.82	0.58	70.51	0.14～3.57
有效钼（mg/kg）	621	0.111	0.05	40.92	0.042～0.410
有效硫（mg/kg）	634	19.49	14.16	72.68	2.21～161.74
有效硅（mg/kg）	628	116.42	35.01	30.07	51.21～324.00

耕层质地

砂土		砂壤土		轻壤土		中壤土		重壤土		黏土	
样本数	占比（%）	样本数	占比（%）	样本数	占比（%）	样本数	占比（%）	样本数	占比（%）	样本数	占比（%）
8	1.26	45	7.10	9	1.42	563	88.80	7	1.10	2	0.32

土壤 pH

≤4.5		(4.5～5.5]		(5.5～6.5]		(6.5～7.5]		(7.5～8.5]		>8.5	
样本数	占比（%）	样本数	占比（%）	样本数	占比（%）	样本数	占比（%）	样本数	占比（%）	样本数	占比（%）
0	0.00	0	0.00	0	0.00	3	0.48	417	66.40	208	33.12

黄绵土耕地土壤主要理化性状

项目名称	样本数（个）	平均值	标准差	变异系数（%）	范　围
有效土层厚度（cm）	4 875	112.8	54.05	47.92	29.0～200.0
耕层厚度（cm）	4 912	23.9	5.29	22.15	15.0～40.0
耕层容重（g/cm^3）	4 600	1.26	0.08	6.03	1.05～1.49
有机质（g/kg）	4 790	12.8	5.01	39.15	4.7～32.3
全氮（g/kg）	4 780	0.806	0.31	38.14	0.299～2.030
有效磷（mg/kg）	4 707	16.9	12.74	75.19	3.3～73.1
速效钾（mg/kg）	4 746	169	79.56	47.04	67～424
缓效钾（mg/kg）	4 705	912	251.57	27.60	313～1 523
有效铜（mg/kg）	2 157	0.73	0.47	64.78	0.14～2.79
有效锌（mg/kg）	2 151	0.84	0.57	68.08	0.21～6.05
有效铁（mg/kg）	2 139	9.90	5.18	52.27	1.21～30.04
有效锰（mg/kg）	2 144	9.90	4.24	42.81	1.99～27.40
有效硼（mg/kg）	2 105	0.68	0.57	83.16	0.12～3.58
有效钼（mg/kg）	2 149	0.131	0.12	93.26	0.041～1.436
有效硫（mg/kg）	2 093	17.71	16.66	94.08	1.80～198.34
有效硅（mg/kg）	1 907	112.06	33.00	29.45	25.50～256.85

耕层质地

砂土		砂壤土		轻壤土		中壤土		重壤土		黏土	
样本数	占比（%）	样本数	占比（%）	样本数	占比（%）	样本数	占比（%）	样本数	占比（%）	样本数	占比（%）
60	1.20	471	9.44	1 124	22.53	3 129	62.72	59	1.18	146	2.93

土壤 pH

≤4.5		(4.5～5.5]		(5.5～6.5]		(6.5～7.5]		(7.5～8.5]		>8.5	
样本数	占比（%）	样本数	占比（%）	样本数	占比（%）	样本数	占比（%）	样本数	占比（%）	样本数	占比（%）
0	0.00	0	0.00	7	0.14	38	0.77	3 332	67.30	1 574	31.79

红黏土耕地土壤主要理化性状

项目名称	样本数（个）	平均值	标准差	变异系数（%）	范　围
有效土层厚度（cm）	236	104.3	37.60	36.06	40.0～200.0
耕层厚度（cm）	236	23.9	4.65	19.49	15.0～30.0
耕层容重（g/cm^3）	229	1.28	0.08	6.61	1.07～1.48
有机质（g/kg）	235	16.1	5.90	36.59	4.7～32.0
全氮（g/kg）	232	0.972	0.30	30.67	0.336～1.880
有效磷（mg/kg）	231	18.7	12.98	69.36	3.3～66.4
速效钾（mg/kg）	223	196	78.31	39.86	73～406
缓效钾（mg/kg）	224	1 052	228.17	21.70	405～1 477
有效铜（mg/kg）	180	0.83	0.63	75.43	0.19～2.73
有效锌（mg/kg）	183	0.98	0.57	57.76	0.21～5.47
有效铁（mg/kg）	164	12.57	4.80	38.22	1.28～29.63
有效锰（mg/kg）	181	11.13	4.07	36.56	3.16～27.20
有效硼（mg/kg）	185	0.72	0.42	58.00	0.15～2.51
有效钼（mg/kg）	183	0.129	0.07	57.98	0.047～0.795
有效硫（mg/kg）	185	17.42	13.90	79.78	2.13～138.24
有效硅（mg/kg）	163	111.79	37.86	33.87	26.00～256.00

耕层质地

砂土		砂壤土		轻壤土		中壤土		重壤土		黏土	
样本数	占比（%）	样本数	占比（%）	样本数	占比（%）	样本数	占比（%）	样本数	占比（%）	样本数	占比（%）
2	0.85	1	0.42	2	0.85	181	76.69	20	8.47	30	12.71

土壤 pH

≤4.5		(4.5～5.5]		(5.5～6.5]		(6.5～7.5]		(7.5～8.5]		>8.5	
样本数	占比（%）	样本数	占比（%）	样本数	占比（%）	样本数	占比（%）	样本数	占比（%）	样本数	占比（%）
0	0.00	0	0.00	0	0.00	0	0.00	204	86.44	32	13.56

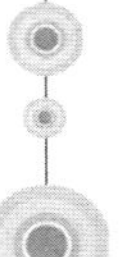

新积土耕地土壤主要理化性状

项目名称	样本数（个）	平均值	标准差	变异系数（%）	范　围
有效土层厚度（cm）	418	115.0	54.64	47.53	30.0～200.0
耕层厚度（cm）	426	24.0	5.85	24.42	15.0～40.0
耕层容重（g/cm^3）	389	1.28	0.08	5.89	1.08～1.49
有机质（g/kg）	437	15.2	6.21	40.73	4.8～31.9
全氮（g/kg）	432	0.941	0.37	39.03	0.300～1.972
有效磷（mg/kg）	442	19.1	12.10	63.24	3.6～73.6
速效钾（mg/kg）	447	195	84.20	43.24	67～400
缓效钾（mg/kg）	431	932	303.65	32.59	322～1 511
有效铜（mg/kg）	259	0.77	0.51	66.29	0.14～2.76
有效锌（mg/kg）	263	0.94	0.77	81.91	0.22～6.66
有效铁（mg/kg）	261	9.96	4.91	49.26	1.89～28.77
有效锰（mg/kg）	258	8.46	4.64	54.87	2.16～25.71
有效硼（mg/kg）	233	1.01	0.94	92.31	0.15～3.59
有效钼（mg/kg）	261	0.114	0.12	103.12	0.042～1.168
有效硫（mg/kg）	256	15.93	14.91	93.63	1.81～157.37
有效硅（mg/kg）	245	128.96	49.19	38.14	65.22～300.96

耕层质地

砂土		砂壤土		轻壤土		中壤土		重壤土		黏土	
样本数	占比（%）	样本数	占比（%）	样本数	占比（%）	样本数	占比（%）	样本数	占比（%）	样本数	占比（%）
19	4.10	75	16.20	42	9.07	300	64.79	26	5.62	1	0.22

土壤 pH

≤4.5		(4.5～5.5]		(5.5～6.5]		(6.5～7.5]		(7.5～8.5]		>8.5	
样本数	占比（%）	样本数	占比（%）	样本数	占比（%）	样本数	占比（%）	样本数	占比（%）	样本数	占比（%）
0	0.00	1	0.22	2	0.44	9	1.99	330	72.85	111	24.50

风沙土耕地土壤主要理化性状

项目名称	样本数（个）	平均值	标准差	变异系数（%）	范　围
有效土层厚度（cm）	250	82.3	60.12	73.08	30.0～200.0
耕层厚度（cm）	218	22.8	6.01	26.35	15.0～40.0
耕层容重（g/cm^3）	211	1.33	0.10	7.24	1.10～1.49
有机质（g/kg）	211	9.7	3.74	38.39	4.7～29.2
全氮（g/kg）	201	0.624	0.24	37.76	0.299～1.664
有效磷（mg/kg）	236	17.6	12.31	69.81	3.4～72.2
速效钾（mg/kg）	202	125	58.87	46.93	68～347
缓效钾（mg/kg）	181	533	187.69	35.24	314～1 067
有效铜（mg/kg）	58	0.44	0.29	66.23	0.14～1.41
有效锌（mg/kg）	65	0.82	0.88	106.49	0.21～4.09
有效铁（mg/kg）	66	5.66	3.33	58.82	1.70～18.08
有效锰（mg/kg）	63	6.48	3.83	59.18	1.90～20.20
有效硼（mg/kg）	39	1.00	1.21	121.02	0.14～3.42
有效钼（mg/kg）	62	0.092	0.06	64.20	0.042～0.380
有效硫（mg/kg）	67	16.93	22.38	132.16	2.65～141.52
有效硅（mg/kg）	36	87.49	18.64	21.31	42.50～129.07

耕层质地

砂土		砂壤土		轻壤土		中壤土		重壤土		黏土	
样本数	占比（%）	样本数	占比（%）	样本数	占比（%）	样本数	占比（%）	样本数	占比（%）	样本数	占比（%）
40	15.09	132	49.81	36	13.58	57	21.51	0	0.00	0	0.00

土壤 pH

≤4.5		(4.5～5.5]		(5.5～6.5]		(6.5～7.5]		(7.5～8.5]		>8.5	
样本数	占比（%）	样本数	占比（%）	样本数	占比（%）	样本数	占比（%）	样本数	占比（%）	样本数	占比（%）
0	0.00	0	0.00	0	0.00	4	1.54	174	66.92	82	31.54

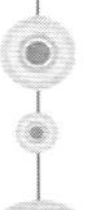

粗骨土耕地土壤主要理化性状

项目名称	样本数（个）	平均值	标准差	变异系数（%）	范　围
有效土层厚度（cm）	30	114.2	52.05	45.59	45.0～200.0
耕层厚度（cm）	31	25.3	4.86	19.26	18.0～30.0
耕层容重（g/cm³）	30	1.26	0.07	5.35	1.16～1.44
有机质（g/kg）	31	20.9	6.53	31.27	6.0～30.6
全氮（g/kg）	30	1.244	0.39	31.47	0.399～2.062
有效磷（mg/kg）	30	17.5	12.22	69.90	3.4～58.8
速效钾（mg/kg）	31	190	65.16	34.28	74～308
缓效钾（mg/kg）	31	805	192.93	23.96	482～1 195
有效铜（mg/kg）	1	0.76	—	—	—
有效锌（mg/kg）	1	4.95	—	—	—
有效铁（mg/kg）	1	5.09	—	—	—
有效锰（mg/kg）	1	6.31	—	—	—
有效硼（mg/kg）	1	0.29	—	—	—
有效钼（mg/kg）	1	0.212	—	—	—
有效硫（mg/kg）	1	41.60	—	—	—
有效硅（mg/kg）	1	269.00	—	—	—

耕层质地

砂土		砂壤土		轻壤土		中壤土		重壤土		黏土	
样本数	占比（%）	样本数	占比（%）	样本数	占比（%）	样本数	占比（%）	样本数	占比（%）	样本数	占比（%）
0	0.00	22	70.97	6	19.35	3	9.68	0	0.00	0	0.00

土壤 pH

≤4.5		(4.5～5.5]		(5.5～6.5]		(6.5～7.5]		(7.5～8.5]		>8.5	
样本数	占比（%）	样本数	占比（%）	样本数	占比（%）	样本数	占比（%）	样本数	占比（%）	样本数	占比（%）
0	0.00	0	0.00	0	0.00	0	0.00	28	90.32	3	9.68

石质土耕地土壤主要理化性状

项目名称	样本数（个）	平均值	标准差	变异系数（%）	范围
有效土层厚度（cm）	16	169.5	50.16	29.60	50.0～200.0
耕层厚度（cm）	17	27.6	4.37	15.81	20.0～30.0
耕层容重（g/cm^3）	17	1.23	0.07	5.70	1.14～1.39
有机质（g/kg）	17	19.7	4.70	23.90	12.8～27.7
全氮（g/kg）	17	1.339	0.38	28.22	0.730～2.030
有效磷（mg/kg）	17	19.3	11.03	57.27	4.3～37.5
速效钾（mg/kg）	17	178	56.97	31.92	87～283
缓效钾（mg/kg）	17	843	206.30	24.48	436～1 422
有效铜（mg/kg）	1	1.84	—	—	—
有效锌（mg/kg）	1	7.19	—	—	—
有效铁（mg/kg）	0	—	—	—	—
有效锰（mg/kg）	0	—	—	—	—
有效硼（mg/kg）	1	0.66	—	—	—
有效钼（mg/kg）	1	0.114	—	—	—
有效硫（mg/kg）	1	66.50	—	—	—
有效硅（mg/kg）	0	—	—	—	—

耕层质地

砂土		砂壤土		轻壤土		中壤土		重壤土		黏土	
样本数	占比（%）	样本数	占比（%）	样本数	占比（%）	样本数	占比（%）	样本数	占比（%）	样本数	占比（%）
0	0.00	13	76.47	3	17.65	1	5.88	0	0.00	0	0.00

土壤 pH

≤4.5		(4.5～5.5]		(5.5～6.5]		(6.5～7.5]		(7.5～8.5]		>8.5	
样本数	占比（%）	样本数	占比（%）	样本数	占比（%）	样本数	占比（%）	样本数	占比（%）	样本数	占比（%）
0	0.00	0	0.00	0	0.00	0	0.00	17	100.00	0	0.00

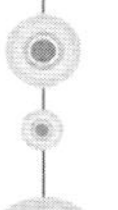

草甸土耕地土壤主要理化性状

项目名称	样本数（个）	平均值	标准差	变异系数（%）	范　围
有效土层厚度（cm）	28	129.5	35.29	27.26	50.0～150.0
耕层厚度（cm）	24	20.0	5.63	28.13	15.0～30.0
耕层容重（g/cm^3）	27	1.33	0.08	6.33	1.19～1.47
有机质（g/kg）	27	19.2	4.87	25.38	9.2～27.6
全氮（g/kg）	28	1.162	0.30	25.48	0.620～1.880
有效磷（mg/kg）	26	24.1	11.79	48.82	7.3～50.4
速效钾（mg/kg）	27	138	58.33	42.15	68～273
缓效钾（mg/kg）	27	1 122	187.39	16.69	667～1 456
有效铜（mg/kg）	5	1.22	0.73	60.12	0.21～2.08
有效锌（mg/kg）	5	1.05	0.49	46.87	0.49～1.81
有效铁（mg/kg）	3	13.97	2.32	16.60	11.50～16.10
有效锰（mg/kg）	5	11.58	1.09	9.44	10.10～12.86
有效硼（mg/kg）	5	0.47	0.14	28.98	0.24～0.56
有效钼（mg/kg）	5	0.343	0.54	157.36	0.050～1.306
有效硫（mg/kg）	4	13.17	5.96	45.23	7.56～21.10
有效硅（mg/kg）	5	184.03	120.55	65.50	49.30～331.18

耕层质地

砂土		砂壤土		轻壤土		中壤土		重壤土		黏土	
样本数	占比（%）	样本数	占比（%）	样本数	占比（%）	样本数	占比（%）	样本数	占比（%）	样本数	占比（%）
0	0.00	6	21.43	16	57.14	6	21.43	0	0.00	0	0.00

土壤 pH

≤4.5		(4.5～5.5]		(5.5～6.5]		(6.5～7.5]		(7.5～8.5]		>8.5	
样本数	占比（%）	样本数	占比（%）	样本数	占比（%）	样本数	占比（%）	样本数	占比（%）	样本数	占比（%）
0	0.00	0	0.00	3	10.71	3	10.71	21	75.00	1	3.57

潮土耕地土壤主要理化性状

项目名称	样本数（个）	平均值	标准差	变异系数（%）	范　围
有效土层厚度（cm）	945	124.6	47.51	38.13	30.0～200.0
耕层厚度（cm）	1 035	24.3	4.96	20.43	15.0～40.0
耕层容重（g/cm^3）	999	1.26	0.09	6.96	1.05～1.49
有机质（g/kg）	1 005	19.6	6.11	31.23	4.7～32.1
全氮（g/kg）	994	1.084	0.36	33.34	0.308～2.064
有效磷（mg/kg）	1 022	19.5	11.51	59.11	3.5～72.2
速效钾（mg/kg）	1 021	201	74.75	37.10	67～415
缓效钾（mg/kg）	997	862	195.91	22.74	314～1 486
有效铜（mg/kg）	119	1.17	0.64	54.41	0.18～2.84
有效锌（mg/kg）	123	1.90	1.69	89.24	0.32～7.06
有效铁（mg/kg）	126	10.77	5.73	53.27	1.21～28.87
有效锰（mg/kg）	116	10.96	5.33	48.64	1.93～27.04
有效硼（mg/kg）	117	0.63	0.38	60.70	0.13～1.88
有效钼（mg/kg）	115	0.189	0.21	113.38	0.059～1.496
有效硫（mg/kg）	117	39.04	29.07	74.46	2.23～149.00
有效硅（mg/kg）	86	166.94	79.85	47.83	53.54～326.58

耕层质地

砂土		砂壤土		轻壤土		中壤土		重壤土		黏土	
样本数	占比（%）	样本数	占比（%）	样本数	占比（%）	样本数	占比（%）	样本数	占比（%）	样本数	占比（%）
4	0.39	211	20.39	378	36.52	364	35.17	34	3.29	44	4.25

土壤 pH

≤4.5		(4.5～5.5]		(5.5～6.5]		(6.5～7.5]		(7.5～8.5]		>8.5	
样本数	占比（%）	样本数	占比（%）	样本数	占比（%）	样本数	占比（%）	样本数	占比（%）	样本数	占比（%）
0	0.00	0	0.00	1	0.10	10	0.97	886	85.60	138	13.33

山地草甸土耕地土壤主要理化性状

项目名称	样本数（个）	平均值	标准差	变异系数（%）	范 围
有效土层厚度（cm）	20	82.3	28.41	34.52	45.0～150.0
耕层厚度（cm）	20	24.7	6.10	24.66	16.0～40.0
耕层容重（g/cm³）	20	1.25	0.06	5.11	1.19～1.49
有机质（g/kg）	20	19.4	4.65	23.98	11.7～28.0
全氮（g/kg）	19	1.224	0.33	27.00	0.775～1.850
有效磷（mg/kg）	20	21.0	14.49	68.95	3.6～48.5
速效钾（mg/kg）	20	239	87.19	36.48	90～394
缓效钾（mg/kg）	20	1 037	204.48	19.72	746～1 457
有效铜（mg/kg）	9	1.03	0.40	38.49	0.66～1.89
有效锌（mg/kg）	10	1.75	0.90	51.32	0.62～3.67
有效铁（mg/kg）	9	17.55	6.79	38.70	6.60～28.55
有效锰（mg/kg）	10	13.30	4.13	31.06	5.60～18.96
有效硼（mg/kg）	9	1.11	0.81	73.17	0.26～2.93
有效钼（mg/kg）	10	0.144	0.03	20.52	0.095～0.180
有效硫（mg/kg）	10	23.64	19.13	80.92	6.25～55.80
有效硅（mg/kg）	9	119.01	76.56	64.33	49.48～289.00

耕层质地

砂土		砂壤土		轻壤土		中壤土		重壤土		黏土	
样本数	占比（%）	样本数	占比（%）	样本数	占比（%）	样本数	占比（%）	样本数	占比（%）	样本数	占比（%）
0	0.00	6	30.00	0	0.00	14	70.00	0	0.00	0	0.00

土壤 pH

≤4.5		(4.5～5.5]		(5.5～6.5]		(6.5～7.5]		(7.5～8.5]		>8.5	
样本数	占比（%）	样本数	占比（%）	样本数	占比（%）	样本数	占比（%）	样本数	占比（%）	样本数	占比（%）
0	0.00	0	0.00	0	0.00	0	0.00	18	90.00	2	10.00

沼泽土耕地土壤主要理化性状

项目名称	样本数（个）	平均值	标准差	变异系数（%）	范　围
有效土层厚度（cm）	4	55.0	28.87	52.49	30.0～80.0
耕层厚度（cm）	4	20.0	3.83	19.15	17.0～25.0
耕层容重（g/cm³）	4	1.35	0.09	6.47	1.26～1.42
有机质（g/kg）	4	12.3	2.81	22.76	9.9～15.7
全氮（g/kg）	4	0.861	0.23	26.52	0.663～1.130
有效磷（mg/kg）	4	16.0	8.74	54.80	8.5～27.6
速效钾（mg/kg）	2	227	11.31	4.98	219～235
缓效钾（mg/kg）	2	1 139	53.74	4.72	1 101～1 177
有效铜（mg/kg）	0	—	—	—	—
有效锌（mg/kg）	0	—	—	—	—
有效铁（mg/kg）	0	—	—	—	—
有效锰（mg/kg）	0	—	—	—	—
有效硼（mg/kg）	0	—	—	—	—
有效钼（mg/kg）	0	—	—	—	—
有效硫（mg/kg）	0	—	—	—	—
有效硅（mg/kg）	0	—	—	—	—

耕层质地

砂土		砂壤土		轻壤土		中壤土		重壤土		黏土	
样本数	占比（%）	样本数	占比（%）	样本数	占比（%）	样本数	占比（%）	样本数	占比（%）	样本数	占比（%）
0	0.00	2	50.00	2	50.00	0	0.00	0	0.00	0	0.00

土壤 pH

≤4.5		(4.5～5.5]		(5.5～6.5]		(6.5～7.5]		(7.5～8.5]		>8.5	
样本数	占比（%）	样本数	占比（%）	样本数	占比（%）	样本数	占比（%）	样本数	占比（%）	样本数	占比（%）
0	0.00	0	0.00	0	0.00	0	0.00	4	100.00	0	0.00

草甸盐土耕地土壤主要理化性状

项目名称	样本数（个）	平均值	标准差	变异系数（%）	范　围
有效土层厚度（cm）	3	152.0	45.04	29.63	100.0～179.0
耕层厚度（cm）	3	23.3	5.77	24.74	20.0～30.0
耕层容重（g/cm^3）	3	1.26	0.10	7.57	1.20～1.37
有机质（g/kg）	3	15.4	2.03	13.20	13.2～17.2
全氮（g/kg）	3	0.900	0.10	10.60	0.790～0.960
有效磷（mg/kg）	3	18.3	7.61	41.69	9.7～24.2
速效钾（mg/kg）	3	203	34.26	16.89	173～240
缓效钾（mg/kg）	3	1 079	212.22	19.66	848～1 265
有效铜（mg/kg）	1	0.21	—	—	—
有效锌（mg/kg）	1	0.91	—	—	—
有效铁（mg/kg）	1	11.50	—	—	—
有效锰（mg/kg）	1	10.10	—	—	—
有效硼（mg/kg）	1	0.55	—	—	—
有效钼（mg/kg）	1	0.110	—	—	—
有效硫（mg/kg）	1	21.10	—	—	—
有效硅（mg/kg）	1	101.00	—	—	—

耕层质地

砂土		砂壤土		轻壤土		中壤土		重壤土		黏土	
样本数	占比（%）	样本数	占比（%）	样本数	占比（%）	样本数	占比（%）	样本数	占比（%）	样本数	占比（%）
0	0.00	0	0.00	2	66.67	1	33.33	0	0.00	0	0.00

土壤 pH

≤4.5		(4.5～5.5]		(5.5～6.5]		(6.5～7.5]		(7.5～8.5]		>8.5	
样本数	占比（%）	样本数	占比（%）	样本数	占比（%）	样本数	占比（%）	样本数	占比（%）	样本数	占比（%）
0	0.00	0	0.00	0	0.00	0	0.00	3	100.00	0	0.00

水稻土耕地土壤主要理化性状

项目名称	样本数（个）	平均值	标准差	变异系数（%）	范　围
有效土层厚度（cm）	38	70.0	49.59	70.87	30.0～174.0
耕层厚度（cm）	40	19.1	4.03	21.05	15.0～30.0
耕层容重（g/cm^3）	36	1.36	0.08	6.10	1.16～1.49
有机质（g/kg）	39	15.7	8.05	51.20	4.7～32.2
全氮（g/kg）	38	0.953	0.47	49.70	0.313～1.890
有效磷（mg/kg）	37	18.9	13.46	71.36	4.0～72.4
速效钾（mg/kg）	35	142	74.35	52.29	69～349
缓效钾（mg/kg）	33	636	267.86	42.15	369～1 419
有效铜（mg/kg）	6	1.46	0.56	38.02	0.86～2.11
有效锌（mg/kg）	7	2.46	1.31	53.37	1.18～4.64
有效铁（mg/kg）	7	8.51	3.50	41.06	2.07～12.20
有效锰（mg/kg）	7	10.32	5.20	50.34	2.07～16.57
有效硼（mg/kg）	7	0.55	0.38	69.69	0.16～1.08
有效钼（mg/kg）	7	0.121	0.05	37.31	0.063～0.211
有效硫（mg/kg）	5	49.51	10.22	20.64	37.24～60.00
有效硅（mg/kg）	4	189.34	41.21	21.76	132.00～226.00

耕层质地

砂土		砂壤土		轻壤土		中壤土		重壤土		黏土	
样本数	占比（%）	样本数	占比（%）	样本数	占比（%）	样本数	占比（%）	样本数	占比（%）	样本数	占比（%）
3	7.50	5	12.50	27	67.50	5	12.50	0	0.00	0	0.00

土壤 pH

≤4.5		(4.5～5.5]		(5.5～6.5]		(6.5～7.5]		(7.5～8.5]		>8.5	
样本数	占比（%）	样本数	占比（%）	样本数	占比（%）	样本数	占比（%）	样本数	占比（%）	样本数	占比（%）
0	0.00	2	5.00	1	2.50	3	7.50	30	75.00	4	10.00

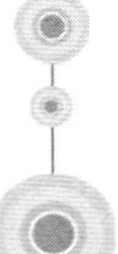

灌淤土耕地土壤主要理化性状

项目名称	样本数（个）	平均值	标准差	变异系数（%）	范 围
有效土层厚度（cm）	190	93.1	32.04	34.42	30.0～200.0
耕层厚度（cm）	190	21.5	3.51	16.36	17.0～40.0
耕层容重（g/cm^3）	190	1.27	0.08	6.32	1.11～1.45
有机质（g/kg）	184	14.8	4.23	28.50	4.7～26.4
全氮（g/kg）	188	0.917	0.29	31.32	0.300～1.570
有效磷（mg/kg）	163	24.7	17.54	71.07	3.7～71.5
速效钾（mg/kg）	177	197	77.40	39.30	69～384
缓效钾（mg/kg）	169	996	241.90	24.28	407～1 499
有效铜（mg/kg）	170	0.75	0.57	75.92	0.15～2.64
有效锌（mg/kg）	171	1.10	0.65	59.20	0.28～3.95
有效铁（mg/kg）	177	12.70	4.95	39.00	1.35～30.50
有效锰（mg/kg）	176	10.77	3.16	29.33	1.93～23.50
有效硼（mg/kg）	179	0.68	0.37	53.73	0.16～2.31
有效钼（mg/kg）	173	0.120	0.04	36.49	0.058～0.380
有效硫（mg/kg）	176	21.29	16.54	77.68	2.54～171.00
有效硅（mg/kg）	176	111.06	28.40	25.57	51.18～210.00

耕层质地

砂土		砂壤土		轻壤土		中壤土		重壤土		黏土	
样本数	占比（%）	样本数	占比（%）	样本数	占比（%）	样本数	占比（%）	样本数	占比（%）	样本数	占比（%）
0	0.00	4	2.11	12	6.32	165	86.84	2	1.05	7	3.68

土壤 pH

≤4.5		(4.5～5.5]		(5.5～6.5]		(6.5～7.5]		(7.5～8.5]		>8.5	
样本数	占比（%）	样本数	占比（%）	样本数	占比（%）	样本数	占比（%）	样本数	占比（%）	样本数	占比（%）
0	0.00	0	0.00	0	0.00	0	0.00	146	76.84	44	23.16

二、亚　类

棕壤—典型棕壤耕地土壤主要理化性状

项目名称	样本数（个）	平均值	标准差	变异系数（%）	范　围
有效土层厚度（cm）	34	106.3	35.31	33.21	40.0～150.0
耕层厚度（cm）	30	22.4	5.18	23.08	15.0～30.0
耕层容重（g/cm^3）	34	1.30	0.10	7.56	1.05～1.46
有机质（g/kg）	33	19.8	5.33	26.88	9.5～31.7
全氮（g/kg）	32	1.156	0.31	26.66	0.555～1.770
有效磷（mg/kg）	32	20.9	10.99	52.51	4.2～50.3
速效钾（mg/kg）	32	181	82.46	45.47	79～385
缓效钾（mg/kg）	32	1 034	186.71	18.07	761～1 424
有效铜（mg/kg）	22	1.21	0.47	38.69	0.21～2.08
有效锌（mg/kg）	22	1.20	0.67	56.15	0.26～2.56
有效铁（mg/kg）	20	15.20	4.53	29.80	9.72～24.61
有效锰（mg/kg）	22	11.18	4.37	39.11	3.40～20.14
有效硼（mg/kg）	22	0.72	0.34	46.68	0.24～1.60
有效钼（mg/kg）	22	0.174	0.28	159.36	0.067～1.378
有效硫（mg/kg）	22	31.28	18.87	60.34	10.81～70.97
有效硅（mg/kg）	21	100.25	46.22	46.10	52.18～239.00

耕层质地

砂土		砂壤土		轻壤土		中壤土		重壤土		黏土	
样本数	占比（%）	样本数	占比（%）	样本数	占比（%）	样本数	占比（%）	样本数	占比（%）	样本数	占比（%）
0	0.00	0	0.00	11	32.35	23	67.65	0	0.00	0	0.00

土壤 pH

≤4.5		(4.5～5.5]		(5.5～6.5]		(6.5～7.5]		(7.5～8.5]		>8.5	
样本数	占比（%）	样本数	占比（%）	样本数	占比（%）	样本数	占比（%）	样本数	占比（%）	样本数	占比（%）
0	0.00	0	0.00	1	2.94	8	23.53	25	73.53	0	0.00

暗棕壤—典型暗棕壤耕地土壤主要理化性状

项目名称	样本数（个）	平均值	标准差	变异系数（%）	范　围
有效土层厚度（cm）	2	60.5	0.71	1.17	60.0～61.0
耕层厚度（cm）	2	22.9	10.04	43.85	15.8～30.0
耕层容重（g/cm^3）	2	1.23	0.11	8.66	1.15～1.30
有机质（g/kg）	2	15.7	2.26	14.41	14.1～17.3
全氮（g/kg）	1	1.520	—	—	—
有效磷（mg/kg）	2	30.8	14.14	45.92	20.8～40.8
速效钾（mg/kg）	2	228	102.53	45.07	155～300
缓效钾（mg/kg）	1	977	—	—	—
有效铜（mg/kg）	2	0.85	0.21	24.37	0.71～1.00
有效锌（mg/kg）	2	2.34	0.39	16.76	2.06～2.62
有效铁（mg/kg）	2	16.37	0.79	4.80	15.82～16.93
有效锰（mg/kg）	2	11.25	1.26	11.21	10.36～12.15
有效硼（mg/kg）	2	1.58	1.10	70.15	0.79～2.36
有效钼（mg/kg）	2	0.129	0.02	18.78	0.112～0.146
有效硫（mg/kg）	2	3.14	0.64	20.42	2.69～3.59
有效硅（mg/kg）	2	113.67	59.37	52.23	71.69～155.66

耕层质地

砂土		砂壤土		轻壤土		中壤土		重壤土		黏土	
样本数	占比（%）	样本数	占比（%）	样本数	占比（%）	样本数	占比（%）	样本数	占比（%）	样本数	占比（%）
0	0.00	0	0.00	0	0.00	2	100.00	0	0.00	0	0.00

土壤 pH

≤4.5		(4.5～5.5]		(5.5～6.5]		(6.5～7.5]		(7.5～8.5]		>8.5	
样本数	占比（%）	样本数	占比（%）	样本数	占比（%）	样本数	占比（%）	样本数	占比（%）	样本数	占比（%）
0	0.00	0	0.00	0	0.00	1	50.00	1	50.00	0	0.00

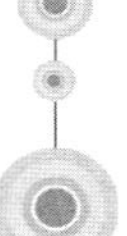

褐土—典型褐土耕地土壤主要理化性状

项目名称	样本数（个）	平均值	标准差	变异系数（%）	范围
有效土层厚度（cm）	227	103.2	44.43	43.07	30.0～200.0
耕层厚度（cm）	225	23.0	5.20	22.61	15.0～40.0
耕层容重（g/cm^3）	216	1.29	0.08	5.98	1.09～1.49
有机质（g/kg）	215	18.1	5.87	32.40	5.0～32.2
全氮（g/kg）	222	1.105	0.35	32.12	0.300～2.050
有效磷（mg/kg）	213	17.3	11.50	66.64	3.3～71.4
速效钾（mg/kg）	219	191	73.53	38.54	69～414
缓效钾（mg/kg）	219	952	203.19	21.35	397～1 473
有效铜（mg/kg）	70	1.17	0.37	31.66	0.52～2.29
有效锌（mg/kg）	72	1.35	1.09	80.71	0.21～6.08
有效铁（mg/kg）	63	13.51	6.01	44.47	2.14～29.49
有效锰（mg/kg）	70	12.00	4.83	40.23	2.08～23.51
有效硼（mg/kg）	72	0.63	0.29	45.64	0.15～1.76
有效钼（mg/kg）	71	0.154	0.18	115.39	0.052～1.408
有效硫（mg/kg）	67	31.05	19.49	62.77	5.10～91.20
有效硅（mg/kg）	65	127.57	62.20	48.75	50.40～284.00

耕层质地

砂土		砂壤土		轻壤土		中壤土		重壤土		黏土	
样本数	占比（%）	样本数	占比（%）	样本数	占比（%）	样本数	占比（%）	样本数	占比（%）	样本数	占比（%）
0	0.00	13	5.73	24	10.57	188	82.82	2	0.88	0	0.00

土壤 pH

≤4.5		(4.5～5.5]		(5.5～6.5]		(6.5～7.5]		(7.5～8.5]		>8.5	
样本数	占比（%）	样本数	占比（%）	样本数	占比（%）	样本数	占比（%）	样本数	占比（%）	样本数	占比（%）
0	0.00	0	0.00	1	0.44	9	3.96	198	87.22	19	8.37

褐土—石灰性褐土耕地土壤主要理化性状

项目名称	样本数（个）	平均值	标准差	变异系数（%）	范 围
有效土层厚度（cm）	1 386	131.9	45.04	34.14	30.0～200.0
耕层厚度（cm）	1 428	23.6	4.53	19.18	15.0～35.0
耕层容重（g/cm^3）	1 370	1.27	0.09	7.15	1.05～1.49
有机质（g/kg）	1 361	20.2	6.17	30.52	4.7～32.2
全氮（g/kg）	1 379	1.156	0.36	31.38	0.300～2.060
有效磷（mg/kg）	1 413	18.6	11.14	60.02	3.3～69.7
速效钾（mg/kg）	1 422	217	69.46	32.00	70～424
缓效钾（mg/kg）	1 422	905	185.14	20.45	317～1 495
有效铜（mg/kg）	172	1.20	0.45	36.97	0.21～2.78
有效锌（mg/kg）	173	1.87	1.47	78.71	0.24～6.68
有效铁（mg/kg）	177	11.16	6.37	57.11	1.30～30.50
有效锰（mg/kg）	160	12.15	5.62	46.29	2.01～27.44
有效硼（mg/kg）	172	0.69	0.38	55.53	0.12～2.26
有效钼（mg/kg）	169	0.137	0.08	56.36	0.043～0.500
有效硫（mg/kg）	178	35.91	30.48	84.88	1.66～179.60
有效硅（mg/kg）	160	165.11	67.87	41.11	29.50～326.06

耕层质地

砂土		砂壤土		轻壤土		中壤土		重壤土		黏土	
样本数	占比（%）	样本数	占比（%）	样本数	占比（%）	样本数	占比（%）	样本数	占比（%）	样本数	占比（%）
0	0.00	67	4.69	310	21.69	998	69.84	25	1.75	29	2.03

土壤 pH

≤4.5		(4.5～5.5]		(5.5～6.5]		(6.5～7.5]		(7.5～8.5]		>8.5	
样本数	占比（%）	样本数	占比（%）	样本数	占比（%）	样本数	占比（%）	样本数	占比（%）	样本数	占比（%）
0	0.00	0	0.00	1	0.07	19	1.33	1 264	88.45	145	10.15

褐土—淋溶褐土耕地土壤主要理化性状

项目名称	样本数（个）	平均值	标准差	变异系数（%）	范　围
有效土层厚度（cm）	140	98.4	39.53	40.20	40.0～200.0
耕层厚度（cm）	140	22.2	4.54	20.44	15.0～35.0
耕层容重（g/cm^3）	136	1.27	0.10	7.61	1.05～1.49
有机质（g/kg）	136	17.7	5.61	31.63	6.4～31.2
全氮（g/kg）	140	1.033	0.33	32.33	0.350～1.980
有效磷（mg/kg）	136	19.0	14.78	77.63	4.1～71.0
速效钾（mg/kg）	140	183	66.30	36.17	69～371
缓效钾（mg/kg）	134	962	247.69	25.74	401～1 428
有效铜（mg/kg）	65	0.77	0.55	71.19	0.21～2.06
有效锌（mg/kg）	66	1.20	0.93	77.88	0.22～5.24
有效铁（mg/kg）	61	11.83	5.16	43.65	3.42～29.67
有效锰（mg/kg）	65	12.14	4.59	37.83	3.90～25.56
有效硼（mg/kg）	63	0.51	0.16	31.48	0.13～1.07
有效钼（mg/kg）	66	0.143	0.10	72.99	0.047～0.529
有效硫（mg/kg）	64	29.46	23.64	80.26	4.95～135.50
有效硅（mg/kg）	61	110.69	26.91	24.31	77.15～229.57

耕层质地

砂土		砂壤土		轻壤土		中壤土		重壤土		黏土	
样本数	占比（%）	样本数	占比（%）	样本数	占比（%）	样本数	占比（%）	样本数	占比（%）	样本数	占比（%）
1	0.71	9	6.43	20	14.29	92	65.71	11	7.86	7	5.00

土壤 pH

≤4.5		(4.5～5.5]		(5.5～6.5]		(6.5～7.5]		(7.5～8.5]		>8.5	
样本数	占比（%）	样本数	占比（%）	样本数	占比（%）	样本数	占比（%）	样本数	占比（%）	样本数	占比（%）
0	0.00	0	0.00	2	1.43	8	5.71	120	85.71	10	7.14

褐土—潮褐土耕地土壤主要理化性状

项目名称	样本数（个）	平均值	标准差	变异系数（%）	范　围
有效土层厚度（cm）	96	143.1	29.69	20.74	45.0～189.0
耕层厚度（cm）	96	22.0	4.68	21.25	15.0～30.0
耕层容重（g/cm^3）	94	1.23	0.08	6.89	1.12～1.44
有机质（g/kg）	95	18.0	5.20	28.90	5.9～30.6
全氮（g/kg）	96	1.050	0.28	26.54	0.389～1.685
有效磷（mg/kg）	96	17.8	11.69	65.79	3.3～54.8
速效钾（mg/kg）	95	164	70.46	42.98	73～329
缓效钾（mg/kg）	92	820	190.05	23.18	378～1 270
有效铜（mg/kg）	8	1.28	0.64	50.28	0.39～2.23
有效锌（mg/kg）	9	1.10	0.66	59.65	0.25～2.35
有效铁（mg/kg）	9	10.37	5.31	48.91	4.13～18.80
有效锰（mg/kg）	9	8.51	3.99	46.31	5.14～18.00
有效硼（mg/kg）	9	0.51	0.29	56.12	0.21～1.05
有效钼（mg/kg）	7	0.137	0.03	19.46	0.112～0.189
有效硫（mg/kg）	9	20.39	16.26	79.75	7.86～54.04
有效硅（mg/kg）	6	256.61	58.81	22.92	143.42～298.41

耕层质地

砂土		砂壤土		轻壤土		中壤土		重壤土		黏土	
样本数	占比（%）	样本数	占比（%）	样本数	占比（%）	样本数	占比（%）	样本数	占比（%）	样本数	占比（%）
0	0.00	9	9.38	36	37.50	48	50.00	3	3.13	0	0.00

土壤 pH

≤4.5		(4.5～5.5]		(5.5～6.5]		(6.5～7.5]		(7.5～8.5]		>8.5	
样本数	占比（%）	样本数	占比（%）	样本数	占比（%）	样本数	占比（%）	样本数	占比（%）	样本数	占比（%）
0	0.00	0	0.00	1	1.04	0	0.00	86	89.58	9	9.38

褐土—塿土耕地土壤主要理化性状

项目名称	样本数（个）	平均值	标准差	变异系数（%）	范　围
有效土层厚度（cm）	771	153.6	52.61	34.25	30.0～200.0
耕层厚度（cm）	863	22.1	4.87	22.03	15.0～40.0
耕层容重（g/cm^3）	896	1.30	0.08	6.00	1.06～1.49
有机质（g/kg）	920	17.8	4.33	24.30	6.0～30.3
全氮（g/kg）	921	1.146	0.27	23.96	0.363～1.950
有效磷（mg/kg）	910	23.1	11.70	50.61	3.9～72.5
速效钾（mg/kg）	905	239	75.48	31.64	70～423
缓效钾（mg/kg）	853	1 026	224.44	21.87	361～1 515
有效铜（mg/kg）	96	1.33	0.52	39.38	0.52～2.80
有效锌（mg/kg）	103	1.46	0.95	65.40	0.41～6.06
有效铁（mg/kg）	93	7.03	3.64	51.87	2.14～19.08
有效锰（mg/kg）	75	16.00	5.84	36.54	4.82～27.40
有效硼（mg/kg）	80	0.65	0.40	60.97	0.12～1.76
有效钼（mg/kg）	95	0.233	0.23	99.42	0.044～1.122
有效硫（mg/kg）	40	37.23	46.50	124.90	6.78～202.17
有效硅（mg/kg）	1	92.40	—	—	—

耕层质地

砂土		砂壤土		轻壤土		中壤土		重壤土		黏土	
样本数	占比（%）	样本数	占比（%）	样本数	占比（%）	样本数	占比（%）	样本数	占比（%）	样本数	占比（%）
0	0.00	17	1.84	24	2.60	682	73.97	159	17.25	40	4.34

土壤 pH

≤4.5		(4.5～5.5]		(5.5～6.5]		(6.5～7.5]		(7.5～8.5]		>8.5	
样本数	占比（%）	样本数	占比（%）	样本数	占比（%）	样本数	占比（%）	样本数	占比（%）	样本数	占比（%）
0	0.00	0	0.00	6	0.65	16	1.74	852	92.41	48	5.21

褐土—褐土性土耕地土壤主要理化性状

项目名称	样本数（个）	平均值	标准差	变异系数（%）	范　围
有效土层厚度（cm）	2 414	112.0	49.53	44.24	30.0～200.0
耕层厚度（cm）	2 497	24.4	4.88	20.02	15.0～40.0
耕层容重（g/cm^3）	2 369	1.24	0.08	6.71	1.05～1.49
有机质（g/kg）	2 430	18.5	6.33	34.27	4.7～32.3
全氮（g/kg）	2 423	1.066	0.33	31.33	0.310～2.068
有效磷（mg/kg）	2 482	16.7	10.69	63.95	3.3～72.7
速效钾（mg/kg）	2 483	181	65.18	36.08	69～420
缓效钾（mg/kg）	2 493	838	167.12	19.95	323～1 470
有效铜（mg/kg）	219	1.21	0.52	42.97	0.17～2.77
有效锌（mg/kg）	222	2.06	1.70	82.51	0.24～7.39
有效铁（mg/kg）	207	8.92	5.52	61.89	1.20～30.69
有效锰（mg/kg）	190	11.35	6.22	54.81	2.17～26.88
有效硼（mg/kg）	207	0.59	0.39	66.26	0.13～2.70
有效钼（mg/kg）	205	0.147	0.09	59.65	0.046～0.651
有效硫（mg/kg）	208	44.97	36.90	82.06	1.85～205.35
有效硅（mg/kg）	170	194.97	76.04	39.00	26.74～330.00

耕层质地

砂土		砂壤土		轻壤土		中壤土		重壤土		黏土	
样本数	占比（%）	样本数	占比（%）	样本数	占比（%）	样本数	占比（%）	样本数	占比（%）	样本数	占比（%）
8	0.32	162	6.47	627	25.05	1 602	64.00	72	2.88	32	1.28

土壤 pH

≤4.5		(4.5～5.5]		(5.5～6.5]		(6.5～7.5]		(7.5～8.5]		>8.5	
样本数	占比（%）	样本数	占比（%）	样本数	占比（%）	样本数	占比（%）	样本数	占比（%）	样本数	占比（%）
0	0.00	0	0.00	9	0.36	68	2.72	2 202	87.97	224	8.95

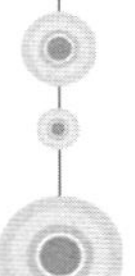

灰褐土—暗灰褐土耕地土壤主要理化性状

项目名称	样本数（个）	平均值	标准差	变异系数（%）	范 围
有效土层厚度（cm）	11	86.4	53.66	62.13	32.0～200.0
耕层厚度（cm）	15	22.1	3.81	17.24	17.0～30.0
耕层容重（g/cm^3）	9	1.27	0.07	5.35	1.18～1.38
有机质（g/kg）	14	17.6	5.77	32.71	6.6～26.1
全氮（g/kg）	15	0.993	0.31	31.51	0.335～1.450
有效磷（mg/kg）	14	16.4	15.69	95.58	3.9～54.5
速效钾（mg/kg）	14	181	89.68	49.60	78～345
缓效钾（mg/kg）	13	853	240.03	28.15	466～1 127
有效铜（mg/kg）	13	0.99	0.56	56.39	0.16～2.38
有效锌（mg/kg）	14	0.96	0.71	73.40	0.21～2.19
有效铁（mg/kg）	14	6.39	3.27	51.21	1.59～11.33
有效锰（mg/kg）	11	6.61	3.77	57.02	2.37～12.40
有效硼（mg/kg）	13	1.76	0.86	48.50	0.52～3.04
有效钼（mg/kg）	12	0.077	0.02	32.30	0.053～0.130
有效硫（mg/kg）	14	26.71	36.39	136.24	3.59～131.50
有效硅（mg/kg）	14	177.97	57.16	32.12	102.50～282.39

耕层质地

砂土		砂壤二		轻壤土		中壤土		重壤土		黏土	
样本数	占比（%）	样本数	占比（%）	样本数	占比（%）	样本数	占比（%）	样本数	占比（%）	样本数	占比（%）
0	0.00	2	13.33	3	20.00	10	66.67	0	0.00	0	0.00

土壤 pH

≤4.5		(4.5～5.5]		(5.5～6.5]		(6.5～7.5]		(7.5～8.5]		>8.5	
样本数	占比（%）	样本数	占比（%）	样本数	占比（%）	样本数	占比（%）	样本数	占比（%）	样本数	占比（%）
0	0.00	0	0.00	0	0.00	0	0.00	14	93.33	1	6.67

灰褐土—淋溶灰褐土耕地土壤主要理化性状

项目名称	样本数（个）	平均值	标准差	变异系数（%）	范　围
有效土层厚度（cm）	22	136.3	44.30	32.50	45.0～200.0
耕层厚度（cm）	22	22.3	4.68	21.02	16.0～30.0
耕层容重（g/cm³）	22	1.25	0.06	5.00	1.20～1.40
有机质（g/kg）	21	18.2	4.59	25.20	10.3～29.7
全氮（g/kg）	22	1.170	0.30	25.72	0.660～2.063
有效磷（mg/kg）	21	20.0	15.12	75.48	4.6～58.9
速效钾（mg/kg）	21	206	95.31	46.37	87～408
缓效钾（mg/kg）	22	1 138	155.69	13.68	822～1 371
有效铜（mg/kg）	22	1.06	0.40	38.01	0.21～1.89
有效锌（mg/kg）	21	0.82	0.36	44.45	0.28～1.65
有效铁（mg/kg）	20	16.95	5.06	29.86	8.66～27.40
有效锰（mg/kg）	22	12.24	4.30	35.11	3.23～24.28
有效硼（mg/kg）	22	0.50	0.27	53.38	0.16～1.23
有效钼（mg/kg）	21	0.117	0.06	49.71	0.045～0.303
有效硫（mg/kg）	22	12.21	11.63	95.29	2.30～45.24
有效硅（mg/kg）	22	127.54	61.90	48.54	50.48～239.32

耕层质地

砂土		砂壤土		轻壤土		中壤土		重壤土		黏土	
样本数	占比（%）	样本数	占比（%）	样本数	占比（%）	样本数	占比（%）	样本数	占比（%）	样本数	占比（%）
0	0.00	0	0.00	0	0.00	22	100.00	0	0.00	0	0.00

土壤 pH

≤4.5		(4.5～5.5]		(5.5～6.5]		(6.5～7.5]		(7.5～8.5]		>8.5	
样本数	占比（%）	样本数	占比（%）	样本数	占比（%）	样本数	占比（%）	样本数	占比（%）	样本数	占比（%）
0	0.00	0	0.00	1	4.55	6	27.27	15	68.18	0	0.00

灰褐土—石灰性灰褐土耕地土壤主要理化性状

项目名称	样本数（个）	平均值	标准差	变异系数（%）	范 围
有效土层厚度（cm）	94	83.4	40.37	48.41	40.0～165.0
耕层厚度（cm）	95	23.6	4.10	17.39	19.0～30.0
耕层容重（g/cm^3）	94	1.27	0.08	6.59	1.07～1.43
有机质（g/kg）	91	15.4	5.21	33.72	6.4～29.7
全氮（g/kg）	88	1.020	0.32	31.34	0.390～1.880
有效磷（mg/kg）	92	27.1	16.24	59.83	5.0～70.2
速效钾（mg/kg）	90	218	95.77	43.88	74～413
缓效钾（mg/kg）	85	1 125	221.22	19.67	502～1 491
有效铜（mg/kg）	91	1.01	0.63	61.93	0.21～2.84
有效锌（mg/kg）	95	1.10	0.64	57.97	0.21～3.36
有效铁（mg/kg）	88	13.97	6.58	47.05	1.25～30.51
有效锰（mg/kg）	94	12.66	3.91	30.86	5.57～25.40
有效硼（mg/kg）	94	0.70	0.46	65.56	0.13～2.20
有效钼（mg/kg）	92	0.129	0.07	53.14	0.045～0.410
有效硫（mg/kg）	95	12.85	8.65	67.28	2.21～46.00
有效硅（mg/kg）	88	116.21	44.14	37.98	25.30～233.75

耕层质地

砂土		砂壤土		轻壤土		中壤土		重壤土		黏土	
样本数	占比（%）	样本数	占比（%）	样本数	占比（%）	样本数	占比（%）	样本数	占比（%）	样本数	占比（%）
0	0.00	1	1.05	0	0.00	94	98.95	0	0.00	0	0.00

土壤 pH

≤4.5		(4.5～5.5]		(5.5～6.5]		(6.5～7.5]		(7.5～8.5]		>8.5	
样本数	占比（%）	样本数	占比（%）	样本数	占比（%）	样本数	占比（%）	样本数	占比（%）	样本数	占比（%）
0	0.00	0	0.00	1	1.05	0	0.00	77	81.05	17	17.89

黑土—典型黑土耕地土壤主要理化性状

项目名称	样本数（个）	平均值	标准差	变异系数（%）	范　围
有效土层厚度（cm）	30	145.3	21.77	14.98	100.0～200.0
耕层厚度（cm）	30	18.8	2.63	13.95	15.0～30.0
耕层容重（g/cm^3）	28	1.28	0.03	2.67	1.18～1.35
有机质（g/kg）	27	16.0	4.21	26.31	9.6～29.3
全氮（g/kg）	28	1.076	0.31	28.63	0.610～1.670
有效磷（mg/kg）	28	20.0	10.00	49.99	5.7～39.5
速效钾（mg/kg）	27	206	107.06	51.91	68～424
缓效钾（mg/kg）	30	1 067	211.15	19.80	566～1 379
有效铜（mg/kg）	30	0.54	0.41	76.83	0.21～1.32
有效锌（mg/kg）	30	1.05	0.39	37.43	0.43～2.25
有效铁（mg/kg）	30	13.43	4.40	32.75	6.60～26.00
有效锰（mg/kg）	30	9.93	2.26	22.73	5.60～17.70
有效硼（mg/kg）	30	0.51	0.13	24.69	0.20～0.89
有效钼（mg/kg）	30	0.119	0.05	39.02	0.062～0.322
有效硫（mg/kg）	30	16.53	11.60	70.18	2.05～60.46
有效硅（mg/kg）	30	111.21	39.45	35.47	51.45～223.76

耕层质地

砂土		砂壤土		轻壤土		中壤土		重壤土		黏土	
样本数	占比（%）	样本数	占比（%）	样本数	占比（%）	样本数	占比（%）	样本数	占比（%）	样本数	占比（%）
0	0.00	0	0.00	0	0.00	30	100.00	0	0.00	0	0.00

土壤 pH

≤4.5		(4.5～5.5]		(5.5～6.5]		(6.5～7.5]		(7.5～8.5]		>8.5	
样本数	占比（%）	样本数	占比（%）	样本数	占比（%）	样本数	占比（%）	样本数	占比（%）	样本数	占比（%）
0	0.00	0	0.00	0	0.00	3	10.00	27	90.00	0	0.00

黑钙土—典型黑钙土耕地土壤主要理化性状

项目名称	样本数（个）	平均值	标准差	变异系数（%）	范　围
有效土层厚度（cm）	41	139.9	22.46	16.06	60.0～150.0
耕层厚度（cm）	41	24.3	6.08	25.05	20.0～40.0
耕层容重（g/cm³）	39	1.24	0.07	5.32	1.17～1.37
有机质（g/kg）	33	19.1	6.18	32.41	7.5～31.9
全氮（g/kg）	35	1.262	0.42	33.11	0.310～2.050
有效磷（mg/kg）	37	29.8	20.38	68.42	3.5～72.3
速效钾（mg/kg）	37	152	79.85	52.52	70～367
缓效钾（mg/kg）	37	865	245.40	28.35	483～1 491
有效铜（mg/kg）	39	0.83	0.41	50.01	0.26～1.94
有效锌（mg/kg）	38	1.91	1.17	61.45	0.51～6.19
有效铁（mg/kg）	32	15.97	6.46	40.45	6.83～30.66
有效锰（mg/kg）	41	8.43	2.97	35.24	3.31～16.34
有效硼（mg/kg）	41	0.74	0.49	67.09	0.21～2.53
有效钼（mg/kg）	41	0.118	0.04	37.11	0.062～0.206
有效硫（mg/kg）	39	31.79	15.97	50.22	8.93～98.30
有效硅（mg/kg）	25	212.08	63.19	29.80	132.00～330.00

耕层质地

砂土		砂壤土		轻壤土		中壤土		重壤土		黏土	
样本数	占比（%）	样本数	占比（%）	样本数	占比（%）	样本数	占比（%）	样本数	占比（%）	样本数	占比（%）
0	0.00	3	7.32	3	7.32	23	56.10	10	24.39	2	4.88

土壤 pH

≤4.5		(4.5～5.5]		(5.5～6.5]		(6.5～7.5]		(7.5～8.5]		>8.5	
样本数	占比（%）	样本数	占比（%）	样本数	占比（%）	样本数	占比（%）	样本数	占比（%）	样本数	占比（%）
0	0.00	0	0.00	0	0.00	2	4.88	38	92.68	1	2.44

黑钙土—淋溶黑钙土耕地土壤主要理化性状

项目名称	样本数（个）	平均值	标准差	变异系数（%）	范围
有效土层厚度（cm）	16	123.6	33.33	26.96	60.0～150.0
耕层厚度（cm）	16	24.7	6.18	25.04	20.0～40.0
耕层容重（g/cm³）	16	1.23	0.12	9.55	1.10～1.41
有机质（g/kg）	12	24.1	3.96	16.41	18.4～31.1
全氮（g/kg）	11	1.547	0.23	14.67	1.110～1.950
有效磷（mg/kg）	15	26.7	16.53	61.82	8.9～60.3
速效钾（mg/kg）	16	204	94.64	46.50	75～406
缓效钾（mg/kg）	16	865	138.26	15.98	677～1 231
有效铜（mg/kg）	11	0.67	0.34	50.91	0.19～1.50
有效锌（mg/kg）	14	2.28	1.08	47.27	0.76～4.12
有效铁（mg/kg）	13	14.81	6.79	45.88	6.70～29.80
有效锰（mg/kg）	16	8.53	3.11	36.48	5.72～18.05
有效硼（mg/kg）	16	0.61	0.27	44.80	0.21～1.13
有效钼（mg/kg）	16	0.109	0.03	26.50	0.060～0.164
有效硫（mg/kg）	16	29.74	17.68	59.45	12.17～67.74
有效硅（mg/kg）	12	207.08	63.70	30.76	142.00～321.00

耕层质地

砂土		砂壤土		轻壤土		中壤土		重壤土		黏土	
样本数	占比（%）	样本数	占比（%）	样本数	占比（%）	样本数	占比（%）	样本数	占比（%）	样本数	占比（%）
0	0.00	2	12.50	5	31.25	4	25.00	4	25.00	1	6.25

土壤 pH

≤4.5		(4.5～5.5]		(5.5～6.5]		(6.5～7.5]		(7.5～8.5]		>8.5	
样本数	占比（%）	样本数	占比（%）	样本数	占比（%）	样本数	占比（%）	样本数	占比（%）	样本数	占比（%）
0	0.00	0	0.00	0	0.00	2	12.50	14	87.50	0	0.00

黑钙土—石灰性黑钙土耕地土壤主要理化性状

项目名称	样本数（个）	平均值	标准差	变异系数（%）	范　围
有效土层厚度（cm）	22	128.2	28.35	22.12	40.0～150.0
耕层厚度（cm）	22	24.5	4.34	17.68	20.0～30.0
耕层容重（g/cm^3）	22	1.33	0.11	7.93	1.17～1.46
有机质（g/kg）	18	20.5	5.73	28.03	6.9～32.2
全氮（g/kg）	20	1.327	0.40	30.17	0.420～1.930
有效磷（mg/kg）	21	33.9	21.55	63.61	5.0～73.7
速效钾（mg/kg）	21	160	102.68	64.04	70～411
缓效钾（mg/kg）	22	861	179.22	20.82	538～1 249
有效铜（mg/kg）	19	0.65	0.31	48.05	0.17～1.28
有效锌（mg/kg）	19	1.47	1.27	86.40	0.23～5.35
有效铁（mg/kg）	22	16.72	7.70	46.08	5.10～30.27
有效锰（mg/kg）	20	8.42	5.43	64.43	2.04～20.85
有效硼（mg/kg）	21	0.63	0.28	44.79	0.27～1.17
有效钼（mg/kg）	20	0.106	0.03	27.43	0.053～0.167
有效硫（mg/kg）	21	38.90	38.87	99.92	5.69～170.08
有效硅（mg/kg）	16	207.65	79.35	38.22	72.40～318.00

耕层质地

砂土		砂壤土		轻壤土		中壤土		重壤土		黏土	
样本数	占比（%）	样本数	占比（%）	样本数	占比（%）	样本数	占比（%）	样本数	占比（%）	样本数	占比（%）
0	0.00	5	22.73	1	4.55	11	50.00	0	0.00	5	22.73

土壤 pH

≤4.5		(4.5～5.5]		(5.5～6.5]		(6.5～7.5]		(7.5～8.5]		>8.5	
样本数	占比（%）	样本数	占比（%）	样本数	占比（%）	样本数	占比（%）	样本数	占比（%）	样本数	占比（%）
0	0.00	0	0.00	0	0.00	2	9.09	19	86.36	1	4.55

栗钙土—典型栗钙土耕地土壤主要理化性状

项目名称	样本数（个）	平均值	标准差	变异系数（%）	范　围
有效土层厚度（cm）	259	125.3	34.97	27.92	30.0～200.0
耕层厚度（cm）	246	28.2	7.21	25.60	15.0～40.0
耕层容重（g/cm^3）	258	1.28	0.10	7.57	1.05～1.49
有机质（g/kg）	225	18.8	5.79	30.85	4.8～32.3
全氮（g/kg）	233	1.285	0.37	28.62	0.330～2.057
有效磷（mg/kg）	230	33.6	17.94	53.45	3.8～73.7
速效钾（mg/kg）	248	181	84.91	46.94	68～411
缓效钾（mg/kg）	258	868	182.50	21.02	369～1 435
有效铜（mg/kg）	230	0.85	0.55	63.99	0.14～2.67
有效锌（mg/kg）	215	2.30	1.71	74.60	0.21～7.23
有效铁（mg/kg）	242	12.49	6.43	51.46	1.33～30.43
有效锰（mg/kg）	253	7.76	5.12	66.00	2.09～26.67
有效硼（mg/kg）	256	0.74	0.52	70.16	0.13～3.19
有效钼（mg/kg）	220	0.117	0.04	38.53	0.055～0.343
有效硫（mg/kg）	217	34.61	24.54	70.90	2.45～161.28
有效硅（mg/kg）	245	150.91	62.51	41.42	40.50～330.00

耕层质地

砂土		砂壤土		轻壤土		中壤土		重壤土		黏土	
样本数	占比（%）	样本数	占比（%）	样本数	占比（%）	样本数	占比（%）	样本数	占比（%）	样本数	占比（%）
0	0.00	49	18.85	39	15.00	100	38.46	49	18.85	23	8.85

土壤 pH

≤4.5		(4.5～5.5]		(5.5～6.5]		(6.5～7.5]		(7.5～8.5]		>8.5	
样本数	占比（%）	样本数	占比（%）	样本数	占比（%）	样本数	占比（%）	样本数	占比（%）	样本数	占比（%）
0	0.00	0	0.00	0	0.00	3	1.35	204	91.89	15	6.76

栗钙土—暗栗钙土耕地土壤主要理化性状

项目名称	样本数（个）	平均值	标准差	变异系数（%）	范 围
有效土层厚度（cm）	315	118.7	35.71	30.07	35.0～200.0
耕层厚度（cm）	304	26.6	6.94	26.07	15.0～40.0
耕层容重（g/cm^3）	304	1.25	0.10	8.21	1.05～1.49
有机质（g/kg）	283	19.7	5.97	30.23	4.7～32.3
全氮（g/kg）	289	1.295	0.37	28.43	0.360～2.040
有效磷（mg/kg）	298	31.4	17.81	56.80	3.8～73.1
速效钾（mg/kg）	296	177	80.11	45.35	68～417
缓效钾（mg/kg）	315	924	205.03	22.19	397～1 447
有效铜（mg/kg）	286	0.75	0.55	73.55	0.14～2.66
有效锌（mg/kg）	257	1.85	1.44	77.84	0.23～7.03
有效铁（mg/kg）	309	11.20	6.21	55.42	1.21～30.79
有效锰（mg/kg）	290	8.38	5.72	68.20	1.90～27.39
有效硼（mg/kg）	314	0.63	0.42	66.81	0.14～2.90
有效钼（mg/kg）	251	0.111	0.04	38.23	0.046～0.359
有效硫（mg/kg）	256	33.14	20.99	63.33	2.45～149.95
有效硅（mg/kg）	297	141.56	60.55	42.77	45.10～319.00

耕层质地

砂土		砂壤土		轻壤土		中壤土		重壤土		黏土	
样本数	占比（%）	样本数	占比（%）	样本数	占比（%）	样本数	占比（%）	样本数	占比（%）	样本数	占比（%）
0	0.00	58	18.24	50	15.72	137	43.08	62	19.50	11	3.46

土壤 pH

≤4.5		(4.5～5.5]		(5.5～6.5]		(6.5～7.5]		(7.5～8.5]		>8.5	
样本数	占比（%）	样本数	占比（%）	样本数	占比（%）	样本数	占比（%）	样本数	占比（%）	样本数	占比（%）
0	0.00	0	0.00	0	0.00	3	1.04	275	95.49	10	3.47

栗钙土—淡栗钙土耕地土壤主要理化性状

项目名称	样本数（个）	平均值	标准差	变异系数（%）	范　围
有效土层厚度（cm）	113	118.2	29.52	24.98	50.0～200.0
耕层厚度（cm）	114	24.7	6.13	24.81	15.0～40.0
耕层容重（g/cm^3）	109	1.27	0.10	8.20	1.05～1.49
有机质（g/kg）	99	18.8	7.04	37.43	5.1～31.9
全氮（g/kg）	101	1.236	0.45	36.27	0.340～2.050
有效磷（mg/kg）	104	30.3	18.41	60.69	4.9～71.1
速效钾（mg/kg）	107	195	96.85	49.58	69～422
缓效钾（mg/kg）	113	934	197.68	21.16	477～1 453
有效铜（mg/kg）	108	0.87	0.58	66.68	0.17～2.38
有效锌（mg/kg）	90	1.93	1.77	91.91	0.22～7.33
有效铁（mg/kg）	105	10.06	6.04	60.07	1.26～27.35
有效锰（mg/kg）	106	10.00	6.16	61.57	1.94～26.30
有效硼（mg/kg）	113	0.66	0.41	62.55	0.13～2.12
有效钼（mg/kg）	86	0.118	0.03	27.91	0.066～0.242
有效硫（mg/kg）	85	32.77	28.56	87.15	8.93～196.01
有效硅（mg/kg）	106	133.14	56.19	42.20	56.30～310.00

耕层质地

砂土		砂壤土		轻壤土		中壤土		重壤土		黏土	
样本数	占比（%）	样本数	占比（%）	样本数	占比（%）	样本数	占比（%）	样本数	占比（%）	样本数	占比（%）
0	0.00	11	9.65	8	7.02	58	50.88	27	23.68	10	8.77

土壤 pH

≤4.5		(4.5～5.5]		(5.5～6.5]		(6.5～7.5]		(7.5～8.5]		>8.5	
样本数	占比（%）	样本数	占比（%）	样本数	占比（%）	样本数	占比（%）	样本数	占比（%）	样本数	占比（%）
0	0.00	0	0.00	0	0.00	1	0.89	104	92.86	7	6.25

栗褐土—典型栗褐土耕地土壤主要理化性状

项目名称	样本数（个）	平均值	标准差	变异系数（%）	范　围
有效土层厚度（cm）	74	158.2	50.62	32.00	70.0～200.0
耕层厚度（cm）	86	28.9	2.93	10.16	18.0～35.0
耕层容重（g/cm³）	78	1.26	0.06	4.46	1.10～1.32
有机质（g/kg）	82	10.5	4.41	41.88	5.1～27.1
全氮（g/kg）	68	0.849	0.45	53.45	0.308～1.870
有效磷（mg/kg）	86	10.0	6.84	68.28	3.4～33.0
速效钾（mg/kg）	86	141	48.85	34.67	71～291
缓效钾（mg/kg）	86	853	90.71	10.63	561～1 075
有效铜（mg/kg）	5	0.70	0.32	45.44	0.48～1.23
有效锌（mg/kg）	5	0.59	0.42	71.68	0.28～1.25
有效铁（mg/kg）	5	4.95	1.80	36.38	2.31～6.66
有效锰（mg/kg）	5	7.25	3.19	44.01	3.81～12.45
有效硼（mg/kg）	5	0.47	0.37	80.01	0.26～1.13
有效钼（mg/kg）	5	0.132	0.04	29.96	0.073～0.184
有效硫（mg/kg）	5	20.51	13.44	65.51	9.03～43.08
有效硅（mg/kg）	5	178.56	96.04	53.79	49.57～318.17

耕层质地

砂土		砂壤土		轻壤土		中壤土		重壤土		黏土	
样本数	占比（%）	样本数	占比（%）	样本数	占比（%）	样本数	占比（%）	样本数	占比（%）	样本数	占比（%）
0	0.00	13	15.12	52	60.47	15	17.44	1	1.16	5	5.81

土壤 pH

≤4.5		(4.5～5.5]		(5.5～6.5]		(6.5～7.5]		(7.5～8.5]		>8.5	
样本数	占比（%）	样本数	占比（%）	样本数	占比（%）	样本数	占比（%）	样本数	占比（%）	样本数	占比（%）
0	0.00	0	0.00	0	0.00	0	0.00	47	54.65	39	45.35

栗褐土—淡栗褐土耕地土壤主要理化性状

项目名称	样本数（个）	平均值	标准差	变异系数（%）	范围
有效土层厚度（cm）	120	145.8	51.23	35.13	56.0～200.0
耕层厚度（cm）	134	27.0	4.88	18.09	18.0～40.0
耕层容重（g/cm³）	132	1.23	0.05	4.38	1.15～1.32
有机质（g/kg）	116	10.4	5.97	57.19	4.8～29.5
全氮（g/kg）	115	0.715	0.45	63.36	0.300～1.900
有效磷（mg/kg）	134	10.1	7.66	75.65	3.3～38.7
速效钾（mg/kg）	133	130	51.08	39.41	68～307
缓效钾（mg/kg）	134	805	95.24	11.83	475～1 135
有效铜（mg/kg）	7	0.58	0.24	40.71	0.40～1.09
有效锌（mg/kg）	7	0.85	0.73	85.36	0.27～2.15
有效铁（mg/kg）	7	5.06	1.88	37.04	2.25～7.80
有效锰（mg/kg）	7	6.30	1.60	25.43	3.85～8.60
有效硼（mg/kg）	6	0.41	0.22	52.40	0.26～0.78
有效钼（mg/kg）	7	0.144	0.04	27.89	0.098～0.201
有效硫（mg/kg）	7	6.76	2.97	43.87	3.39～10.56
有效硅（mg/kg）	7	101.18	90.70	89.64	36.70～269.28

耕层质地

砂土		砂壤土		轻壤土		中壤土		重壤土		黏土	
样本数	占比（%）	样本数	占比（%）	样本数	占比（%）	样本数	占比（%）	样本数	占比（%）	样本数	占比（%）
0	0.00	32	23.88	73	54.48	23	17.16	6	4.48	0	0.00

土壤 pH

≤4.5		(4.5～5.5]		(5.5～6.5]		(6.5～7.5]		(7.5～8.5]		>8.5	
样本数	占比（%）	样本数	占比（%）	样本数	占比（%）	样本数	占比（%）	样本数	占比（%）	样本数	占比（%）
0	0.00	0	0.00	0	0.00	10	7.46	40	29.85	84	62.69

黑垆土—典型黑垆土耕地土壤主要理化性状

项目名称	样本数（个）	平均值	标准差	变异系数（%）	范　围
有效土层厚度（cm）	828	104.1	42.15	40.48	29.0～200.0
耕层厚度（cm）	841	22.6	4.55	20.16	15.0～30.0
耕层容重（g/cm^3）	818	1.22	0.08	6.89	1.05～1.48
有机质（g/kg）	821	14.7	4.27	28.98	4.8～32.3
全氮（g/kg）	829	0.926	0.23	24.46	0.320～1.960
有效磷（mg/kg）	810	18.8	13.03	69.35	3.3～70.1
速效钾（mg/kg）	809	173	71.76	41.51	68～423
缓效钾（mg/kg）	762	1 103	211.61	19.19	331～1 520
有效铜（mg/kg）	751	0.76	0.32	42.74	0.14～2.59
有效锌（mg/kg）	751	0.73	0.37	50.11	0.21～2.90
有效铁（mg/kg）	760	11.47	5.34	46.54	1.24～29.80
有效锰（mg/kg）	739	8.68	3.54	40.83	1.91～26.50
有效硼（mg/kg）	757	0.73	0.52	71.10	0.13～3.51
有效钼（mg/kg）	752	0.110	0.06	51.08	0.042～0.817
有效硫（mg/kg）	762	15.43	12.27	79.53	2.00～197.24
有效硅（mg/kg）	760	111.22	37.45	33.67	48.48～280.40

耕层质地

砂土		砂壤土		轻壤土		中壤土		重壤土		黏土	
样本数	占比（%）	样本数	占比（%）	样本数	占比（%）	样本数	占比（%）	样本数	占比（%）	样本数	占比（%）
1	0.12	13	1.55	91	10.82	702	83.47	0	0.00	34	4.04

土壤 pH

≤4.5		(4.5～5.5]		(5.5～6.5]		(6.5～7.5]		(7.5～8.5]		>8.5	
样本数	占比（%）	样本数	占比（%）	样本数	占比（%）	样本数	占比（%）	样本数	占比（%）	样本数	占比（%）
0	0.00	0	0.00	0	0.00	9	1.07	612	72.77	220	26.16

黑垆土—黏化黑垆土耕地土壤主要理化性状

项目名称	样本数（个）	平均值	标准差	变异系数（%）	范　围
有效土层厚度（cm）	178	87.7	30.14	34.36	30.0～200.0
耕层厚度（cm）	174	31.1	7.58	24.41	20.0～40.0
耕层容重（g/cm^3）	165	1.32	0.07	4.94	1.08～1.49
有机质（g/kg）	177	14.3	4.15	29.08	6.1～30.5
全氮（g/kg）	178	0.934	0.21	22.67	0.326～2.054
有效磷（mg/kg）	174	19.8	13.33	67.40	3.5～69.9
速效钾（mg/kg）	169	200	86.44	43.19	69～422
缓效钾（mg/kg）	127	1 12[illegible]	210.99	18.81	493～1 510
有效铜（mg/kg）	30	1.01	0.42	41.56	0.21～2.40
有效锌（mg/kg）	29	1.07	0.90	84.06	0.28～4.26
有效铁（mg/kg）	30	8.75	3.34	38.21	3.36～15.60
有效锰（mg/kg）	30	11.16	2.49	22.31	6.77～16.11
有效硼（mg/kg）	26	0.39	0.21	53.13	0.12～0.98
有效钼（mg/kg）	29	0.225	0.27	119.91	0.041～1.409
有效硫（mg/kg）	19	25.66	41.45	161.51	2.80～186.39
有效硅（mg/kg）	18	147.81	32.67	22.10	99.30～224.00

耕层质地

砂土		砂壤土		轻壤土		中壤土		重壤土		黏土	
样本数	占比（%）	样本数	占比（%）	样本数	占比（%）	样本数	占比（%）	样本数	占比（%）	样本数	占比（%）
0	0.00	2	1.12	89	50.00	86	48.31	1	0.56	0	0.00

土壤 pH

≤4.5		(4.5～5.5]		(5.5～6.5]		(6.5～7.5]		(7.5～8.5]		>8.5	
样本数	占比（%）	样本数	占比（%）	样本数	占比（%）	样本数	占比（%）	样本数	占比（%）	样本数	占比（%）
0	0.00	0	0.00	0	0.00	0	0.00	169	94.94	9	5.06

黑垆土—黑麻土耕地土壤主要理化性状

项目名称	样本数（个）	平均值	标准差	变异系数（%）	范　围
有效土层厚度（cm）	991	129.7	27.26	21.02	42.0～190.0
耕层厚度（cm）	991	21.6	4.58	21.19	15.0～30.0
耕层容重（g/cm³）	983	1.29	0.07	5.61	1.06～1.48
有机质（g/kg）	974	14.9	3.98	26.67	4.7～29.7
全氮（g/kg）	976	0.989	0.27	27.67	0.300～2.040
有效磷（mg/kg）	941	23.8	14.68	61.66	3.4～73.1
速效钾（mg/kg）	902	195	84.33	43.27	69～423
缓效钾（mg/kg）	967	1 088	189.82	17.45	329～1 523
有效铜（mg/kg）	969	0.64	0.51	79.37	0.21～2.84
有效锌（mg/kg）	987	0.96	0.47	48.84	0.21～3.94
有效铁（mg/kg）	947	10.94	4.47	40.85	1.23～30.74
有效锰（mg/kg）	986	10.00	3.32	33.25	2.40～26.76
有效硼（mg/kg）	989	0.71	0.36	51.13	0.20～2.93
有效钼（mg/kg）	986	0.119	0.05	39.52	0.043～0.410
有效硫（mg/kg）	991	18.77	10.45	55.67	2.23～69.80
有效硅（mg/kg）	953	109.58	31.14	28.41	24.70～281.00

耕层质地

砂土		砂壤土		轻壤土		中壤土		重壤土		黏土	
样本数	占比（%）	样本数	占比（%）	样本数	占比（%）	样本数	占比（%）	样本数	占比（%）	样本数	占比（%）
2	0.20	0	0.00	0	0.00	987	99.60	0	0.00	2	0.20

土壤 pH

≤4.5		(4.5～5.5]		(5.5～6.5]		(6.5～7.5]		(7.5～8.5]		>8.5	
样本数	占比（%）	样本数	占比（%）	样本数	占比（%）	样本数	占比（%）	样本数	占比（%）	样本数	占比（%）
0	0.00	0	0.00	2	0.20	12	1.21	818	82.54	159	16.04

灰钙土—典型灰钙土耕地土壤主要理化性状

项目名称	样本数（个）	平均值	标准差	变异系数（%）	范　围
有效土层厚度（cm）	387	115.5	38.06	32.96	33.0～165.0
耕层厚度（cm）	394	20.7	3.38	16.35	15.0～40.0
耕层容重（g/cm^3）	358	1.27	0.09	7.28	1.06～1.49
有机质（g/kg）	379	13.2	4.79	36.22	4.7～28.8
全氮（g/kg）	372	0.842	0.29	34.74	0.300～1.980
有效磷（mg/kg）	364	21.8	15.53	71.33	3.4～73.3
速效钾（mg/kg）	370	195	84.20	43.26	69～422
缓效钾（mg/kg）	388	988	278.22	28.15	315～1 503
有效铜（mg/kg）	383	0.81	0.51	63.08	0.14～2.84
有效锌（mg/kg）	381	1.09	0.88	80.49	0.21～6.59
有效铁（mg/kg）	394	8.71	4.12	47.33	1.37～24.72
有效锰（mg/kg）	390	8.44	3.90	46.18	2.55～26.24
有效硼（mg/kg）	373	0.81	0.53	65.16	0.14～3.52
有效钼（mg/kg）	384	0.111	0.05	45.18	0.042～0.410
有效硫（mg/kg）	394	17.80	13.23	74.31	2.21～142.76
有效硅（mg/kg）	388	117.83	38.20	32.41	51.21～324.00

耕层质地

砂土		砂壤土		轻壤土		中壤土		重壤土		黏土	
样本数	占比（%）	样本数	占比（%）	样本数	占比（%）	样本数	占比（%）	样本数	占比（%）	样本数	占比（%）
7	1.78	23	5.84	8	2.03	351	89.09	4	1.02	1	0.25

土壤 pH

≤4.5		(4.5～5.5]		(5.5～6.5]		(6.5～7.5]		(7.5～8.5]		>8.5	
样本数	占比（%）	样本数	占比（%）	样本数	占比（%）	样本数	占比（%）	样本数	占比（%）	样本数	占比（%）
0	0.00	0	0.00	0	0.00	3	0.77	273	69.64	116	29.59

灰钙土—淡灰钙土耕地土壤主要理化性状

项目名称	样本数（个）	平均值	标准差	变异系数（%）	范　围
有效土层厚度（cm）	217	111.2	26.70	24.02	50.0～165.0
耕层厚度（cm）	228	21.2	4.51	21.30	17.0～40.0
耕层容重（g/cm^3）	217	1.27	0.07	5.15	1.06～1.49
有机质（g/kg）	217	12.9	4.07	31.44	4.8～26.8
全氮（g/kg）	223	0.803	0.25	31.71	0.310～1.530
有效磷（mg/kg）	195	24.5	18.06	73.67	3.3～71.5
速效钾（mg/kg）	211	180	80.25	44.59	67～408
缓效钾（mg/kg）	223	1 036	185.32	17.89	367～1 425
有效铜（mg/kg）	221	0.56	0.51	90.35	0.14～2.25
有效锌（mg/kg）	228	1.09	0.68	62.81	0.25～7.22
有效铁（mg/kg）	227	10.77	3.93	36.44	2.24～30.69
有效锰（mg/kg）	227	9.01	2.21	24.54	2.59～17.18
有效硼（mg/kg）	226	0.82	0.63	77.23	0.38～3.57
有效钼（mg/kg）	227	0.113	0.04	32.52	0.048～0.368
有效硫（mg/kg）	228	22.83	15.31	67.04	2.45～161.74
有效硅（mg/kg）	228	114.63	29.54	25.77	51.80～256.00

耕层质地

砂土		砂壤土		轻壤土		中壤土		重壤土		黏土	
样本数	占比（%）	样本数	占比（%）	样本数	占比（%）	样本数	占比（%）	样本数	占比（%）	样本数	占比（%）
1	0.44	14	6.14	1	0.44	208	91.23	3	1.32	1	0.44

土壤 pH

≤4.5		(4.5～5.5]		(5.5～6.5]		(6.5～7.5]		(7.5～8.5]		>8.5	
样本数	占比（%）	样本数	占比（%）	样本数	占比（%）	样本数	占比（%）	样本数	占比（%）	样本数	占比（%）
0	0.00	0	0.00	0	0.00	0	0.00	138	61.33	87	38.67

灰钙土—草甸灰钙土耕地土壤主要理化性状

项目名称	样本数（个）	平均值	标准差	变异系数（%）	范　围
有效土层厚度（cm）	1	99.0	—	—	—
耕层厚度（cm）	1	20.0	—	—	—
耕层容重（g/cm^3）	1	1.30	—	—	—
有机质（g/kg）	0	—	—	—	—
全氮（g/kg）	1	0.430	—	—	—
有效磷（mg/kg）	0	—	—	—	—
速效钾（mg/kg）	1	75	—	—	—
缓效钾（mg/kg）	1	1 125	—	—	—
有效铜（mg/kg）	1	0.21	—	—	—
有效锌（mg/kg）	1	0.91	—	—	—
有效铁（mg/kg）	1	11.50	—	—	—
有效锰（mg/kg）	1	10.10	—	—	—
有效硼（mg/kg）	1	0.55	—	—	—
有效钼（mg/kg）	1	0.110	—	—	—
有效硫（mg/kg）	1	21.10	—	—	—
有效硅（mg/kg）	1	101.00	—	—	—

耕层质地

砂土		砂壤土		轻壤土		中壤土		重壤土		黏土	
样本数	占比（%）	样本数	占比（%）	样本数	占比（%）	样本数	占比（%）	样本数	占比（%）	样本数	占比（%）
0	0.00	0	0.00	0	0.00	1	100.00	0	0.00	0	0.00

土壤 pH

≤4.5		(4.5～5.5]		(5.5～6.5]		(6.5～7.5]		(7.5～8.5]		>8.5	
样本数	占比（%）	样本数	占比（%）	样本数	占比（%）	样本数	占比（%）	样本数	占比（%）	样本数	占比（%）
0	0.00	0	0.00	0	0.00	0	0.00	0	0.00	1	100.00

灰钙土—盐化灰钙土耕地土壤主要理化性状

项目名称	样本数（个）	平均值	标准差	变异系数（%）	范　围
有效土层厚度（cm）	3	140.0	34.64	24.74	100.0～160.0
耕层厚度（cm）	11	34.5	9.34	27.04	20.0～40.0
耕层容重（g/cm^3）	3	1.27	0.10	8.18	1.15～1.34
有机质（g/kg）	9	9.6	4.94	51.20	5.5～20.5
全氮（g/kg）	9	0.556	0.34	61.06	0.304～1.250
有效磷（mg/kg）	10	14.8	6.95	47.02	4.2～27.5
速效钾（mg/kg）	6	165	125.01	75.78	78～408
缓效钾（mg/kg）	9	686	329.88	48.07	341～1 125
有效铜（mg/kg）	8	0.34	0.23	69.35	0.14～0.77
有效锌（mg/kg）	11	0.42	0.19	44.03	0.25～0.91
有效铁（mg/kg）	11	6.21	3.40	54.67	2.42～13.30
有效锰（mg/kg）	11	5.94	1.85	31.08	3.22～10.10
有效硼（mg/kg）	5	1.42	1.17	82.07	0.55～2.84
有效钼（mg/kg）	9	0.073	0.02	24.59	0.050～0.110
有效硫（mg/kg）	11	10.28	6.23	60.65	3.98～22.29
有效硅（mg/kg）	11	104.98	16.01	15.25	79.45～135.14

耕层质地

砂土		砂壤土		轻壤土		中壤土		重壤土		黏土	
样本数	占比（%）	样本数	占比（%）	样本数	占比（%）	样本数	占比（%）	样本数	占比（%）	样本数	占比（%）
0	0.00	8	72.73	0	0.00	3	27.27	0	0.00	0	0.00

土壤 pH

≤4.5		(4.5～5.5]		(5.5～6.5]		(6.5～7.5]		(7.5～8.5]		>8.5	
样本数	占比（%）	样本数	占比（%）	样本数	占比（%）	样本数	占比（%）	样本数	占比（%）	样本数	占比（%）
0	0.00	0	0.00	0	0.00	0	0.00	6	60.00	4	40.00

黄绵土—黄绵土耕地土壤主要理化性状

项目名称	样本数（个）	平均值	标准差	变异系数（%）	范　围
有效土层厚度（cm）	4 875	112.8	54.05	47.92	29.0～200.0
耕层厚度（cm）	4 912	23.9	5.29	22.15	15.0～40.0
耕层容重（g/cm³）	4 600	1.26	0.08	6.03	1.05～1.49
有机质（g/kg）	4 790	12.8	5.01	39.15	4.7～32.3
全氮（g/kg）	4 780	0.806	0.31	38.14	0.299～2.030
有效磷（mg/kg）	4 707	16.9	12.74	75.19	3.3～73.1
速效钾（mg/kg）	4 746	169	79.56	47.04	67～424
缓效钾（mg/kg）	4 705	912	251.57	27.60	313～1 523
有效铜（mg/kg）	2 157	0.73	0.47	64.78	0.14～2.79
有效锌（mg/kg）	2 151	0.84	0.57	68.08	0.21～6.05
有效铁（mg/kg）	2 139	9.90	5.18	52.27	1.21～30.04
有效锰（mg/kg）	2 144	9.90	4.24	42.81	1.99～27.40
有效硼（mg/kg）	2 105	0.68	0.57	83.16	0.12～3.58
有效钼（mg/kg）	2 149	0.131	0.12	93.26	0.041～1.436
有效硫（mg/kg）	2 093	17.71	16.66	94.08	1.80～198.34
有效硅（mg/kg）	1 907	112.06	33.00	29.45	25.50～256.85

耕层质地

砂土		砂壤土		轻壤土		中壤土		重壤土		黏土	
样本数	占比（%）	样本数	占比（%）	样本数	占比（%）	样本数	占比（%）	样本数	占比（%）	样本数	占比（%）
60	1.20	471	9.44	1 124	22.53	3 129	62.72	59	1.18	146	2.93

土壤 pH

≤4.5		(4.5～5.5]		(5.5～6.5]		(6.5～7.5]		(7.5～8.5]		>8.5	
样本数	占比（%）	样本数	占比（%）	样本数	占比（%）	样本数	占比（%）	样本数	占比（%）	样本数	占比（%）
0	0.00	0	0.00	7	0.14	38	0.77	3 332	67.30	1 574	31.79

红黏土—典型红黏土耕地土壤主要理化性状

项目名称	样本数（个）	平均值	标准差	变异系数（%）	范　围
有效土层厚度（cm）	58	95.4	36.46	38.24	50.0～200.0
耕层厚度（cm）	58	24.3	4.49	18.44	20.0～30.0
耕层容重（g/cm³）	57	1.28	0.08	6.60	1.10～1.48
有机质（g/kg）	58	19.7	8.12	41.22	6.3～32.0
全氮（g/kg）	55	1.085	0.35	31.96	0.340～1.820
有效磷（mg/kg）	58	16.1	11.08	68.71	3.5～48.8
速效钾（mg/kg）	56	162	54.28	33.44	73～320
缓效钾（mg/kg）	57	883	230.45	26.10	440～1 477
有效铜（mg/kg）	20	0.92	0.55	60.27	0.21～1.91
有效锌（mg/kg）	21	1.24	1.08	87.06	0.37～5.47
有效铁（mg/kg）	20	12.28	3.61	29.37	4.41～19.86
有效锰（mg/kg）	19	13.08	5.48	41.87	4.75～25.45
有效硼（mg/kg）	21	0.64	0.42	64.52	0.37～2.38
有效钼（mg/kg）	21	0.112	0.04	35.26	0.072～0.226
有效硫（mg/kg）	21	26.04	14.92	57.29	8.00～66.50
有效硅（mg/kg）	18	121.59	39.87	32.79	101.00～203.00

耕层质地

砂土		砂壤土		轻壤土		中壤土		重壤土		黏土	
样本数	占比（%）	样本数	占比（%）	样本数	占比（%）	样本数	占比（%）	样本数	占比（%）	样本数	占比（%）
0	0.00	1	1.72	2	3.45	17	29.31	20	34.48	18	31.03

土壤 pH

≤4.5		(4.5～5.5]		(5.5～6.5]		(6.5～7.5]		(7.5～8.5]		>8.5	
样本数	占比（%）	样本数	占比（%）	样本数	占比（%）	样本数	占比（%）	样本数	占比（%）	样本数	占比（%）
0	0.00	0	0.00	0	0.00	0	0.00	55	94.83	3	5.17

红黏土—积钙红黏土耕地土壤主要理化性状

项目名称	样本数（个）	平均值	标准差	变异系数（%）	范　围
有效土层厚度（cm）	178	107.2	37.61	35.09	40.0～200.0
耕层厚度（cm）	178	23.7	4.70	19.85	15.0～30.0
耕层容重（g/cm³）	172	1.28	0.08	6.63	1.07～1.47
有机质（g/kg）	177	14.9	4.40	29.41	4.7～29.7
全氮（g/kg）	177	0.937	0.27	29.13	0.336～1.880
有效磷（mg/kg）	173	19.6	13.48	68.82	3.3～66.4
速效钾（mg/kg）	167	208	81.85	39.37	74～406
缓效钾（mg/kg）	167	1 109	197.29	17.79	405～1 451
有效铜（mg/kg）	160	0.82	0.64	77.57	0.19～2.73
有效锌（mg/kg）	162	0.95	0.45	47.99	0.21～3.39
有效铁（mg/kg）	144	12.61	4.96	39.30	1.28～29.63
有效锰（mg/kg）	162	10.90	3.83	35.13	3.16～27.20
有效硼（mg/kg）	164	0.73	0.42	57.29	0.15～2.51
有效钼（mg/kg）	162	0.131	0.08	59.45	0.047～0.795
有效硫（mg/kg）	164	16.32	13.41	82.21	2.13～138.24
有效硅（mg/kg）	145	110.57	37.57	33.98	26.00～256.00

耕层质地

砂土		砂壤土		轻壤土		中壤土		重壤土		黏土	
样本数	占比（%）	样本数	占比（%）	样本数	占比（%）	样本数	占比（%）	样本数	占比（%）	样本数	占比（%）
2	1.12	0	0.00	0	0.00	164	92.13	0	0.00	12	6.74

土壤 pH

≤4.5		(4.5～5.5]		(5.5～6.5]		(6.5～7.5]		(7.5～8.5]		>8.5	
样本数	占比（%）	样本数	占比（%）	样本数	占比（%）	样本数	占比（%）	样本数	占比（%）	样本数	占比（%）
0	0.00	0	0.00	0	0.00	0	0.00	149	83.71	29	16.29

新积土—典型新积土耕地土壤主要理化性状

项目名称	样本数（个）	平均值	标准差	变异系数（%）	范　围
有效土层厚度（cm）	193	110.9	58.02	52.32	30.0～200.0
耕层厚度（cm）	194	26.2	7.01	26.75	15.0～40.0
耕层容重（g/cm^3）	160	1.30	0.07	5.51	1.13～1.49
有机质（g/kg）	206	13.4	6.49	48.58	4.8～31.8
全氮（g/kg）	203	0.805	0.37	46.35	0.300～1.960
有效磷（mg/kg）	214	17.8	12.95	72.95	3.6～73.6
速效钾（mg/kg）	220	170	82.17	48.47	67～398
缓效钾（mg/kg）	205	798	298.61	37.41	322～1 486
有效铜（mg/kg）	168	0.73	0.54	73.33	0.14～2.76
有效锌（mg/kg）	172	0.92	0.80	86.87	0.22～6.66
有效铁（mg/kg）	170	9.24	5.24	56.71	1.91～28.77
有效锰（mg/kg）	169	8.14	4.65	57.10	2.16～25.71
有效硼（mg/kg）	143	1.30	1.08	82.69	0.19～3.59
有效钼（mg/kg）	170	0.092	0.05	59.86	0.042～0.336
有效硫（mg/kg）	171	14.16	16.25	114.80	1.81～157.37
有效硅（mg/kg）	166	133.90	53.84	40.21	65.22～300.96

耕层质地

砂土		砂壤土		轻壤土		中壤土		重壤土		黏土	
样本数	占比（%）	样本数	占比（%）	样本数	占比（%）	样本数	占比（%）	样本数	占比（%）	样本数	占比（%）
6	2.60	61	26.41	30	12.99	134	58.01	0	0.00	0	0.00

土壤 pH

≤4.5		(4.5～5.5]		(5.5～6.5]		(6.5～7.5]		(7.5～8.5]		>8.5	
样本数	占比（%）	样本数	占比（%）	样本数	占比（%）	样本数	占比（%）	样本数	占比（%）	样本数	占比（%）
0	0.00	1	0.45	2	0.90	5	2.25	154	69.37	60	27.03

新积土—冲积土耕地土壤主要理化性状

项目名称	样本数（个）	平均值	标准差	变异系数（%）	范　围
有效土层厚度（cm）	225	113.5	51.45	43.43	30.0～200.0
耕层厚度（cm）	232	22.1	3.74	16.95	15.0～40.0
耕层容重（g/cm^3）	229	1.26	0.07	5.72	1.08～1.48
有机质（g/kg）	231	15.9	5.43	32.11	5.3～31.9
全氮（g/kg）	229	1.061	0.32	29.89	0.413～1.972
有效磷（mg/kg）	228	20.4	11.11	54.41	3.9～68.2
速效钾（mg/kg）	227	219	78.94	36.03	74～400
缓效钾（mg/kg）	226	1 053	253.66	24.09	395～1 511
有效铜（mg/kg）	91	0.84	0.45	53.83	0.21～2.70
有效锌（mg/kg）	91	0.97	0.71	72.88	0.25～4.59
有效铁（mg/kg）	91	11.31	3.90	34.46	1.89～27.03
有效锰（mg/kg）	89	9.08	4.60	50.67	2.52～21.68
有效硼（mg/kg）	90	0.55	0.27	48.66	0.15～2.10
有效钼（mg/kg）	91	0.155	0.18	114.60	0.047～1.168
有效硫（mg/kg）	85	19.49	11.02	56.53	2.92～64.70
有效硅（mg/kg）	79	118.58	35.71	30.11	66.93～238.00

耕层质地

砂土		砂壤土		轻壤土		中壤土		重壤土		黏土	
样本数	占比（%）	样本数	占比（%）	样本数	占比（%）	样本数	占比（%）	样本数	占比（%）	样本数	占比（%）
13	5.60	14	6.03	12	5.17	166	71.55	26	11.21	1	0.43

土壤 pH

≤4.5		(4.5～5.5]		(5.5～6.5]		(6.5～7.5]		(7.5～8.5]		>8.5	
样本数	占比（%）	样本数	占比（%）	样本数	占比（%）	样本数	占比（%）	样本数	占比（%）	样本数	占比（%）
0	0.00	0	0.00	0	0.00	4	1.73	176	76.19	51	22.08

风沙土—草原风沙土耕地土壤主要理化性状

项目名称	样本数（个）	平均值	标准差	变异系数（%）	范 围
有效土层厚度（cm）	193	52.7	19.93	37.83	30.0～200.0
耕层厚度（cm）	208	22.9	6.12	26.68	15.0～40.0
耕层容重（g/cm³）	154	1.34	0.11	8.13	1.10～1.49
有机质（g/kg）	156	9.5	3.50	36.81	4.7～20.2
全氮（g/kg）	146	0.590	0.22	37.01	0.299～1.355
有效磷（mg/kg）	180	17.0	13.23	77.73	3.4～72.2
速效钾（mg/kg）	149	114	51.03	44.65	68～341
缓效钾（mg/kg）	126	446	95.89	21.48	314～792
有效铜（mg/kg）	54	0.42	0.28	66.62	0.14～1.41
有效锌（mg/kg）	60	0.82	0.91	110.61	0.21～4.09
有效铁（mg/kg）	61	5.59	3.26	58.30	1.70～18.08
有效锰（mg/kg）	58	5.79	2.84	49.11	1.90～13.84
有效硼（mg/kg）	34	1.10	1.26	114.75	0.14～3.42
有效钼（mg/kg）	57	0.081	0.04	48.93	0.042～0.236
有效硫（mg/kg）	62	16.85	23.17	137.51	2.65～141.52
有效硅（mg/kg）	36	87.49	18.64	21.31	42.50～129.07

耕层质地

砂土		砂壤土		轻壤土		中壤土		重壤土		黏土	
样本数	占比（%）	样本数	占比（%）	样本数	占比（%）	样本数	占比（%）	样本数	占比（%）	样本数	占比（%）
31	14.90	132	63.46	35	16.83	10	4.81	0	0.00	0	0.00

土壤 pH

≤4.5		(4.5～5.5]		(5.5～6.5]		(6.5～7.5]		(7.5～8.5]		>8.5	
样本数	占比（%）	样本数	占比（%）	样本数	占比（%）	样本数	占比（%）	样本数	占比（%）	样本数	占比（%）
0	0.00	0	0.00	0	0.00	4	1.97	126	62.07	73	35.96

风沙土—草甸风沙土耕地土壤主要理化性状

项目名称	样本数（个）	平均值	标准差	变异系数（%）	范　围
有效土层厚度（cm）	57	182.5	38.37	21.03	100.0～200.0
耕层厚度（cm）	10	20.0	0.00	0.00	20.0～20.0
耕层容重（g/cm³）	57	1.29	0.01	1.02	1.25～1.35
有机质（g/kg）	55	10.4	4.31	41.54	5.1～29.2
全氮（g/kg）	55	0.714	0.26	36.03	0.323～1.664
有效磷（mg/kg）	56	19.6	8.52	43.49	5.0～55.8
速效钾（mg/kg）	53	157	68.06	43.44	68～347
缓效钾（mg/kg）	55	730	197.38	27.03	329～1 067
有效铜（mg/kg）	4	0.62	0.37	59.84	0.22～0.95
有效锌（mg/kg）	5	0.87	0.42	48.18	0.49～1.54
有效铁（mg/kg）	5	6.52	4.46	68.34	3.52～14.20
有效锰（mg/kg）	5	14.42	5.18	35.93	8.58～20.20
有效硼（mg/kg）	5	0.30	0.07	23.86	0.22～0.40
有效钼（mg/kg）	5	0.213	0.10	48.88	0.130～0.380
有效硫（mg/kg）	5	17.95	8.56	47.69	11.40～32.34
有效硅（mg/kg）	0	—	—	—	—

耕层质地

砂土		砂壤土		轻壤土		中壤土		重壤土		黏土	
样本数	占比（%）	样本数	占比（%）	样本数	占比（%）	样本数	占比（%）	样本数	占比（%）	样本数	占比（%）
9	15.79	0	0.00	1	1.75	47	82.46	0	0.00	0	0.00

土壤 pH

≤4.5		(4.5～5.5]		(5.5～6.5]		(6.5～7.5]		(7.5～8.5]		>8.5	
样本数	占比（%）	样本数	占比（%）	样本数	占比（%）	样本数	占比（%）	样本数	占比（%）	样本数	占比（%）
0	0.00	0	0.00	0	0.00	0	0.00	48	84.21	9	15.79

粗骨土—中性粗骨土耕地土壤主要理化性状

项目名称	样本数（个）	平均值	标准差	变异系数（%）	范　围
有效土层厚度（cm）	15	130.3	58.38	44.81	50.0～200.0
耕层厚度（cm）	16	23.9	4.61	19.26	18.0～30.0
耕层容重（g/cm^3）	15	1.26	0.06	4.50	1.16～1.40
有机质（g/kg）	16	20.4	6.31	31.00	6.0～28.4
全氮（g/kg）	16	1.174	0.44	37.07	0.399～2.062
有效磷（mg/kg）	15	14.9	10.69	71.93	3.4～33.6
速效钾（mg/kg）	16	188	75.43	40.07	74～308
缓效钾（mg/kg）	16	853	173.59	20.36	562～1 093
有效铜（mg/kg）	0	—	—	—	—
有效锌（mg/kg）	0	—	—	—	—
有效铁（mg/kg）	0	—	—	—	—
有效锰（mg/kg）	0	—	—	—	—
有效硼（mg/kg）	0	—	—	—	—
有效钼（mg/kg）	0	—	—	—	—
有效硫（mg/kg）	0	—	—	—	—
有效硅（mg/kg）	0	—	—	—	—

耕层质地

砂土		砂壤土		轻壤土		中壤土		重壤土		黏土	
样本数	占比（%）	样本数	占比（%）	样本数	占比（%）	样本数	占比（%）	样本数	占比（%）	样本数	占比（%）
0	0.00	12	75.00	3	18.75	1	6.25	0	0.00	0	0.00

土壤 pH

≤4.5		(4.5～5.5]		(5.5～6.5]		(6.5～7.5]		(7.5～8.5]		>8.5	
样本数	占比（%）	样本数	占比（%）	样本数	占比（%）	样本数	占比（%）	样本数	占比（%）	样本数	占比（%）
0	0.00	0	0.00	0	0.00	0	0.00	16	100.00	0	0.00

粗骨土—钙质粗骨土耕地土壤主要理化性状

项目名称	样本数（个）	平均值	标准差	变异系数（%）	范围
有效土层厚度（cm）	15	98.1	40.61	41.41	45.0～200.0
耕层厚度（cm）	15	26.7	4.88	18.30	20.0～30.0
耕层容重（g/cm³）	15	1.25	0.08	6.23	1.20～1.44
有机质（g/kg）	15	21.4	6.93	32.35	13.0～30.6
全氮（g/kg）	14	1.325	0.33	25.10	0.930～1.990
有效磷（mg/kg）	15	20.1	13.43	66.82	3.6～58.8
速效钾（mg/kg）	15	192	54.72	28.50	123～297
缓效钾（mg/kg）	15	755	205.37	27.21	482～1 195
有效铜（mg/kg）	1	0.76	—	—	—
有效锌（mg/kg）	1	4.95	—	—	—
有效铁（mg/kg）	1	5.09	—	—	—
有效锰（mg/kg）	1	6.31	—	—	—
有效硼（mg/kg）	1	0.29	—	—	—
有效钼（mg/kg）	1	0.212	—	—	—
有效硫（mg/kg）	1	41.60	—	—	—
有效硅（mg/kg）	1	269.00	—	—	—

耕层质地

砂土		砂壤土		轻壤土		中壤土		重壤土		黏土	
样本数	占比（%）	样本数	占比（%）	样本数	占比（%）	样本数	占比（%）	样本数	占比（%）	样本数	占比（%）
0	0.00	10	66.67	3	20.00	2	13.33	0	0.00	0	0.00

土壤 pH

≤4.5		(4.5～5.5]		(5.5～6.5]		(6.5～7.5]		(7.5～8.5]		>8.5	
样本数	占比（%）	样本数	占比（%）	样本数	占比（%）	样本数	占比（%）	样本数	占比（%）	样本数	占比（%）
0	0.00	0	0.00	0	0.00	0	0.00	12	80.00	3	20.00

石质土—中性石质土耕地土壤主要理化性状

项目名称	样本数（个）	平均值	标准差	变异系数（%）	范围
有效土层厚度（cm）	1	192.0	—	—	—
耕层厚度（cm）	2	25.0	7.07	28.28	20.0～30.0
耕层容重（g/cm^3）	2	1.20	0.00	0.00	1.20～1.20
有机质（g/kg）	2	17.9	7.22	40.35	12.8～23.0
全氮（g/kg）	2	1.674	0.15	8.75	1.570～1.777
有效磷（mg/kg）	2	30.4	10.04	33.03	23.3～37.5
速效钾（mg/kg）	2	185	138.53	74.73	87～283
缓效钾（mg/kg）	2	642	291.40	45.39	436～848
有效铜（mg/kg）	1	1.84	—	—	—
有效锌（mg/kg）	1	7.19	—	—	—
有效铁（mg/kg）	0	—	—	—	—
有效锰（mg/kg）	0	—	—	—	—
有效硼（mg/kg）	1	0.66	—	—	—
有效钼（mg/kg）	1	0.114	—	—	—
有效硫（mg/kg）	1	66.50	—	—	—
有效硅（mg/kg）	0	—	—	—	—

耕层质地

砂土		砂壤土		轻壤土		中壤土		重壤土		黏土	
样本数	占比（%）	样本数	占比（%）	样本数	占比（%）	样本数	占比（%）	样本数	占比（%）	样本数	占比（%）
0	0.00	2	100.00	0	0.00	0	0.00	0	0.00	0	0.00

土壤 pH

≤4.5		(4.5～5.5]		(5.5～6.5]		(6.5～7.5]		(7.5～8.5]		>8.5	
样本数	占比（%）	样本数	占比（%）	样本数	占比（%）	样本数	占比（%）	样本数	占比（%）	样本数	占比（%）
0	0.00	0	0.00	0	0.00	0	0.00	2	100.00	0	0.00

石质土—钙质石质土耕地土壤主要理化性状

项目名称	样本数（个）	平均值	标准差	变异系数（%）	范　围
有效土层厚度（cm）	15	168.0	51.55	30.69	50.0～200.0
耕层厚度（cm）	15	28.0	4.14	14.79	20.0～30.0
耕层容重（g/cm³）	15	1.24	0.07	5.97	1.14～1.39
有机质（g/kg）	15	19.9	4.58	23.03	13.1～27.7
全氮（g/kg）	15	1.294	0.38	29.26	0.730～2.030
有效磷（mg/kg）	15	17.8	10.58	59.48	4.3～32.3
速效钾（mg/kg）	15	178	48.27	27.19	108～253
缓效钾（mg/kg）	15	870	189.86	21.83	655～1 422
有效铜（mg/kg）	0	—	—	—	—
有效锌（mg/kg）	0	—	—	—	—
有效铁（mg/kg）	0	—	—	—	—
有效锰（mg/kg）	0	—	—	—	—
有效硼（mg/kg）	0	—	—	—	—
有效钼（mg/kg）	0	—	—	—	—
有效硫（mg/kg）	0	—	—	—	—
有效硅（mg/kg）	0	—	—	—	—

耕层质地

砂土		砂壤土		轻壤土		中壤土		重壤土		黏土	
样本数	占比（%）	样本数	占比（%）	样本数	占比（%）	样本数	占比（%）	样本数	占比（%）	样本数	占比（%）
0	0.00	11	73.33	3	20.00	1	6.67	0	0.00	0	0.00

土壤 pH

≤4.5		(4.5～5.5]		(5.5～6.5]		(6.5～7.5]		(7.5～8.5]		>8.5	
样本数	占比（%）	样本数	占比（%）	样本数	占比（%）	样本数	占比（%）	样本数	占比（%）	样本数	占比（%）
0	0.00	0	0.00	0	0.00	0	0.00	15	100.00	0	0.00

草甸土—典型草甸土耕地土壤主要理化性状

项目名称	样本数（个）	平均值	标准差	变异系数（%）	范 围
有效土层厚度（cm）	28	129.5	35.29	27.26	50.0～150.0
耕层厚度（cm）	24	20.0	5.63	28.13	15.0～30.0
耕层容重（g/cm³）	27	1.33	0.08	6.33	1.19～1.47
有机质（g/kg）	27	19.2	4.87	25.38	9.2～27.6
全氮（g/kg）	28	1.162	0.30	25.48	0.620～1.880
有效磷（mg/kg）	26	24.1	11.79	48.82	7.3～50.4
速效钾（mg/kg）	27	138	58.33	42.15	68～273
缓效钾（mg/kg）	27	1 122	187.39	16.69	667～1 456
有效铜（mg/kg）	5	1.22	0.73	60.12	0.21～2.08
有效锌（mg/kg）	5	1.05	0.49	46.87	0.49～1.81
有效铁（mg/kg）	3	13.97	2.32	16.60	11.50～16.10
有效锰（mg/kg）	5	11.58	1.09	9.44	10.10～12.86
有效硼（mg/kg）	5	0.47	0.14	28.98	0.24～0.56
有效钼（mg/kg）	5	0.343	0.54	157.36	0.050～1.306
有效硫（mg/kg）	4	13.17	5.96	45.23	7.56～21.10
有效硅（mg/kg）	5	184.03	120.55	65.50	49.30～331.18

耕层质地

砂土		砂壤土		轻壤土		中壤土		重壤土		黏土	
样本数	占比（%）	样本数	占比（%）	样本数	占比（%）	样本数	占比（%）	样本数	占比（%）	样本数	占比（%）
0	0.00	6	21.43	16	57.14	6	21.43	0	0.00	0	0.00

土壤 pH

≤4.5		(4.5～5.5]		(5.5～6.5]		(6.5～7.5]		(7.5～8.5]		>8.5	
样本数	占比（%）	样本数	占比（%）	样本数	占比（%）	样本数	占比（%）	样本数	占比（%）	样本数	占比（%）
0	0.00	0	0.00	3	10.71	3	10.71	21	75.00	1	3.57

潮土—典型潮土耕地土壤主要理化性状

项目名称	样本数（个）	平均值	标准差	变异系数（%）	范　围
有效土层厚度（cm）	592	121.2	45.88	37.85	30.0～200.0
耕层厚度（cm）	649	24.6	4.98	20.26	15.0～40.0
耕层容重（g/cm^3）	624	1.25	0.09	7.11	1.05～1.49
有机质（g/kg）	628	20.0	6.14	30.64	5.0～32.1
全氮（g/kg）	619	1.081	0.34	31.59	0.324～2.064
有效磷（mg/kg）	639	19.0	11.45	60.15	3.5～56.4
速效钾（mg/kg）	645	198	72.67	36.72	67～415
缓效钾（mg/kg）	635	848	186.78	22.02	319～1 486
有效铜（mg/kg）	74	1.24	0.66	52.95	0.21～2.81
有效锌（mg/kg）	78	2.16	1.88	86.80	0.40～7.06
有效铁（mg/kg）	84	11.47	5.78	50.40	1.80～28.87
有效锰（mg/kg）	74	12.02	5.48	45.55	3.12～27.04
有效硼（mg/kg）	77	0.63	0.38	60.10	0.15～1.88
有效钼（mg/kg）	75	0.199	0.23	116.60	0.059～1.496
有效硫（mg/kg）	70	39.54	30.29	76.62	2.23～116.92
有效硅（mg/kg）	54	175.79	83.02	47.23	53.54～326.58

耕层质地

砂土		砂壤土		轻壤土		中壤土		重壤土		黏土	
样本数	占比（%）	样本数	占比（%）	样本数	占比（%）	样本数	占比（%）	样本数	占比（%）	样本数	占比（%）
2	0.31	127	19.57	236	36.36	246	37.90	24	3.70	14	2.16

土壤 pH

≤4.5		(4.5～5.5]		(5.5～6.5]		(6.5～7.5]		(7.5～8.5]		>8.5	
样本数	占比（%）	样本数	占比（%）	样本数	占比（%）	样本数	占比（%）	样本数	占比（%）	样本数	占比（%）
0	0.00	0	0.00	1	0.15	6	0.92	561	86.44	81	12.48

潮土—灰潮土耕地土壤主要理化性状

项目名称	样本数（个）	平均值	标准差	变异系数（%）	范　围
有效土层厚度（cm）	9	73.3	25.00	34.09	50.0～110.0
耕层厚度（cm）	9	22.8	3.63	15.95	20.0～30.0
耕层容重（g/cm^3）	9	1.28	0.06	5.04	1.14～1.36
有机质（g/kg）	9	15.7	3.88	24.73	9.2～21.4
全氮（g/kg）	9	0.939	0.23	24.70	0.590～1.260
有效磷（mg/kg）	9	24.7	14.29	57.88	5.2～53.9
速效钾（mg/kg）	9	227	76.01	33.54	121～369
缓效钾（mg/kg）	9	1 184	180.04	15.21	906～1 452
有效铜（mg/kg）	9	1.28	0.94	73.22	0.21～2.84
有效锌（mg/kg）	9	1.01	0.37	36.35	0.47～1.60
有效铁（mg/kg）	8	11.32	1.42	12.55	9.73～14.40
有效锰（mg/kg）	9	9.14	1.54	16.83	6.40～10.60
有效硼（mg/kg）	9	0.68	0.34	50.43	0.34～1.50
有效钼（mg/kg）	9	0.129	0.06	48.43	0.067～0.240
有效硫（mg/kg）	9	28.16	15.25	54.17	5.30～61.40
有效硅（mg/kg）	8	123.77	30.04	24.27	101.00～193.00

耕层质地

砂土		砂壤土		轻壤土		中壤土		重壤土		黏土	
样本数	占比（%）	样本数	占比（%）	样本数	占比（%）	样本数	占比（%）	样本数	占比（%）	样本数	占比（%）
0	0.00	0	0.00	0	0.00	9	100.00	0	0.00	0	0.00

土壤 pH

≤4.5		(4.5～5.5]		(5.5～6.5]		(6.5～7.5]		(7.5～8.5]		>8.5	
样本数	占比（%）	样本数	占比（%）	样本数	占比（%）	样本数	占比（%）	样本数	占比（%）	样本数	占比（%）
0	0.00	0	0.00	0	0.00	0	0.00	6	66.67	3	33.33

潮土—脱潮土耕地土壤主要理化性状

项目名称	样本数（个）	平均值	标准差	变异系数（%）	范　围
有效土层厚度（cm）	162	134.5	40.19	29.88	30.0～200.0
耕层厚度（cm）	171	24.3	4.39	18.09	18.0～40.0
耕层容重（g/cm^3）	169	1.26	0.09	6.91	1.07～1.48
有机质（g/kg）	168	19.7	6.16	31.24	5.6～31.4
全氮（g/kg）	168	1.135	0.42	37.07	0.330～2.030
有效磷（mg/kg）	171	19.7	11.13	56.61	3.9～42.0
速效钾（mg/kg）	171	221	74.30	33.69	68～333
缓效钾（mg/kg）	169	915	184.60	20.18	487～1 452
有效铜（mg/kg）	17	1.13	0.53	47.19	0.30～1.95
有效锌（mg/kg）	18	1.70	1.58	92.82	0.38～5.25
有效铁（mg/kg）	16	6.38	4.82	75.63	1.21～17.10
有效锰（mg/kg）	15	6.78	4.01	59.14	1.93～13.90
有效硼（mg/kg）	14	0.82	0.45	55.05	0.13～1.66
有效钼（mg/kg）	16	0.160	0.08	53.03	0.065～0.450
有效硫（mg/kg）	19	34.30	21.90	63.86	7.70～77.45
有效硅（mg/kg）	15	176.07	73.57	41.78	59.42～279.00

耕层质地

砂土		砂壤土		轻壤土		中壤土		重壤土		黏土	
样本数	占比（%）	样本数	占比（%）	样本数	占比（%）	样本数	占比（%）	样本数	占比（%）	样本数	占比（%）
1	0.58	34	19.88	72	42.11	58	33.92	3	1.75	3	1.75

土壤 pH

≤4.5		(4.5～5.5]		(5.5～6.5]		(6.5～7.5]		(7.5～8.5]		>8.5	
样本数	占比（%）	样本数	占比（%）	样本数	占比（%）	样本数	占比（%）	样本数	占比（%）	样本数	占比（%）
0	0.00	0	0.00	0	0.00	2	1.17	135	78.95	34	19.88

潮土—湿潮土耕地土壤主要理化性状

项目名称	样本数（个）	平均值	标准差	变异系数（%）	范　围
有效土层厚度（cm）	40	41.9	18.25	43.57	30.0～100.0
耕层厚度（cm）	40	18.2	3.53	19.39	15.0～30.0
耕层容重（g/cm^3）	32	1.35	0.02	1.66	1.28～1.43
有机质（g/kg）	38	12.3	4.44	36.22	4.7～23.5
全氮（g/kg）	38	0.784	0.32	41.32	0.308～1.670
有效磷（mg/kg）	38	24.2	17.84	73.79	6.1～72.2
速效钾（mg/kg）	30	140	68.48	48.97	71～337
缓效钾（mg/kg）	19	535	285.64	53.42	314～1 236
有效铜（mg/kg）	4	0.65	0.46	71.19	0.18～1.28
有效锌（mg/kg）	4	1.19	0.75	62.52	0.32～1.89
有效铁（mg/kg）	3	6.66	3.48	52.34	3.26～10.22
有效锰（mg/kg）	3	7.50	1.59	21.27	5.71～8.77
有效硼（mg/kg）	3	0.17	0.02	14.77	0.14～0.19
有效钼（mg/kg）	4	0.349	0.51	145.49	0.077～1.110
有效硫（mg/kg）	4	56.37	63.17	112.06	11.65～149.00
有效硅（mg/kg）	0	—	—	—	—

耕层质地

砂土		砂壤土		轻壤土		中壤土		重壤土		黏土	
样本数	占比（%）	样本数	占比（%）	样本数	占比（%）	样本数	占比（%）	样本数	占比（%）	样本数	占比（%）
0	0.00	8	20.00	24	60.00	8	20.00	0	0.00	0	0.00

土壤 pH

≤4.5		(4.5～5.5]		(5.5～6.5]		(6.5～7.5]		(7.5～8.5]		>8.5	
样本数	占比（%）	样本数	占比（%）	样本数	占比（%）	样本数	占比（%）	样本数	占比（%）	样本数	占比（%）
0	0.00	0	0.00	0	0.00	2	5.00	37	92.50	1	2.50

潮土—盐化潮土耕地土壤主要理化性状

项目名称	样本数（个）	平均值	标准差	变异系数（%）	范　围
有效土层厚度（cm）	135	153.8	34.83	22.65	30.0～200.0
耕层厚度（cm）	159	24.7	4.89	19.81	15.0～30.0
耕层容重（g/cm³）	158	1.26	0.08	6.42	1.13～1.42
有机质（g/kg）	156	19.4	5.16	26.58	6.4～30.7
全氮（g/kg）	153	1.108	0.34	30.98	0.460～1.975
有效磷（mg/kg）	159	19.5	9.82	50.48	3.5～44.6
速效钾（mg/kg）	159	204	77.24	37.85	73～410
缓效钾（mg/kg）	158	879	178.02	20.25	330～1 377
有效铜（mg/kg）	14	1.04	0.37	35.68	0.25～1.67
有效锌（mg/kg）	13	1.52	1.17	77.02	0.48～4.03
有效铁（mg/kg）	14	12.09	6.34	52.50	4.46～27.64
有效锰（mg/kg）	14	11.77	5.59	47.50	2.72～18.99
有效硼（mg/kg）	13	0.54	0.34	62.84	0.21～1.17
有效钼（mg/kg）	10	0.161	0.14	87.49	0.087～0.551
有效硫（mg/kg）	14	46.31	25.52	55.09	8.42～91.78
有效硅（mg/kg）	8	141.48	96.12	67.94	54.38～307.81

耕层质地

砂土		砂壤土		轻壤土		中壤土		重壤土		黏土	
样本数	占比（%）	样本数	占比（%）	样本数	占比（%）	样本数	占比（%）	样本数	占比（%）	样本数	占比（%）
1	0.63	42	26.42	42	26.42	41	25.79	7	4.40	26	16.35

土壤 pH

≤4.5		(4.5～5.5]		(5.5～6.5]		(6.5～7.5]		(7.5～8.5]		>8.5	
样本数	占比（%）	样本数	占比（%）	样本数	占比（%）	样本数	占比（%）	样本数	占比（%）	样本数	占比（%）
0	0.00	0	0.00	0	0.00	0	0.00	140	88.05	19	11.95

潮土—碱化潮土耕地土壤主要理化性状

项目名称	样本数（个）	平均值	标准差	变异系数（%）	范　围
有效土层厚度（cm）	7	155.3	25.65	16.52	99.0～176.0
耕层厚度（cm）	7	28.6	3.78	13.23	20.0～30.0
耕层容重（g/cm^3）	7	1.21	0.04	3.11	1.20～1.30
有机质（g/kg）	6	20.8	6.22	29.87	10.2～27.1
全氮（g/kg）	7	1.389	0.41	29.80	0.860～2.040
有效磷（mg/kg）	6	24.7	11.17	45.28	12.9～40.4
速效钾（mg/kg）	7	232	78.15	33.63	113～321
缓效钾（mg/kg）	7	888	104.70	11.80	848～1 125
有效铜（mg/kg）	1	0.21	—	—	—
有效锌（mg/kg）	1	0.91	—	—	—
有效铁（mg/kg）	1	11.50	—	—	—
有效锰（mg/kg）	1	10.10	—	—	—
有效硼（mg/kg）	1	0.55	—	—	—
有效钼（mg/kg）	1	0.110	—	—	—
有效硫（mg/kg）	1	21.10	—	—	—
有效硅（mg/kg）	1	101.00	—	—	—

耕层质地

砂土		砂壤土		轻壤土		中壤土		重壤土		黏土	
样本数	占比（%）	样本数	占比（%）	样本数	占比（%）	样本数	占比（%）	样本数	占比（%）	样本数	占比（%）
0	0.00	0	0.00	4	57.14	2	28.57	0	0.00	1	14.29

土壤 pH

≤4.5		(4.5～5.5]		(5.5～6.5]		(6.5～7.5]		(7.5～8.5]		>8.5	
样本数	占比（%）	样本数	占比（%）	样本数	占比（%）	样本数	占比（%）	样本数	占比（%）	样本数	占比（%）
0	0.00	0	0.00	0	0.00	0	0.00	7	100.00	0	0.00

山地草甸土—典型山地草甸土耕地土壤主要理化性状

项目名称	样本数（个）	平均值	标准差	变异系数（%）	范　围
有效土层厚度（cm）	14	92.4	28.54	30.91	45.0～150.0
耕层厚度（cm）	14	26.2	6.66	25.40	16.0～40.0
耕层容重（g/cm^3）	14	1.23	0.02	1.70	1.20～1.27
有机质（g/kg）	14	19.9	5.35	26.91	11.7～28.0
全氮（g/kg）	14	1.083	0.23	21.16	0.775～1.540
有效磷（mg/kg）	14	14.2	9.47	66.75	3.6～31.0
速效钾（mg/kg）	14	211	87.00	41.25	90～394
缓效钾（mg/kg）	14	943	145.78	15.45	746～1 157
有效铜（mg/kg）	3	1.14	0.66	57.92	0.66～1.89
有效锌（mg/kg）	4	1.39	0.81	58.50	0.62～2.45
有效铁（mg/kg）	4	13.27	5.13	38.66	6.60～18.66
有效锰（mg/kg）	4	10.89	5.28	48.51	5.60～15.72
有效硼（mg/kg）	3	0.50	0.22	44.42	0.26～0.69
有效钼（mg/kg）	4	0.128	0.03	20.13	0.095～0.156
有效硫（mg/kg）	4	17.57	12.77	72.66	6.41～34.24
有效硅（mg/kg）	3	147.88	123.68	83.64	58.29～289.00

耕层质地

砂土		砂壤土		轻壤土		中壤土		重壤土		黏土	
样本数	占比（%）	样本数	占比（%）	样本数	占比（%）	样本数	占比（%）	样本数	占比（%）	样本数	占比（%）
0	0.00	6	42.86	0	0.00	8	57.14	0	0.00	0	0.00

土壤 pH

≤4.5		(4.5～5.5]		(5.5～6.5]		(6.5～7.5]		(7.5～8.5]		>8.5	
样本数	占比（%）	样本数	占比（%）	样本数	占比（%）	样本数	占比（%）	样本数	占比（%）	样本数	占比（%）
0	0.00	0	0.00	0	0.00	0	0.00	12	85.71	2	14.29

山地草甸土—山地草原草甸土耕地土壤主要理化性状

项目名称	样本数（个）	平均值	标准差	变异系数（%）	范　围
有效土层厚度（cm）	6	58.8	2.32	3.94	55.0～61.0
耕层厚度（cm）	6	21.3	2.43	11.40	19.0～25.8
耕层容重（g/cm³）	6	1.29	0.11	8.13	1.19～1.49
有机质（g/kg）	6	18.2	2.28	12.53	14.0～20.6
全氮（g/kg）	5	1.620	0.23	14.45	1.280～1.850
有效磷（mg/kg）	6	36.9	11.39	30.83	19.4～48.5
速效钾（mg/kg）	6	305	43.00	14.12	261～385
缓效钾（mg/kg）	6	1 255	148.04	11.79	1 068～1 457
有效铜（mg/kg）	6	0.97	0.26	26.47	0.68～1.42
有效锌（mg/kg）	6	1.99	0.94	47.23	1.15～3.67
有效铁（mg/kg）	5	20.98	6.29	29.99	13.66～28.55
有效锰（mg/kg）	6	14.90	2.50	16.75	12.24～18.96
有效硼（mg/kg）	6	1.41	0.84	59.37	0.58～2.93
有效钼（mg/kg）	6	0.154	0.03	18.89	0.113～0.180
有效硫（mg/kg）	6	27.68	22.62	81.71	6.25～55.80
有效硅（mg/kg）	6	104.57	50.09	47.90	49.48～179.86

耕层质地

砂土		砂壤土		轻壤土		中壤土		重壤土		黏土	
样本数	占比（%）	样本数	占比（%）	样本数	占比（%）	样本数	占比（%）	样本数	占比（%）	样本数	占比（%）
0	0.00	0	0.00	0	0.00	6	100.00	0	0.00	0	0.00

土壤 pH

≤4.5		(4.5～5.5]		(5.5～6.5]		(6.5～7.5]		(7.5～8.5]		>8.5	
样本数	占比（%）	样本数	占比（%）	样本数	占比（%）	样本数	占比（%）	样本数	占比（%）	样本数	占比（%）
0	0.00	0	0.00	0	0.00	0	0.00	6	100.00	0	0.00

沼泽土—腐泥沼泽土耕地土壤主要理化性状

项目名称	样本数（个）	平均值	标准差	变异系数（%）	范　围
有效土层厚度（cm）	2	30.0	0.00	0.00	30.0～30.0
耕层厚度（cm）	2	17.0	0.00	0.00	17.0～17.0
耕层容重（g/cm^3）	2	1.42	0.00	0.00	1.42～1.42
有机质（g/kg）	2	10.0	0.21	2.12	9.9～10.2
全氮（g/kg）	2	0.671	0.01	1.78	0.663～0.680
有效磷（mg/kg）	2	22.7	6.96	30.73	17.7～27.6
速效钾（mg/kg）	0	—	—	—	—
缓效钾（mg/kg）	0	—	—	—	—
有效铜（mg/kg）	0	—	—	—	—
有效锌（mg/kg）	0	—	—	—	—
有效铁（mg/kg）	0	—	—	—	—
有效锰（mg/kg）	0	—	—	—	—
有效硼（mg/kg）	0	—	—	—	—
有效钼（mg/kg）	0	—	—	—	—
有效硫（mg/kg）	0	—	—	—	—
有效硅（mg/kg）	0	—	—	—	—

耕层质地

砂土		砂壤土		轻壤土		中壤土		重壤土		黏土	
样本数	占比（%）	样本数	占比（%）	样本数	占比（%）	样本数	占比（%）	样本数	占比（%）	样本数	占比（%）
0	0.00	0	0.00	2	100.00	0	0.00	0	0.00	0	0.00

土壤 pH

≤4.5		(4.5～5.5]		(5.5～6.5]		(6.5～7.5]		(7.5～8.5]		>8.5	
样本数	占比（%）	样本数	占比（%）	样本数	占比（%）	样本数	占比（%）	样本数	占比（%）	样本数	占比（%）
0	0.00	0	0.00	0	0.00	0	0.00	2	100.00	0	0.00

沼泽土—草甸沼泽土耕地土壤主要理化性状

项目名称	样本数（个）	平均值	标准差	变异系数（%）	范 围
有效土层厚度（cm）	2	80.0	0.00	0.00	80.0～80.0
耕层厚度（cm）	2	23.0	2.83	12.30	21.0～25.0
耕层容重（g/cm^3）	2	1.27	0.01	1.11	1.26～1.28
有机质（g/kg）	2	14.7	1.46	9.94	13.6～15.7
全氮（g/kg）	2	1.050	0.11	10.77	0.970～1.130
有效磷（mg/kg）	2	9.3	1.06	11.47	8.5～10.0
速效钾（mg/kg）	2	227	11.31	4.98	219～235
缓效钾（mg/kg）	2	1 139	53.74	4.72	1 101～1 177
有效铜（mg/kg）	0	—	—	—	—
有效锌（mg/kg）	0	—	—	—	—
有效铁（mg/kg）	0	—	—	—	—
有效锰（mg/kg）	0	—	—	—	—
有效硼（mg/kg）	0	—	—	—	—
有效钼（mg/kg）	0	—	—	—	—
有效硫（mg/kg）	0	—	—	—	—
有效硅（mg/kg）	0	—	—	—	—

耕层质地

砂土		砂壤土		轻壤土		中壤土		重壤土		黏土	
样本数	占比（%）	样本数	占比（%）	样本数	占比（%）	样本数	占比（%）	样本数	占比（%）	样本数	占比（%）
0	0.00	2	100.00	0	0.00	0	0.00	0	0.00	0	0.00

土壤 pH

≤4.5		(4.5～5.5]		(5.5～6.5]		(6.5～7.5]		(7.5～8.5]		>8.5	
样本数	占比（%）	样本数	占比（%）	样本数	占比（%）	样本数	占比（%）	样本数	占比（%）	样本数	占比（%）
0	0.00	0	0.00	0	0.00	0	0.00	2	100.00	0	0.00

草甸盐土—典型草甸盐土耕地土壤主要理化性状

项目名称	样本数（个）	平均值	标准差	变异系数（%）	范 围
有效土层厚度（cm）	3	152.0	45.04	29.63	100.0～179.0
耕层厚度（cm）	3	23.3	5.77	24.74	20.0～30.0
耕层容重（g/cm³）	3	1.26	0.10	7.57	1.20～1.37
有机质（g/kg）	3	15.4	2.03	13.20	13.2～17.2
全氮（g/kg）	3	0.900	0.10	10.60	0.790～0.960
有效磷（mg/kg）	3	18.3	7.61	41.69	9.7～24.2
速效钾（mg/kg）	3	203	34.26	16.89	173～240
缓效钾（mg/kg）	3	1 079	212.22	19.66	848～1 265
有效铜（mg/kg）	1	0.21	—	—	—
有效锌（mg/kg）	1	0.91	—	—	—
有效铁（mg/kg）	1	11.50	—	—	—
有效锰（mg/kg）	1	10.10	—	—	—
有效硼（mg/kg）	1	0.55	—	—	—
有效钼（mg/kg）	1	0.110	—	—	—
有效硫（mg/kg）	1	21.10	—	—	—
有效硅（mg/kg）	1	101.00	—	—	—

耕层质地

砂土		砂壤土		轻壤土		中壤土		重壤土		黏土	
样本数	占比（%）	样本数	占比（%）	样本数	占比（%）	样本数	占比（%）	样本数	占比（%）	样本数	占比（%）
0	0.00	0	0.00	2	66.67	1	33.33	0	0.00	0	0.00

土壤 pH

≤4.5		(4.5～5.5]		(5.5～6.5]		(6.5～7.5]		(7.5～8.5]		>8.5	
样本数	占比（%）	样本数	占比（%）	样本数	占比（%）	样本数	占比（%）	样本数	占比（%）	样本数	占比（%）
0	0.00	0	0.00	0	0.00	0	0.00	3	100.00	0	0.00

水稻土—潴育水稻土耕地土壤主要理化性状

项目名称	样本数（个）	平均值	标准差	变异系数（%）	范　围
有效土层厚度（cm）	26	46.7	37.47	80.18	30.0～145.0
耕层厚度（cm）	26	18.3	4.41	24.11	15.0～30.0
耕层容重（g/cm^3）	22	1.40	0.03	2.16	1.35～1.49
有机质（g/kg）	26	14.9	6.61	44.36	7.0～31.9
全氮（g/kg）	26	0.912	0.43	47.13	0.313～1.784
有效磷（mg/kg）	24	19.1	15.26	79.99	5.3～72.4
速效钾（mg/kg）	23	122	43.34	35.47	81～217
缓效钾（mg/kg）	22	561	250.87	44.70	369～1 419
有效铜（mg/kg）	2	1.44	0.46	31.90	1.11～1.76
有效锌（mg/kg）	3	2.15	0.56	26.23	1.50～2.53
有效铁（mg/kg）	3	9.63	2.08	21.62	8.37～12.03
有效锰（mg/kg）	3	14.77	1.57	10.61	13.70～16.57
有效硼（mg/kg）	3	0.25	0.15	59.41	0.16～0.42
有效钼（mg/kg）	3	0.091	0.03	29.35	0.063～0.116
有效硫（mg/kg）	1	56.33	—	—	—
有效硅（mg/kg）	0	—	—	—	—

耕层质地

砂土		砂壤土		轻壤土		中壤土		重壤土		黏土	
样本数	占比（%）	样本数	占比（%）	样本数	占比（%）	样本数	占比（%）	样本数	占比（%）	样本数	占比（%）
3	11.54	0	0.00	20	76.92	3	11.54	0	0.00	0	0.00

土壤 pH

≤4.5		(4.5～5.5]		(5.5～6.5]		(6.5～7.5]		(7.5～8.5]		>8.5	
样本数	占比（%）	样本数	占比（%）	样本数	占比（%）	样本数	占比（%）	样本数	占比（%）	样本数	占比（%）
0	0.00	2	7.69	1	3.85	3	11.54	17	65.38	3	11.54

水稻土—淹育水稻土耕地土壤主要理化性状

项目名称	样本数（个）	平均值	标准差	变异系数（%）	范　围
有效土层厚度（cm）	4	105.0	33.17	31.59	70.0～150.0
耕层厚度（cm）	4	20.0	0.00	0.00	20.0～20.0
耕层容重（g/cm³）	4	1.32	0.12	9.21	1.16～1.43
有机质（g/kg）	3	23.2	12.51	54.01	8.9～32.2
全氮（g/kg）	4	1.466	0.58	39.51	0.614～1.890
有效磷（mg/kg）	3	29.1	14.51	49.86	12.5～39.5
速效钾（mg/kg）	4	228	129.30	56.77	111～349
缓效钾（mg/kg）	4	938	146.53	15.62	749～1 090
有效铜（mg/kg）	3	1.68	0.64	38.31	0.94～2.11
有效锌（mg/kg）	3	3.20	1.75	54.75	1.25～4.64
有效铁（mg/kg）	3	8.06	5.31	65.92	2.07～12.20
有效锰（mg/kg）	3	7.69	4.87	63.30	2.07～10.60
有效硼（mg/kg）	3	0.86	0.36	41.89	0.45～1.08
有效钼（mg/kg）	3	0.154	0.05	32.47	0.120～0.211
有效硫（mg/kg）	3	45.75	12.42	27.15	37.24～60.00
有效硅（mg/kg）	3	208.45	18.85	9.04	188.53～226.00

耕层质地

砂土		砂壤土		轻壤土		中壤土		重壤土		黏土	
样本数	占比（%）	样本数	占比（%）	样本数	占比（%）	样本数	占比（%）	样本数	占比（%）	样本数	占比（%）
0	0.00	1	25.00	3	75.00	0	0.00	0	0.00	0	0.00

土壤 pH

≤4.5		(4.5～5.5]		(5.5～6.5]		(6.5～7.5]		(7.5～8.5]		>8.5	
样本数	占比（%）	样本数	占比（%）	样本数	占比（%）	样本数	占比（%）	样本数	占比（%）	样本数	占比（%）
0	0.00	0	0.00	0	0.00	0	0.00	4	100.00	0	0.00

水稻土—潜育水稻土耕地土壤主要理化性状

项目名称	样本数（个）	平均值	标准差	变异系数（%）	范　围
有效土层厚度（cm）	4	100.0	0.00	0.00	100.0～100.0
耕层厚度（cm）	6	20.0	0.00	0.00	20.0～20.0
耕层容重（g/cm^3）	6	1.29	0.07	5.71	1.20～1.37
有机质（g/kg）	6	14.3	10.83	75.79	5.1～29.4
全氮（g/kg）	5	0.853	0.53	61.97	0.357～1.592
有效磷（mg/kg）	6	16.0	5.10	31.92	7.5～23.2
速效钾（mg/kg）	4	131	54.00	41.13	69～199
缓效钾（mg/kg）	3	463	77.52	16.75	405～551
有效铜（mg/kg）	0	—	—	—	—
有效锌（mg/kg）	0	—	—	—	—
有效铁（mg/kg）	0	—	—	—	—
有效锰（mg/kg）	0	—	—	—	—
有效硼（mg/kg）	0	—	—	—	—
有效钼（mg/kg）	0	—	—	—	—
有效硫（mg/kg）	0	—	—	—	—
有效硅（mg/kg）	0	—	—	—	—

耕层质地

砂土		砂壤土		轻壤土		中壤土		重壤土		黏土	
样本数	占比（%）	样本数	占比（%）	样本数	占比（%）	样本数	占比（%）	样本数	占比（%）	样本数	占比（%）
0	0.00	4	66.67	0	0.00	2	33.33	0	0.00	0	0.00

土壤 pH

≤4.5		(4.5～5.5]		(5.5～6.5]		(6.5～7.5]		(7.5～8.5]		>8.5	
样本数	占比（%）	样本数	占比（%）	样本数	占比（%）	样本数	占比（%）	样本数	占比（%）	样本数	占比（%）
0	0.00	0	0.00	0	0.00	0	0.00	5	83.33	1	16.67

水稻土—盐渍水稻土耕地土壤主要理化性状

项目名称	样本数（个）	平均值	标准差	变异系数（%）	范　围
有效土层厚度（cm）	4	156.0	12.00	7.69	150.0～174.0
耕层厚度（cm）	4	22.5	5.00	22.22	20.0～30.0
耕层容重（g/cm^3）	4	1.24	0.05	4.21	1.17～1.29
有机质（g/kg）	4	17.5	9.30	53.07	4.7～26.5
全氮（g/kg）	3	0.793	0.41	51.73	0.320～1.050
有效磷（mg/kg）	4	14.2	7.40	52.04	4.0～21.7
速效钾（mg/kg）	4	182	118.66	65.03	73～291
缓效钾（mg/kg）	4	871	181.20	20.80	702～1 093
有效铜（mg/kg）	1	0.86	—	—	—
有效锌（mg/kg）	1	1.18	—	—	—
有效铁（mg/kg）	1	6.54	—	—	—
有效锰（mg/kg）	1	4.88	—	—	—
有效硼（mg/kg）	1	0.49	—	—	—
有效钼（mg/kg）	1	0.116	—	—	—
有效硫（mg/kg）	1	54.00	—	—	—
有效硅（mg/kg）	1	132.00	—	—	—

耕层质地

砂土		砂壤土		轻壤土		中壤土		重壤土		黏土	
样本数	占比（%）	样本数	占比（%）	样本数	占比（%）	样本数	占比（%）	样本数	占比（%）	样本数	占比（%）
0	0.00	0	0.00	4	100.00	0	0.00	0	0.00	0	0.00

土壤 pH

≤4.5		(4.5～5.5]		(5.5～6.5]		(6.5～7.5]		(7.5～8.5]		>8.5	
样本数	占比（%）	样本数	占比（%）	样本数	占比（%）	样本数	占比（%）	样本数	占比（%）	样本数	占比（%）
0	0.00	0	0.00	0	0.00	0	0.00	4	100.00	0	0.00

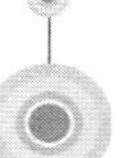

灌淤土—典型灌淤土耕地土壤主要理化性状

项目名称	样本数（个）	平均值	标准差	变异系数（%）	范围
有效土层厚度（cm）	176	92.8	31.27	33.70	30.0～200.0
耕层厚度（cm）	176	21.6	3.63	16.82	17.0～40.0
耕层容重（g/cm^3）	176	1.27	0.08	6.28	1.11～1.45
有机质（g/kg）	171	14.8	4.23	28.58	4.7～26.4
全氮（g/kg）	174	0.914	0.29	31.37	0.300～1.570
有效磷（mg/kg）	152	25.6	17.77	69.49	3.7～71.5
速效钾（mg/kg）	164	200	77.21	38.69	69～384
缓效钾（mg/kg）	155	994	241.11	24.25	466～1 499
有效铜（mg/kg）	157	0.80	0.58	72.22	0.15～2.64
有效锌（mg/kg）	157	1.13	0.68	60.06	0.28～3.95
有效铁（mg/kg）	163	12.87	5.09	39.56	1.35～30.50
有效锰（mg/kg）	162	10.86	3.25	29.90	1.93～23.50
有效硼（mg/kg）	165	0.69	0.38	54.81	0.16～2.31
有效钼（mg/kg）	159	0.121	0.05	37.61	0.058～0.380
有效硫（mg/kg）	162	21.48	17.17	79.93	2.54～171.00
有效硅（mg/kg）	162	111.58	29.35	26.30	51.18～210.00

耕层质地

砂土		砂壤土		轻壤土		中壤土		重壤土		黏土	
样本数	占比（%）	样本数	占比（%）	样本数	占比（%）	样本数	占比（%）	样本数	占比（%）	样本数	占比（%）
0	0.00	3	1.70	12	6.82	152	86.36	2	1.14	7	3.98

土壤 pH

≤4.5		(4.5～5.5]		(5.5～6.5]		(6.5～7.5]		(7.5～8.5]		>8.5	
样本数	占比（%）	样本数	占比（%）	样本数	占比（%）	样本数	占比（%）	样本数	占比（%）	样本数	占比（%）
0	0.00	0	0.00	0	0.00	0	0.00	136	77.27	40	22.73

灌淤土—潮灌淤土耕地土壤主要理化性状

项目名称	样本数（个）	平均值	标准差	变异系数（%）	范　围
有效土层厚度（cm）	12	100.6	42.96	42.71	50.0～180.0
耕层厚度（cm）	12	20.5	1.17	5.70	20.0～23.0
耕层容重（g/cm³）	12	1.27	0.10	7.54	1.12～1.41
有机质（g/kg）	11	15.6	4.54	29.04	8.2～22.3
全氮（g/kg）	12	0.970	0.31	32.27	0.370～1.480
有效磷（mg/kg）	9	12.6	6.45	51.12	4.8～25.5
速效钾（mg/kg）	11	159	61.12	38.43	96～289
缓效钾（mg/kg）	12	1 025	276.57	26.99	407～1 314
有效铜（mg/kg）	11	0.21	0.00	0.00	0.21～0.21
有效锌（mg/kg）	12	0.87	0.13	14.72	0.47～0.91
有效铁（mg/kg）	12	10.93	1.99	18.23	4.60～11.50
有效锰（mg/kg）	12	9.65	1.55	16.03	4.74～10.10
有效硼（mg/kg）	12	0.54	0.03	5.28	0.45～0.55
有效钼（mg/kg）	12	0.108	0.01	7.23	0.083～0.110
有效硫（mg/kg）	12	20.20	3.11	15.40	10.32～21.10
有效硅（mg/kg）	12	104.75	12.99	12.40	101.00～146.00

耕层质地

砂土		砂壤土		轻壤土		中壤土		重壤土		黏土	
样本数	占比（%）	样本数	占比（%）	样本数	占比（%）	样本数	占比（%）	样本数	占比（%）	样本数	占比（%）
0	0.00	1	8.33	0	0.00	11	91.67	0	0.00	0	0.00

土壤 pH

≤4.5		(4.5～5.5]		(5.5～6.5]		(6.5～7.5]		(7.5～8.5]		>8.5	
样本数	占比（%）	样本数	占比（%）	样本数	占比（%）	样本数	占比（%）	样本数	占比（%）	样本数	占比（%）
0	0.00	0	0.00	0	0.00	0	0.00	9	75.00	3	25.00

灌淤土—盐化灌淤土耕地土壤主要理化性状

项目名称	样本数（个）	平均值	标准差	变异系数（%）	范 围
有效土层厚度（cm）	2	74.5	34.65	46.51	50.0～99.0
耕层厚度（cm）	2	20.0	0.00	0.00	20.0～20.0
耕层容重（g/cm³）	2	1.28	0.03	2.54	1.25～1.30
有机质（g/kg）	2	15.6	5.08	32.59	12.0～19.2
全氮（g/kg）	2	0.885	0.32	35.95	0.660～1.110
有效磷（mg/kg）	2	11.9	10.05	84.40	4.8～19.0
速效钾（mg/kg）	2	189	167.70	88.93	70～307
缓效钾（mg/kg）	2	1 010	162.20	16.05	896～1 125
有效铜（mg/kg）	2	0.46	0.35	76.22	0.21～0.70
有效锌（mg/kg）	2	0.74	0.24	32.41	0.57～0.91
有效铁（mg/kg）	2	9.39	2.98	31.75	7.28～11.50
有效锰（mg/kg）	2	9.57	0.75	7.89	9.03～10.10
有效硼（mg/kg）	2	0.77	0.31	40.54	0.55～0.99
有效钼（mg/kg）	2	0.128	0.03	20.23	0.110～0.147
有效硫（mg/kg）	2	12.68	11.91	93.96	4.26～21.10
有效硅（mg/kg）	2	107.29	8.90	8.29	101.00～113.58

耕层质地

砂土		砂壤土		轻壤土		中壤土		重壤土		黏土	
样本数	占比（%）	样本数	占比（%）	样本数	占比（%）	样本数	占比（%）	样本数	占比（%）	样本数	占比（%）
0	0.00	0	0.00	0	0.00	2	100.00	0	0.00	0	0.00

土壤 pH

≤4.5		(4.5～5.5]		(5.5～6.5]		(6.5～7.5]		(7.5～8.5]		>8.5	
样本数	占比（%）	样本数	占比（%）	样本数	占比（%）	样本数	占比（%）	样本数	占比（%）	样本数	占比（%）
0	0.00	0	0.00	0	0.00	0	0.00	1	50.00	1	50.00

三、土属

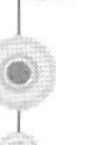

棕壤—典型棕壤—黄土质棕壤耕地土壤主要理化性状

项目名称	样本数（个）	平均值	标准差	变异系数（%）	范　围
有效土层厚度（cm）	21	94.5	19.00	20.11	40.0～116.0
耕层厚度（cm）	21	24.6	4.24	17.25	20.0～30.0
耕层容重（g/cm^3）	21	1.30	0.11	8.79	1.05～1.46
有机质（g/kg）	21	18.2	4.98	27.39	9.5～28.6
全氮（g/kg）	20	1.081	0.31	28.88	0.555～1.720
有效磷（mg/kg）	20	17.5	11.17	63.81	4.2～50.3
速效钾（mg/kg）	19	205	61.35	29.87	92～320
缓效钾（mg/kg）	19	1 141	164.36	14.41	825～1 424
有效铜（mg/kg）	19	1.12	0.43	38.60	0.21～1.90
有效锌（mg/kg）	19	1.11	0.62	55.91	0.26～2.34
有效铁（mg/kg）	19	15.26	4.65	30.44	9.72～24.61
有效锰（mg/kg）	19	11.06	4.51	40.80	3.40～20.14
有效硼（mg/kg）	19	0.71	0.27	38.09	0.29～1.38
有效钼（mg/kg）	19	0.111	0.06	57.31	0.067～0.336
有效硫（mg/kg）	19	31.33	16.79	53.61	13.99～68.50
有效硅（mg/kg）	19	103.33	47.32	45.80	52.18～239.00

耕层质地

砂土		砂壤土		轻壤土		中壤土		重壤土		黏土	
样本数	占比（%）	样本数	占比（%）	样本数	占比（%）	样本数	占比（%）	样本数	占比（%）	样本数	占比（%）
0	0.00	0	0.00	1	4.76	20	95.24	0	0.00	0	0.00

土壤 pH

≤4.5		(4.5～5.5]		(5.5～6.5]		(6.5～7.5]		(7.5～8.5]		>8.5	
样本数	占比（%）	样本数	占比（%）	样本数	占比（%）	样本数	占比（%）	样本数	占比（%）	样本数	占比（%）
0	0.00	0	0.00	0	0.00	1	4.76	20	95.24	0	0.00

棕壤—典型棕壤—麻砂质棕壤耕地土壤主要理化性状

项目名称	样本数（个）	平均值	标准差	变异系数（%）	范　围
有效土层厚度（cm）	7	134.3	41.58	30.96	40.0～150.0
耕层厚度（cm）	4	18.0	4.69	26.06	15.0～25.0
耕层容重（g/cm³）	7	1.30	0.09	6.66	1.24～1.43
有机质（g/kg）	7	23.4	6.26	26.75	16.0～31.7
全氮（g/kg）	7	1.311	0.35	26.54	0.900～1.770
有效磷（mg/kg）	7	31.4	4.31	13.76	25.0～37.6
速效钾（mg/kg）	7	117	37.87	32.49	81～175
缓效钾（mg/kg）	7	888	82.35	9.27	761～990
有效铜（mg/kg）	3	1.77	0.27	15.07	1.61～2.08
有效锌（mg/kg）	3	1.73	0.88	50.52	0.82～2.56
有效铁（mg/kg）	1	14.04	—	—	—
有效锰（mg/kg）	3	11.96	4.06	33.96	8.32～16.34
有效硼（mg/kg）	3	0.78	0.72	92.80	0.24～1.60
有效钼（mg/kg）	3	0.572	0.70	122.63	0.100～1.378
有效硫（mg/kg）	3	30.95	34.65	111.95	10.81～70.97
有效硅（mg/kg）	2	70.95	22.61	31.86	54.97～86.94

耕层质地

砂土		砂壤土		轻壤土		中壤土		重壤土		黏土	
样本数	占比（%）	样本数	占比（%）	样本数	占比（%）	样本数	占比（%）	样本数	占比（%）	样本数	占比（%）
0	0.00	0	0.00	6	85.71	1	14.29	0	0.00	0	0.00

土壤 pH

≤4.5		(4.5～5.5]		(5.5～6.5]		(6.5～7.5]		(7.5～8.5]		>8.5	
样本数	占比（%）	样本数	占比（%）	样本数	占比（%）	样本数	占比（%）	样本数	占比（%）	样本数	占比（%）
0	0.00	0	0.00	1	14.29	3	42.86	3	42.86	0	0.00

棕壤—典型棕壤—硅质棕壤耕地土壤主要理化性状

项目名称	样本数（个）	平均值	标准差	变异系数（%）	范　围
有效土层厚度（cm）	2	45.0	0.00	0.00	45.0～45.0
耕层厚度（cm）	2	20.0	0.00	0.00	20.0～20.0
耕层容重（g/cm^3）	2	1.34	0.02	1.59	1.32～1.35
有机质（g/kg）	1	22.1	—	—	—
全氮（g/kg）	1	1.320	—	—	—
有效磷（mg/kg）	1	11.8	—	—	—
速效钾（mg/kg）	2	356	41.01	11.52	327～385
缓效钾（mg/kg）	2	912	36.77	4.03	886～938
有效铜（mg/kg）	0	—	—	—	—
有效锌（mg/kg）	0	—	—	—	—
有效铁（mg/kg）	0	—	—	—	—
有效锰（mg/kg）	0	—	—	—	—
有效硼（mg/kg）	0	—	—	—	—
有效钼（mg/kg）	0	—	—	—	—
有效硫（mg/kg）	0	—	—	—	—
有效硅（mg/kg）	0	—	—	—	—

耕层质地

砂土		砂壤土		轻壤土		中壤土		重壤土		黏土	
样本数	占比（%）	样本数	占比（%）	样本数	占比（%）	样本数	占比（%）	样本数	占比（%）	样本数	占比（%）
0	0.00	0	0.00	0	0.00	2	100.00	0	0.00	0	0.00

土壤 pH

≤4.5		(4.5～5.5]		(5.5～6.5]		(6.5～7.5]		(7.5～8.5]		>8.5	
样本数	占比（%）	样本数	占比（%）	样本数	占比（%）	样本数	占比（%）	样本数	占比（%）	样本数	占比（%）
0	0.00	0	0.00	0	0.00	0	0.00	2	100.00	0	0.00

棕壤—典型棕壤—砂泥质棕壤耕地土壤主要理化性状

项目名称	样本数（个）	平均值	标准差	变异系数（%）	范　围
有效土层厚度（cm）	4	150.0	0.00	0.00	150.0～150.0
耕层厚度（cm）	3	15.0	0.00	0.00	15.0～15.0
耕层容重（g/cm^3）	4	1.26	0.01	0.76	1.25～1.27
有机质（g/kg）	4	21.7	2.16	9.93	18.7～23.7
全氮（g/kg）	4	1.218	0.12	9.89	1.050～1.330
有效磷（mg/kg）	4	22.1	7.68	34.84	13.6～30.0
速效钾（mg/kg）	4	93	10.53	11.29	79～103
缓效钾（mg/kg）	4	839	43.98	5.24	792～894
有效铜（mg/kg）	0	—	—	—	—
有效锌（mg/kg）	0	—	—	—	—
有效铁（mg/kg）	0	—	—	—	—
有效锰（mg/kg）	0	—	—	—	—
有效硼（mg/kg）	0	—	—	—	—
有效钼（mg/kg）	0	—	—	—	—
有效硫（mg/kg）	0	—	—	—	—
有效硅（mg/kg）	0	—	—	—	—

耕层质地

砂土		砂壤土		轻壤土		中壤土		重壤土		黏土	
样本数	占比（%）	样本数	占比（%）	样本数	占比（%）	样本数	占比（%）	样本数	占比（%）	样本数	占比（%）
0	0.00	0	0.00	4	100.00	0	0.00	0	0.00	0	0.00

土壤 pH

≤4.5		(4.5～5.5]		(5.5～6.5]		(6.5～7.5]		(7.5～8.5]		>8.5	
样本数	占比（%）	样本数	占比（%）	样本数	占比（%）	样本数	占比（%）	样本数	占比（%）	样本数	占比（%）
0	0.00	0	0.00	0	0.00	4	100.00	0	0.00	0	0.00

暗棕壤—典型暗棕壤—麻砂质暗棕壤耕地土壤主要理化性状

项目名称	样本数（个）	平均值	标准差	变异系数（%）	范　围
有效土层厚度（cm）	2	60.5	0.71	1.17	60.0～61.0
耕层厚度（cm）	2	22.9	10.04	43.85	15.8～30.0
耕层容重（g/cm^3）	2	1.23	0.11	8.66	1.15～1.30
有机质（g/kg）	2	15.7	2.26	14.41	14.1～17.3
全氮（g/kg）	1	1.520	—	—	—
有效磷（mg/kg）	2	30.8	14.14	45.92	20.8～40.8
速效钾（mg/kg）	2	228	102.53	45.07	155～300
缓效钾（mg/kg）	1	977	—	—	—
有效铜（mg/kg）	2	0.85	0.21	24.37	0.71～1.00
有效锌（mg/kg）	2	2.34	0.39	16.76	2.06～2.62
有效铁（mg/kg）	2	16.37	0.79	4.80	15.82～16.93
有效锰（mg/kg）	2	11.25	1.26	11.21	10.36～12.15
有效硼（mg/kg）	2	1.58	1.10	70.15	0.79～2.36
有效钼（mg/kg）	2	0.129	0.02	18.78	0.112～0.146
有效硫（mg/kg）	2	3.14	0.64	20.42	2.69～3.59
有效硅（mg/kg）	2	113.67	59.37	52.23	71.69～155.66

耕层质地

砂土		砂壤土		轻壤土		中壤土		重壤土		黏土	
样本数	占比（%）	样本数	占比（%）	样本数	占比（%）	样本数	占比（%）	样本数	占比（%）	样本数	占比（%）
0	0.00	0	0.00	0	0.00	2	100.00	0	0.00	0	0.00

土壤 pH

≤4.5		(4.5～5.5]		(5.5～6.5]		(6.5～7.5]		(7.5～8.5]		>8.5	
样本数	占比（%）	样本数	占比（%）	样本数	占比（%）	样本数	占比（%）	样本数	占比（%）	样本数	占比（%）
0	0.00	0	0.00	0	0.00	1	50.00	1	50.00	0	0.00

褐土—典型褐土—黄土质褐土耕地土壤主要理化性状

项目名称	样本数（个）	平均值	标准差	变异系数（%）	范　围
有效土层厚度（cm）	205	105.3	45.13	42.87	30.0～200.0
耕层厚度（cm）	204	23.2	5.40	23.21	15.0～40.0
耕层容重（g/cm^3）	198	1.28	0.07	5.70	1.09～1.44
有机质（g/kg）	197	18.1	5.75	31.79	5.0～32.2
全氮（g/kg）	202	1.100	0.35	31.57	0.300～2.050
有效磷（mg/kg）	194	17.0	10.89	64.17	3.3～71.4
速效钾（mg/kg）	198	192	72.56	37.73	69～414
缓效钾（mg/kg）	198	944	196.82	20.85	397～1 473
有效铜（mg/kg）	60	1.15	0.37	32.20	0.52～2.29
有效锌（mg/kg）	62	1.34	1.16	86.78	0.21～6.08
有效铁（mg/kg）	53	13.58	6.33	46.62	2.14～29.49
有效锰（mg/kg）	60	11.66	4.58	39.27	2.08～23.51
有效硼（mg/kg）	62	0.64	0.30	47.52	0.15～1.76
有效钼（mg/kg）	61	0.155	0.18	113.95	0.052～1.408
有效硫（mg/kg）	57	30.39	19.56	64.35	5.10～91.20
有效硅（mg/kg）	55	129.79	64.96	50.05	50.40～284.00

耕层质地

砂土		砂壤土		轻壤土		中壤土		重壤土		黏土	
样本数	占比（%）	样本数	占比（%）	样本数	占比（%）	样本数	占比（%）	样本数	占比（%）	样本数	占比（%）
0	0.00	7	3.41	23	11.22	173	84.39	2	0.98	0	0.00

土壤 pH

≤4.5		(4.5～5.5]		(5.5～6.5]		(6.5～7.5]		(7.5～8.5]		>8.5	
样本数	占比（%）	样本数	占比（%）	样本数	占比（%）	样本数	占比（%）	样本数	占比（%）	样本数	占比（%）
0	0.00	0	0.00	1	0.49	4	1.95	182	88.78	18	8.78

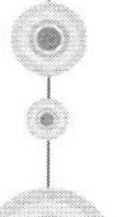

褐土—典型褐土—泥砂质褐土耕地土壤主要理化性状

项目名称	样本数（个）	平均值	标准差	变异系数（%）	范　围
有效土层厚度（cm）	13	63.5	23.66	37.29	45.0～100.0
耕层厚度（cm）	13	20.0	0.00	0.00	20.0～20.0
耕层容重（g/cm^3）	9	1.34	0.08	6.33	1.21～1.49
有机质（g/kg）	9	23.9	5.35	22.36	15.4～31.9
全氮（g/kg）	11	1.420	0.37	25.87	0.960～2.040
有效磷（mg/kg）	10	27.0	18.39	68.13	6.9～71.1
速效钾（mg/kg）	12	203	90.79	44.74	87～341
缓效钾（mg/kg）	12	909	227.74	25.05	592～1 308
有效铜（mg/kg）	1	1.94	—	—	—
有效锌（mg/kg）	1	1.85	—	—	—
有效铁（mg/kg）	1	22.00	—	—	—
有效锰（mg/kg）	1	4.50	—	—	—
有效硼（mg/kg）	1	0.57	—	—	—
有效钼（mg/kg）	1	0.080	—	—	—
有效硫（mg/kg）	1	25.50	—	—	—
有效硅（mg/kg）	1	242.30	—	—	—

耕层质地

砂土		砂壤土		轻壤土		中壤土		重壤土		黏土	
样本数	占比（%）	样本数	占比（%）	样本数	占比（%）	样本数	占比（%）	样本数	占比（%）	样本数	占比（%）
0	0.00	6	46.15	0	0.00	7	53.85	0	0.00	0	0.00

土壤 pH

≤4.5		(4.5～5.5]		(5.5～6.5]		(6.5～7.5]		(7.5～8.5]		＞8.5	
样本数	占比（%）	样本数	占比（%）	样本数	占比（%）	样本数	占比（%）	样本数	占比（%）	样本数	占比（%）
0	0.00	0	0.00	0	0.00	5	38.46	8	61.54	0	0.00

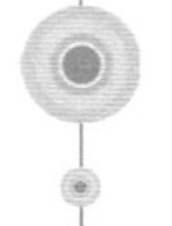

褐土—典型褐土—灰泥质褐土耕地土壤主要理化性状

项目名称	样本数（个）	平均值	标准差	变异系数（%）	范围
有效土层厚度（cm）	1	76.0	—	—	—
耕层厚度（cm）	0	—	—	—	—
耕层容重（g/cm³）	1	1.40	—	—	—
有机质（g/kg）	1	11.0	—	—	—
全氮（g/kg）	1	0.800	—	—	—
有效磷（mg/kg）	1	3.3	—	—	—
速效钾（mg/kg）	1	119	—	—	—
缓效钾（mg/kg）	1	765	—	—	—
有效铜（mg/kg）	1	0.67	—	—	—
有效锌（mg/kg）	1	0.51	—	—	—
有效铁（mg/kg）	1	6.56	—	—	—
有效锰（mg/kg）	1	4.00	—	—	—
有效硼（mg/kg）	1	0.55	—	—	—
有效钼（mg/kg）	1	0.680	—	—	—
有效硫（mg/kg）	1	5.29	—	—	—
有效硅（mg/kg）	1	103.37	—	—	—

耕层质地

砂土		砂壤土		轻壤土		中壤土		重壤土		黏土	
样本数	占比（%）	样本数	占比（%）	样本数	占比（%）	样本数	占比（%）	样本数	占比（%）	样本数	占比（%）
0	0.00	0	0.00	1	100.00	0	0.00	0	0.00	0	0.00

土壤 pH

≤4.5		(4.5～5.5]		(5.5～6.5]		(6.5～7.5]		(7.5～8.5]		>8.5	
样本数	占比（%）	样本数	占比（%）	样本数	占比（%）	样本数	占比（%）	样本数	占比（%）	样本数	占比（%）
0	0.00	0	0.00	0	0.00	0	0.00	0	0.00	1	100.00

褐土—典型褐土—红土质褐土耕地土壤主要理化性状

项目名称	样本数（个）	平均值	标准差	变异系数（%）	范 围
有效土层厚度（cm）	8	116.9	5.84	5.00	105.0～123.0
耕层厚度（cm）	8	21.9	1.46	6.66	20.0～24.0
耕层容重（g/cm^3）	8	1.32	0.13	9.48	1.12～1.49
有机质（g/kg）	8	13.0	3.57	27.49	6.5～17.7
全氮（g/kg）	8	0.835	0.26	30.82	0.446～1.251
有效磷（mg/kg）	8	13.6	10.79	79.57	4.5～36.2
速效钾（mg/kg）	8	144	60.75	42.22	96～282
缓效钾（mg/kg）	8	1 227	134.28	10.95	982～1 439
有效铜（mg/kg）	8	1.29	0.24	18.53	1.06～1.75
有效锌（mg/kg）	8	1.50	0.39	25.76	0.89～2.10
有效铁（mg/kg）	8	12.87	2.09	16.25	10.68～17.08
有效锰（mg/kg）	8	16.43	3.48	21.21	11.27～21.36
有效硼（mg/kg）	8	0.55	0.14	24.76	0.37～0.71
有效钼（mg/kg）	8	0.085	0.01	10.41	0.071～0.096
有效硫（mg/kg）	8	39.70	18.28	46.05	21.20～66.50
有效硅（mg/kg）	8	101.00	0.00	0.00	101.00～101.00

耕层质地

砂土		砂壤土		轻壤土		中壤土		重壤土		黏土	
样本数	占比（%）	样本数	占比（%）	样本数	占比（%）	样本数	占比（%）	样本数	占比（%）	样本数	占比（%）
0	0.00	0	0.00	0	0.00	8	100.00	0	0.00	0	0.00

土壤 pH

≤4.5		(4.5～5.5]		(5.5～6.5]		(6.5～7.5]		(7.5～8.5]		>8.5	
样本数	占比（%）	样本数	占比（%）	样本数	占比（%）	样本数	占比（%）	样本数	占比（%）	样本数	占比（%）
0	0.00	0	0.00	0	0.00	0	0.00	8	100.00	0	0.00

褐土—石灰性褐土—黄土质石灰性褐土耕地土壤主要理化性状

项目名称	样本数（个）	平均值	标准差	变异系数（%）	范　围
有效土层厚度（cm）	1 320	133.8	44.43	33.20	30.0～200.0
耕层厚度（cm）	1 362	23.8	4.50	18.92	15.0～35.0
耕层容重（g/cm^3）	1 307	1.27	0.09	7.14	1.05～1.49
有机质（g/kg）	1 302	20.2	6.20	30.73	4.7～32.2
全氮（g/kg）	1 316	1.156	0.37	31.89	0.300～2.060
有效磷（mg/kg）	1 353	18.5	10.99	59.34	3.3～62.9
速效钾（mg/kg）	1 356	220	68.61	31.23	70～424
缓效钾（mg/kg）	1 356	906	185.24	20.45	317～1 495
有效铜（mg/kg）	157	1.22	0.45	36.67	0.49～2.78
有效锌（mg/kg）	158	1.90	1.49	78.21	0.30～6.68
有效铁（mg/kg）	162	10.64	6.11	57.47	1.30～29.85
有效锰（mg/kg）	145	12.34	5.72	46.32	2.01～27.44
有效硼（mg/kg）	158	0.70	0.39	55.72	0.12～2.26
有效钼（mg/kg）	155	0.139	0.08	56.26	0.043～0.500
有效硫（mg/kg）	163	37.75	31.05	82.23	1.66～179.60
有效硅（mg/kg）	149	163.28	66.22	40.56	29.50～322.00

耕层质地

砂土		砂壤土		轻壤土		中壤土		重壤土		黏土	
样本数	占比（%）	样本数	占比（%）	样本数	占比（%）	样本数	占比（%）	样本数	占比（%）	样本数	占比（%）
0	0.00	64	4.70	268	19.66	977	71.68	25	1.83	29	2.13

土壤 pH

≤4.5		(4.5～5.5]		(5.5～6.5]		(6.5～7.5]		(7.5～8.5]		>8.5	
样本数	占比（%）	样本数	占比（%）	样本数	占比（%）	样本数	占比（%）	样本数	占比（%）	样本数	占比（%）
0	0.00	0	0.00	0	0.00	17	1.25	1 201	88.11	145	10.64

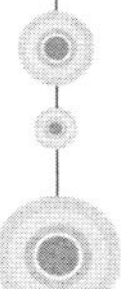

褐土—石灰性褐土—泥砂质石灰性褐土耕地土壤主要理化性状

项目名称	样本数（个）	平均值	标准差	变异系数（%）	范　围
有效土层厚度（cm）	48	102.3	40.16	39.25	45.0～187.0
耕层厚度（cm）	48	19.4	3.42	17.68	15.0～30.0
耕层容重（g/cm^3）	45	1.26	0.10	8.01	1.11～1.45
有机质（g/kg）	45	21.0	5.88	27.95	7.8～31.8
全氮（g/kg）	48	1.145	0.21	18.73	0.700～1.620
有效磷（mg/kg）	46	18.6	12.98	69.91	3.3～69.7
速效钾（mg/kg）	48	144	43.16	29.96	83～310
缓效钾（mg/kg）	48	904	195.06	21.59	586～1 481
有效铜（mg/kg）	10	1.07	0.25	23.19	0.68～1.37
有效锌（mg/kg）	10	1.48	1.15	77.57	0.24～4.02
有效铁（mg/kg）	10	16.58	5.28	31.82	11.10～25.90
有效锰（mg/kg）	10	10.24	4.77	46.57	4.80～18.70
有效硼（mg/kg）	9	0.51	0.12	22.81	0.34～0.66
有效钼（mg/kg）	9	0.099	0.06	56.18	0.050～0.230
有效硫（mg/kg）	10	13.12	4.43	33.73	7.16～19.70
有效硅（mg/kg）	6	199.11	80.10	40.23	112.57～326.06

耕层质地

砂土		砂壤土		轻壤土		中壤土		重壤土		黏土	
样本数	占比（%）	样本数	占比（%）	样本数	占比（%）	样本数	占比（%）	样本数	占比（%）	样本数	占比（%）
0	0.00	1	2.08	29	60.42	18	37.50	0	0.00	0	0.00

土壤 pH

≤4.5		(4.5～5.5]		(5.5～6.5]		(6.5～7.5]		(7.5～8.5]		>8.5	
样本数	占比（%）	样本数	占比（%）	样本数	占比（%）	样本数	占比（%）	样本数	占比（%）	样本数	占比（%）
0	0.00	0	0.00	1	2.08	1	2.08	46	95.83	0	0.00

褐土—石灰性褐土—硅质石灰性褐土耕地土壤主要理化性状

项目名称	样本数（个）	平均值	标准差	变异系数（%）	范　围
有效土层厚度（cm）	3	83.3	57.74	69.28	50.0～150.0
耕层厚度（cm）	3	21.7	2.89	13.32	20.0～25.0
耕层容重（g/cm^3）	3	1.35	0.05	3.35	1.30～1.39
有机质（g/kg）	3	15.8	3.55	22.42	12.8～19.7
全氮（g/kg）	3	0.983	0.23	22.88	0.760～1.210
有效磷（mg/kg）	3	34.0	19.73	57.97	12.8～51.8
速效钾（mg/kg）	3	162	8.62	5.33	154～171
缓效钾（mg/kg）	3	839	117.41	14.00	710～940
有效铜（mg/kg）	1	0.76	—	—	—
有效锌（mg/kg）	1	0.65	—	—	—
有效铁（mg/kg）	1	30.50	—	—	—
有效锰（mg/kg）	1	8.90	—	—	—
有效硼（mg/kg）	1	0.26	—	—	—
有效钼（mg/kg）	1	0.120	—	—	—
有效硫（mg/kg）	1	19.50	—	—	—
有效硅（mg/kg）	1	203.89	—	—	—

耕层质地

砂土		砂壤土		轻壤土		中壤土		重壤土		黏土	
样本数	占比（%）	样本数	占比（%）	样本数	占比（%）	样本数	占比（%）	样本数	占比（%）	样本数	占比（%）
0	0.00	2	66.67	1	33.33	0	0.00	0	0.00	0	0.00

土壤 pH

≤4.5		(4.5～5.5]		(5.5～6.5]		(6.5～7.5]		(7.5～8.5]		>8.5	
样本数	占比（%）	样本数	占比（%）	样本数	占比（%）	样本数	占比（%）	样本数	占比（%）	样本数	占比（%）
0	0.00	0	0.00	0	0.00	0	0.00	3	100.00	0	0.00

褐土—石灰性褐土—泥质石灰性褐土耕地土壤主要理化性状

项目名称	样本数（个）	平均值	标准差	变异系数（%）	范　围
有效土层厚度（cm）	1	100.0	—	—	—
耕层厚度（cm）	1	20.0	—	—	—
耕层容重（g/cm^3）	1	1.27	—	—	—
有机质（g/kg）	1	20.8	—	—	—
全氮（g/kg）	1	1.260	—	—	—
有效磷（mg/kg）	1	11.0	—	—	—
速效钾（mg/kg）	1	226	—	—	—
缓效钾（mg/kg）	1	989	—	—	—
有效铜（mg/kg）	0	—	—	—	—
有效锌（mg/kg）	0	—	—	—	—
有效铁（mg/kg）	0	—	—	—	—
有效锰（mg/kg）	0	—	—	—	—
有效硼（mg/kg）	0	—	—	—	—
有效钼（mg/kg）	0	—	—	—	—
有效硫（mg/kg）	0	—	—	—	—
有效硅（mg/kg）	0	—	—	—	—

耕层质地

砂土		砂壤土		轻壤土		中壤土		重壤土		黏土	
样本数	占比（%）	样本数	占比（%）	样本数	占比（%）	样本数	占比（%）	样本数	占比（%）	样本数	占比（%）
0	0.00	0	0.00	1	100.00	0	0.00	0	0.00	0	0.00

土壤 pH

≤4.5		(4.5～5.5]		(5.5～6.5]		(6.5～7.5]		(7.5～8.5]		>8.5	
样本数	占比（%）	样本数	占比（%）	样本数	占比（%）	样本数	占比（%）	样本数	占比（%）	样本数	占比（%）
0	0.00	0	0.00	0	0.00	0	0.00	1	100.00	0	0.00

褐土—石灰性褐土—灰泥质石灰性褐土耕地土壤主要理化性状

项目名称	样本数（个）	平均值	标准差	变异系数（%）	范　围
有效土层厚度（cm）	11	63.6	30.09	47.29	50.0～150.0
耕层厚度（cm）	11	20.0	0.00	0.00	20.0～20.0
耕层容重（g/cm^3）	11	1.31	0.06	4.69	1.23～1.43
有机质（g/kg）	8	21.8	2.19	10.07	18.6～24.5
全氮（g/kg）	9	1.264	0.10	7.60	1.070～1.390
有效磷（mg/kg）	9	16.8	13.88	82.59	3.5～49.5
速效钾（mg/kg）	11	187	64.23	34.33	87～309
缓效钾（mg/kg）	11	860	188.01	21.86	446～1 021
有效铜（mg/kg）	2	1.35	0.74	54.47	0.83～1.87
有效锌（mg/kg）	2	2.90	2.15	74.12	1.38～4.42
有效铁（mg/kg）	2	9.90	1.98	20.00	8.50～11.30
有效锰（mg/kg）	2	11.85	6.72	56.69	7.10～16.60
有效硼（mg/kg）	2	0.75	0.65	86.74	0.29～1.21
有效钼（mg/kg）	2	0.095	0.05	52.10	0.060～0.130
有效硫（mg/kg）	2	30.43	28.60	93.97	10.21～50.65
有效硅（mg/kg）	2	267.52	68.82	25.72	218.86～316.18

耕层质地

砂土		砂壤土		轻壤土		中壤土		重壤土		黏土	
样本数	占比（%）	样本数	占比（%）	样本数	占比（%）	样本数	占比（%）	样本数	占比（%）	样本数	占比（%）
0	0.00	0	0.00	11	100.00	0	0.00	0	0.00	0	0.00

土壤 pH

≤4.5		(4.5～5.5]		(5.5～6.5]		(6.5～7.5]		(7.5～8.5]		>8.5	
样本数	占比（%）	样本数	占比（%）	样本数	占比（%）	样本数	占比（%）	样本数	占比（%）	样本数	占比（%）
0	0.00	0	0.00	0	0.00	0	0.00	11	100.00	0	0.00

褐土—石灰性褐土—红土质石灰性褐土耕地土壤主要理化性状

项目名称	样本数（个）	平均值	标准差	变异系数（%）	范 围
有效土层厚度（cm）	3	88.3	37.53	42.48	45.0～110.0
耕层厚度（cm）	3	24.0	4.00	16.67	20.0～28.0
耕层容重（g/cm^3）	3	1.29	0.04	3.10	1.25～1.33
有机质（g/kg）	2	19.5	1.46	7.49	18.5～20.6
全氮（g/kg）	2	1.269	0.17	13.21	1.150～1.387
有效磷（mg/kg）	1	55.0	—	—	—
速效钾（mg/kg）	3	351	66.93	19.09	289～422
缓效钾（mg/kg）	3	878	32.16	3.66	844～908
有效铜（mg/kg）	2	0.59	0.54	91.04	0.21～0.97
有效锌（mg/kg）	2	0.71	0.28	39.56	0.51～0.91
有效铁（mg/kg）	2	17.62	8.65	49.10	11.50～23.73
有效锰（mg/kg）	2	9.38	1.02	10.92	8.65～10.10
有效硼（mg/kg）	2	0.72	0.24	33.27	0.55～0.89
有效钼（mg/kg）	2	0.167	0.08	48.19	0.110～0.224
有效硫（mg/kg）	2	12.96	11.52	88.89	4.81～21.10
有效硅（mg/kg）	2	77.10	33.80	43.84	53.20～101.00

耕层质地

砂土		砂壤土		轻壤土		中壤土		重壤土		黏土	
样本数	占比（%）	样本数	占比（%）	样本数	占比（%）	样本数	占比（%）	样本数	占比（%）	样本数	占比（%）
0	0.00	0	0.00	0	0.00	3	100.00	0	0.00	0	0.00

土壤 pH

≤4.5		(4.5～5.5]		(5.5～6.5]		(6.5～7.5]		(7.5～8.5]		>8.5	
样本数	占比（%）	样本数	占比（%）	样本数	占比（%）	样本数	占比（%）	样本数	占比（%）	样本数	占比（%）
0	0.00	0	0.00	0	0.00	1	33.33	2	66.67	0	0.00

褐土—淋溶褐土—黄土质淋溶褐土耕地土壤主要理化性状

项目名称	样本数（个）	平均值	标准差	变异系数（%）	范　围
有效土层厚度（cm）	122	99.8	38.44	38.52	40.0～200.0
耕层厚度（cm）	122	22.4	4.43	19.80	15.0～35.0
耕层容重（g/cm³）	118	1.27	0.09	7.45	1.05～1.49
有机质（g/kg）	120	17.5	5.59	31.95	6.4～31.2
全氮（g/kg）	122	0.997	0.33	32.78	0.350～1.892
有效磷（mg/kg）	120	18.7	14.34	76.52	4.1～71.0
速效钾（mg/kg）	122	180	65.78	36.53	69～350
缓效钾（mg/kg）	116	962	249.60	25.96	401～1 424
有效铜（mg/kg）	64	0.76	0.55	71.95	0.21～2.06
有效锌（mg/kg）	64	1.16	0.92	79.50	0.22～5.24
有效铁（mg/kg）	59	11.60	5.09	43.91	3.42～29.67
有效锰（mg/kg）	63	12.27	4.54	37.02	4.45～25.56
有效硼（mg/kg）	61	0.51	0.16	32.02	0.13～1.07
有效钼（mg/kg）	64	0.144	0.11	73.13	0.047～0.529
有效硫（mg/kg）	62	29.57	24.01	81.20	4.95～135.50
有效硅（mg/kg）	59	108.97	25.63	23.52	77.15～229.57

耕层质地

砂土		砂壤土		轻壤土		中壤土		重壤土		黏土	
样本数	占比（%）	样本数	占比（%）	样本数	占比（%）	样本数	占比（%）	样本数	占比（%）	样本数	占比（%）
1	0.82	6	4.92	17	13.93	83	68.03	10	8.20	5	4.10

土壤 pH

≤4.5		(4.5～5.5]		(5.5～6.5]		(6.5～7.5]		(7.5～8.5]		>8.5	
样本数	占比（%）	样本数	占比（%）	样本数	占比（%）	样本数	占比（%）	样本数	占比（%）	样本数	占比（%）
0	0.00	0	0.00	2	1.64	3	2.46	107	87.70	10	8.20

褐土—淋溶褐土—泥砂质淋溶褐土耕地土壤主要理化性状

项目名称	样本数（个）	平均值	标准差	变异系数（%）	范　围
有效土层厚度（cm）	3	150.0	0.00	0.00	150.0～150.0
耕层厚度（cm）	3	30.0	0.00	0.00	30.0～30.0
耕层容重（g/cm³）	3	1.13	0.01	1.02	1.12～1.14
有机质（g/kg）	2	24.8	6.77	27.27	20.1～29.6
全氮（g/kg）	3	1.433	0.25	17.21	1.150～1.600
有效磷（mg/kg）	3	14.7	8.20	55.65	9.9～24.2
速效钾（mg/kg）	3	164	36.07	22.04	129～201
缓效钾（mg/kg）	3	843	172.00	20.40	672～1 016
有效铜（mg/kg）	0	—	—	—	—
有效锌（mg/kg）	0	—	—	—	—
有效铁（mg/kg）	0	—	—	—	—
有效锰（mg/kg）	0	—	—	—	—
有效硼（mg/kg）	0	—	—	—	—
有效钼（mg/kg）	0	—	—	—	—
有效硫（mg/kg）	0	—	—	—	—
有效硅（mg/kg）	0	—	—	—	—

耕层质地

砂土		砂壤土		轻壤土		中壤土		重壤土		黏土	
样本数	占比（%）	样本数	占比（%）	样本数	占比（%）	样本数	占比（%）	样本数	占比（%）	样本数	占比（%）
0	0.00	0	0.00	0	0.00	3	100.00	0	0.00	0	0.00

土壤 pH

≤4.5		(4.5～5.5]		(5.5～6.5]		(6.5～7.5]		(7.5～8.5]		>8.5	
样本数	占比（%）	样本数	占比（%）	样本数	占比（%）	样本数	占比（%）	样本数	占比（%）	样本数	占比（%）
0	0.00	0	0.00	0	0.00	1	33.33	2	66.67	0	0.00

褐土—淋溶褐土—硅质淋溶褐土耕地土壤主要理化性状

项目名称	样本数（个）	平均值	标准差	变异系数（%）	范　围
有效土层厚度（cm）	6	102.7	49.75	48.45	60.0～196.0
耕层厚度（cm）	6	19.0	5.48	28.83	15.0～30.0
耕层容重（g/cm³）	6	1.39	0.10	7.37	1.20～1.48
有机质（g/kg）	6	17.9	3.68	20.58	13.9～22.7
全氮（g/kg）	6	1.180	0.15	12.41	0.952～1.352
有效磷（mg/kg）	4	38.5	27.83	72.32	8.9～62.6
速效钾（mg/kg）	6	261	70.68	27.12	192～371
缓效钾（mg/kg）	6	1 209	223.14	18.45	848～1 428
有效铜（mg/kg）	0	—	—	—	—
有效锌（mg/kg）	0	—	—	—	—
有效铁（mg/kg）	0	—	—	—	—
有效锰（mg/kg）	0	—	—	—	—
有效硼（mg/kg）	0	—	—	—	—
有效钼（mg/kg）	0	—	—	—	—
有效硫（mg/kg）	0	—	—	—	—
有效硅（mg/kg）	0	—	—	—	—

耕层质地

砂土		砂壤土		轻壤土		中壤土		重壤土		黏土	
样本数	占比（%）	样本数	占比（%）	样本数	占比（%）	样本数	占比（%）	样本数	占比（%）	样本数	占比（%）
0	0.00	3	50.00	0	0.00	0	0.00	1	16.67	2	33.33

土壤 pH

≤4.5		(4.5～5.5]		(5.5～6.5]		(6.5～7.5]		(7.5～8.5]		>8.5	
样本数	占比（%）	样本数	占比（%）	样本数	占比（%）	样本数	占比（%）	样本数	占比（%）	样本数	占比（%）
0	0.00	0	0.00	0	0.00	3	50.00	3	50.00	0	0.00

褐土—淋溶褐土—灰泥质淋溶褐土耕地土壤主要理化性状

项目名称	样本数（个）	平均值	标准差	变异系数（%）	范 围
有效土层厚度（cm）	8	60.6	22.43	37.00	45.0～100.0
耕层厚度（cm）	8	19.4	1.77	9.12	15.0～20.0
耕层容重（g/cm^3）	8	1.28	0.06	4.50	1.18～1.36
有机质（g/kg）	7	17.9	4.85	27.07	12.6～24.3
全氮（g/kg）	8	1.239	0.35	28.55	0.870～1.980
有效磷（mg/kg）	8	13.2	7.45	56.57	4.3～26.4
速效钾（mg/kg）	8	182	55.27	30.41	114～282
缓效钾（mg/kg）	8	833	143.35	17.22	612～980
有效铜（mg/kg）	1	0.95	—	—	—
有效锌（mg/kg）	2	2.29	0.43	18.88	1.98～2.59
有效铁（mg/kg）	2	18.55	1.20	6.48	17.70～19.40
有效锰（mg/kg）	2	7.85	5.59	71.16	3.90～11.80
有效硼（mg/kg）	2	0.56	0.06	10.10	0.52～0.60
有效钼（mg/kg）	2	0.095	0.01	7.44	0.090～0.100
有效硫（mg/kg）	2	26.05	5.30	20.36	22.30～29.80
有效硅（mg/kg）	2	161.50	3.39	2.10	159.10～163.90

耕层质地

砂土		砂壤土		轻壤土		中壤土		重壤土		黏土	
样本数	占比（%）	样本数	占比（%）	样本数	占比（%）	样本数	占比（%）	样本数	占比（%）	样本数	占比（%）
0	0.00	0	0.00	3	37.50	5	62.50	0	0.00	0	0.00

土壤 pH

≤4.5		(4.5～5.5]		(5.5～6.5]		(6.5～7.5]		(7.5～8.5]		>8.5	
样本数	占比（%）	样本数	占比（%）	样本数	占比（%）	样本数	占比（%）	样本数	占比（%）	样本数	占比（%）
0	0.00	0	0.00	0	0.00	1	12.50	7	87.50	0	0.00

褐土—淋溶褐土—砂泥质淋溶褐土耕地土壤主要理化性状

项目名称	样本数（个）	平均值	标准差	变异系数（%）	范　围
有效土层厚度（cm）	1	45.0	—	—	—
耕层厚度（cm）	1	20.0	—	—	—
耕层容重（g/cm^3）	1	1.35	—	—	—
有机质（g/kg）	1	30.7	—	—	—
全氮（g/kg）	1	1.630	—	—	—
有效磷（mg/kg）	1	36.6	—	—	—
速效钾（mg/kg）	1	186	—	—	—
缓效钾（mg/kg）	1	960	—	—	—
有效铜（mg/kg）	0	—	—	—	—
有效锌（mg/kg）	0	—	—	—	—
有效铁（mg/kg）	0	—	—	—	—
有效锰（mg/kg）	0	—	—	—	—
有效硼（mg/kg）	0	—	—	—	—
有效钼（mg/kg）	0	—	—	—	—
有效硫（mg/kg）	0	—	—	—	—
有效硅（mg/kg）	0	—	—	—	—

耕层质地

砂土		砂壤土		轻壤土		中壤土		重壤土		黏土	
样本数	占比（%）	样本数	占比（%）	样本数	占比（%）	样本数	占比（%）	样本数	占比（%）	样本数	占比（%）
0	0.00	0	0.00	0	0.00	1	100.00	0	0.00	0	0.00

土壤 pH

≤4.5		(4.5～5.5]		(5.5～6.5]		(6.5～7.5]		(7.5～8.5]		>8.5	
样本数	占比（%）	样本数	占比（%）	样本数	占比（%）	样本数	占比（%）	样本数	占比（%）	样本数	占比（%）
0	0.00	0	0.00	0	0.00	0	0.00	1	100.00	0	0.00

褐土—潮褐土—黄土质潮褐土耕地土壤主要理化性状

项目名称	样本数（个）	平均值	标准差	变异系数（%）	范 围
有效土层厚度（cm）	63	153.8	24.98	16.24	45.0～189.0
耕层厚度（cm）	63	24.3	3.96	16.30	20.0～30.0
耕层容重（g/cm^3）	63	1.20	0.05	4.56	1.12～1.38
有机质（g/kg）	62	16.4	4.50	27.42	5.9～27.6
全氮（g/kg）	63	0.996	0.29	29.50	0.389～1.685
有效磷（mg/kg）	63	15.2	10.66	70.28	3.3～38.3
速效钾（mg/kg）	63	180	78.15	43.43	76～329
缓效钾（mg/kg）	63	754	163.52	21.68	378～1 146
有效铜（mg/kg）	5	1.31	0.77	58.79	0.39～2.23
有效锌（mg/kg）	5	0.95	0.57	60.19	0.25～1.68
有效铁（mg/kg）	5	6.90	2.86	41.44	4.13～11.64
有效锰（mg/kg）	5	6.06	0.77	12.70	5.14～6.89
有效硼（mg/kg）	5	0.29	0.06	19.42	0.21～0.35
有效钼（mg/kg）	5	0.142	0.03	21.68	0.112～0.189
有效硫（mg/kg）	5	21.20	19.00	89.60	7.86～54.04
有效硅（mg/kg）	3	229.14	75.94	33.14	143.42～288.00

耕层质地

砂土		砂壤土		轻壤土		中壤土		重壤土		黏土	
样本数	占比（%）	样本数	占比（%）	样本数	占比（%）	样本数	占比（%）	样本数	占比（%）	样本数	占比（%）
0	0.00	4	6.35	20	31.75	36	57.14	3	4.76	0	0.00

土壤 pH

≤4.5		(4.5～5.5]		(5.5～6.5]		(6.5～7.5]		(7.5～8.5]		>8.5	
样本数	占比（%）	样本数	占比（%）	样本数	占比（%）	样本数	占比（%）	样本数	占比（%）	样本数	占比（%）
0	0.00	0	0.00	0	0.00	0	0.00	59	93.65	4	6.35

褐土—潮褐土—泥砂质潮褐土耕地土壤主要理化性状

项目名称	样本数（个）	平均值	标准差	变异系数（%）	范　围
有效土层厚度（cm）	33	122.7	27.42	22.34	70.0～150.0
耕层厚度（cm）	33	17.7	2.32	13.14	15.0～20.0
耕层容重（g/cm^3）	31	1.31	0.09	6.78	1.18～1.44
有机质（g/kg）	33	21.0	5.16	24.54	13.1～30.6
全氮（g/kg）	33	1.152	0.22	18.76	0.740～1.520
有效磷（mg/kg）	33	22.8	12.12	53.26	6.0～54.8
速效钾（mg/kg）	32	132	36.02	27.19	73～212
缓效钾（mg/kg）	29	962	166.47	17.31	657～1 270
有效铜（mg/kg）	3	1.24	0.51	41.55	0.94～1.83
有效锌（mg/kg）	4	1.29	0.79	61.65	0.68～2.35
有效铁（mg/kg）	4	15.82	2.33	14.73	13.10～18.80
有效锰（mg/kg）	4	11.80	4.15	35.14	9.50～18.00
有效硼（mg/kg）	4	0.79	0.18	22.87	0.67～1.05
有效钼（mg/kg）	2	0.125	0.01	5.66	0.120～0.130
有效硫（mg/kg）	4	19.37	14.87	76.80	8.94～40.49
有效硅（mg/kg）	3	284.09	24.81	8.73	255.44～298.41

耕层质地

砂土		砂壤土		轻壤土		中壤土		重壤土		黏土	
样本数	占比（%）	样本数	占比（%）	样本数	占比（%）	样本数	占比（%）	样本数	占比（%）	样本数	占比（%）
0	0.00	5	15.15	16	48.48	12	36.36	0	0.00	0	0.00

土壤 pH

≤4.5		(4.5～5.5]		(5.5～6.5]		(6.5～7.5]		(7.5～8.5]		>8.5	
样本数	占比（%）	样本数	占比（%）	样本数	占比（%）	样本数	占比（%）	样本数	占比（%）	样本数	占比（%）
0	0.00	0	0.00	1	3.03	0	0.00	27	81.82	5	15.15

褐土—塿土—油塿土耕地土壤主要理化性状

项目名称	样本数（个）	平均值	标准差	变异系数（%）	范　围
有效土层厚度（cm）	312	109.2	43.33	39.68	30.0～200.0
耕层厚度（cm）	342	22.9	6.25	27.32	15.0～40.0
耕层容重（g/cm³）	321	1.29	0.10	7.99	1.10～1.49
有机质（g/kg）	342	17.4	3.67	21.12	9.1～29.4
全氮（g/kg）	341	1.196	0.26	21.59	0.582～1.950
有效磷（mg/kg）	333	25.1	15.08	60.15	3.9～72.5
速效钾（mg/kg）	333	222	75.19	33.83	78～423
缓效钾（mg/kg）	288	1 151	180.35	15.66	476～1 515
有效铜（mg/kg）	42	1.13	0.51	45.47	0.54～2.80
有效锌（mg/kg）	45	1.26	1.19	94.61	0.41～6.06
有效铁（mg/kg）	37	7.12	3.87	54.39	2.14～19.08
有效锰（mg/kg）	38	12.86	5.65	43.99	4.82～26.00
有效硼（mg/kg）	25	0.60	0.35	58.57	0.12～1.64
有效钼（mg/kg）	39	0.362	0.32	87.03	0.044～1.122
有效硫（mg/kg）	3	179.99	30.84	17.13	144.77～202.17
有效硅（mg/kg）	0	—	—	—	—

耕层质地

砂土		砂壤土		轻壤土		中壤土		重壤土		黏土	
样本数	占比（%）	样本数	占比（%）	样本数	占比（%）	样本数	占比（%）	样本数	占比（%）	样本数	占比（%）
0	0.00	4	1.17	0	0.00	183	53.51	117	34.21	38	11.11

土壤 pH

≤4.5		(4.5～5.5]		(5.5～6.5]		(6.5～7.5]		(7.5～8.5]		>8.5	
样本数	占比（%）	样本数	占比（%）	样本数	占比（%）	样本数	占比（%）	样本数	占比（%）	样本数	占比（%）
0	0.00	0	0.00	2	0.58	9	2.63	306	89.47	25	7.31

褐土—𤭢土—垆𤭢土耕地土壤主要理化性状

项目名称	样本数（个）	平均值	标准差	变异系数（%）	范　围
有效土层厚度（cm）	417	188.7	27.11	14.37	70.0～200.0
耕层厚度（cm）	469	21.8	3.68	16.87	18.0～31.0
耕层容重（g/cm^3）	524	1.29	0.05	4.09	1.06～1.48
有机质（g/kg）	526	17.9	4.60	25.76	6.0～28.9
全氮（g/kg）	528	1.102	0.28	25.20	0.363～1.835
有效磷（mg/kg）	527	21.4	7.74	36.11	4.3～55.3
速效钾（mg/kg）	522	250	74.33	29.77	70～392
缓效钾（mg/kg）	526	963	217.54	22.60	361～1 512
有效铜（mg/kg）	41	1.39	0.42	30.02	0.52～2.53
有效锌（mg/kg）	42	1.58	0.66	41.63	0.74～3.14
有效铁（mg/kg）	42	5.70	2.17	38.01	2.83～10.70
有效锰（mg/kg）	24	19.82	3.58	18.04	12.82～27.40
有效硼（mg/kg）	40	0.77	0.45	59.24	0.15～1.76
有效钼（mg/kg）	41	0.154	0.06	42.19	0.058～0.298
有效硫（mg/kg）	37	25.65	21.29	82.99	6.78～129.70
有效硅（mg/kg）	1	92.40	—	—	—

耕层质地

砂土		砂壤土		轻壤土		中壤土		重壤土		黏土	
样本数	占比（%）	样本数	占比（%）	样本数	占比（%）	样本数	占比（%）	样本数	占比（%）	样本数	占比（%）
0	0.00	10	1.89	20	3.79	463	87.69	35	6.63	0	0.00

土壤 pH

≤4.5		(4.5～5.5]		(5.5～6.5]		(6.5～7.5]		(7.5～8.5]		>8.5	
样本数	占比（%）	样本数	占比（%）	样本数	占比（%）	样本数	占比（%）	样本数	占比（%）	样本数	占比（%）
0	0.00	0	0.00	0	0.00	0	0.00	509	96.40	19	3.60

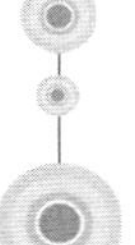

褐土—塿土—立茬塿土耕地土壤主要理化性状

项目名称	样本数（个）	平均值	标准差	变异系数（%）	范　围
有效土层厚度（cm）	4	127.5	60.76	47.65	60.0～200.0
耕层厚度（cm）	11	19.3	2.97	15.41	15.0～26.0
耕层容重（g/cm³）	10	1.38	0.05	3.95	1.31～1.49
有机质（g/kg）	11	21.1	3.85	18.30	12.4～25.5
全氮（g/kg）	11	1.367	0.15	11.29	1.095～1.616
有效磷（mg/kg）	10	32.6	18.74	57.58	12.1～66.9
速效钾（mg/kg）	10	201	76.90	38.31	90～338
缓效钾（mg/kg）	7	1 127	198.56	17.62	886～1 358
有效铜（mg/kg）	4	2.08	0.45	21.55	1.49～2.51
有效锌（mg/kg）	6	1.57	0.81	51.78	0.64～2.78
有效铁（mg/kg）	4	13.36	4.86	36.38	7.76～17.45
有效锰（mg/kg）	3	14.32	0.95	6.67	13.40～15.30
有效硼（mg/kg）	6	0.35	0.07	21.08	0.28～0.46
有效钼（mg/kg）	6	0.097	0.02	21.56	0.076～0.126
有效硫（mg/kg）	0	—	—	—	—
有效硅（mg/kg）	0	—	—	—	—

耕层质地

砂土		砂壤土		轻壤土		中壤土		重壤土		黏土	
样本数	占比（%）	样本数	占比（%）	样本数	占比（%）	样本数	占比（%）	样本数	占比（%）	样本数	占比（%）
0	0.00	1	9.09	0	0.00	6	54.55	2	18.18	2	18.18

土壤 pH

≤4.5		(4.5～5.5]		(5.5～6.5]		(6.5～7.5]		(7.5～8.5]		>8.5	
样本数	占比（%）	样本数	占比（%）	样本数	占比（%）	样本数	占比（%）	样本数	占比（%）	样本数	占比（%）
0	0.00	0	0.00	3	27.27	6	54.55	2	18.18	0	0.00

褐土—𪣻土—斑斑土耕地土壤主要理化性状

项目名称	样本数（个）	平均值	标准差	变异系数（%）	范　围
有效土层厚度（cm）	5	154.0	54.47	35.37	95.0～200.0
耕层厚度（cm）	7	20.0	4.58	22.91	17.0～30.0
耕层容重（g/cm^3）	7	1.43	0.03	1.76	1.38～1.45
有机质（g/kg）	7	21.4	5.11	23.89	14.5～28.8
全氮（g/kg）	7	1.297	0.19	14.98	1.074～1.558
有效磷（mg/kg）	7	37.1	21.83	58.81	18.2～70.1
速效钾（mg/kg）	6	186	66.82	35.83	111～274
缓效钾（mg/kg）	5	1 153	179.19	15.54	866～1 363
有效铜（mg/kg）	3	1.56	0.48	31.05	1.00～1.86
有效锌（mg/kg）	4	1.84	0.73	39.90	1.19～2.87
有效铁（mg/kg）	4	9.76	4.95	50.68	5.18～16.65
有效锰（mg/kg）	4	16.86	3.11	18.46	12.19～18.55
有效硼（mg/kg）	3	0.45	0.03	5.80	0.42～0.47
有效钼（mg/kg）	3	0.123	0.01	5.70	0.116～0.130
有效硫（mg/kg）	0	—	—	—	—
有效硅（mg/kg）	0	—	—	—	—

耕层质地

砂土		砂壤土		轻壤土		中壤土		重壤土		黏土	
样本数	占比（%）	样本数	占比（%）	样本数	占比（%）	样本数	占比（%）	样本数	占比（%）	样本数	占比（%）
0	0.00	2	28.57	0	0.00	5	71.43	0	0.00	0	0.00

土壤 pH

≤4.5		(4.5～5.5]		(5.5～6.5]		(6.5～7.5]		(7.5～8.5]		>8.5	
样本数	占比（%）	样本数	占比（%）	样本数	占比（%）	样本数	占比（%）	样本数	占比（%）	样本数	占比（%）
0	0.00	0	0.00	1	14.29	1	14.29	5	71.43	0	0.00

褐土—𪣻土—𪣻墡土耕地土壤主要理化性状

项目名称	样本数（个）	平均值	标准差	变异系数（%）	范　围
有效土层厚度（cm）	33	133.5	47.85	35.85	95.0～200.0
耕层厚度（cm）	34	19.7	0.86	4.38	17.0～20.0
耕层容重（g/cm^3）	34	1.38	0.05	3.86	1.23～1.47
有机质（g/kg）	34	19.5	4.98	25.54	11.6～30.3
全氮（g/kg）	34	1.227	0.29	23.64	0.680～1.808
有效磷（mg/kg）	33	24.7	14.15	57.16	7.4～58.8
速效钾（mg/kg）	34	248	63.39	25.53	133～378
缓效钾（mg/kg）	27	876	193.98	22.13	536～1 250
有效铜（mg/kg）	6	1.65	0.67	40.87	0.65～2.68
有效锌（mg/kg）	6	1.72	0.90	52.09	0.87～2.90
有效铁（mg/kg）	6	9.65	2.80	29.05	6.94～14.95
有效锰（mg/kg）	6	20.88	5.29	25.34	13.49～25.81
有效硼（mg/kg）	6	0.50	0.12	23.49	0.38～0.72
有效钼（mg/kg）	6	0.133	0.04	28.88	0.089～0.200
有效硫（mg/kg）	0	—	—	—	—
有效硅（mg/kg）	0	—	—	—	—

耕层质地

砂土		砂壤土		轻壤土		中壤土		重壤土		黏土	
样本数	占比（%）	样本数	占比（%）	样本数	占比（%）	样本数	占比（%）	样本数	占比（%）	样本数	占比（%）
0	0.00	0	0.00	4	11.76	25	73.53	5	14.71	0	0.00

土壤 pH

≤4.5		(4.5～5.5]		(5.5～6.5]		(6.5～7.5]		(7.5～8.5]		>8.5	
样本数	占比（%）	样本数	占比（%）	样本数	占比（%）	样本数	占比（%）	样本数	占比（%）	样本数	占比（%）
0	0.00	0	0.00	0	0.00	0	0.00	30	88.24	4	11.76

褐土—褐土性土—黄土质褐土性土耕地土壤主要理化性状

项目名称	样本数（个）	平均值	标准差	变异系数（%）	范　围
有效土层厚度（cm）	2 223	112.7	49.93	44.30	30.0～200.0
耕层厚度（cm）	2 307	24.4	4.87	19.98	15.0～40.0
耕层容重（g/cm^3）	2 205	1.24	0.08	6.61	1.05～1.49
有机质（g/kg）	2 251	18.3	6.31	34.45	4.7～32.3
全氮（g/kg）	2 246	1.057	0.33	31.13	0.310～2.055
有效磷（mg/kg）	2 308	16.7	10.33	61.93	3.3～66.1
速效钾（mg/kg）	2 302	182	65.09	35.81	69～381
缓效钾（mg/kg）	2 303	837	159.38	19.04	323～1 470
有效铜（mg/kg）	194	1.20	0.53	43.95	0.17～2.77
有效锌（mg/kg）	195	2.02	1.73	85.79	0.24～7.39
有效铁（mg/kg）	192	8.69	5.35	61.54	1.20～30.69
有效锰（mg/kg）	164	11.26	6.22	55.24	2.17～26.88
有效硼（mg/kg）	179	0.61	0.41	67.43	0.13～2.70
有效钼（mg/kg）	178	0.137	0.07	52.23	0.046～0.645
有效硫（mg/kg）	182	48.84	37.64	77.07	1.85～205.35
有效硅（mg/kg）	148	197.91	75.06	37.92	52.49～330.00

耕层质地

砂土		砂壤土		轻壤土		中壤土		重壤土		黏土	
样本数	占比（%）	样本数	占比（%）	样本数	占比（%）	样本数	占比（%）	样本数	占比（%）	样本数	占比（%）
3	0.13	115	4.97	590	25.52	1501	64.92	71	3.07	32	1.38

土壤 pH

≤4.5		(4.5～5.5]		(5.5～6.5]		(6.5～7.5]		(7.5～8.5]		>8.5	
样本数	占比（%）	样本数	占比（%）	样本数	占比（%）	样本数	占比（%）	样本数	占比（%）	样本数	占比（%）
0	0.00	0	0.00	2	0.09	37	1.60	2 056	88.93	217	9.39

褐土—褐土性土—泥砂质褐土性土耕地土壤主要理化性状

项目名称	样本数（个）	平均值	标准差	变异系数（%）	范　围
有效土层厚度（cm）	107	106.1	41.15	38.78	50.0～192.0
耕层厚度（cm）	107	24.1	4.99	20.70	15.0～30.0
耕层容重（g/cm^3）	80	1.24	0.11	9.26	1.05～1.49
有机质（g/kg）	98	20.1	6.04	30.10	5.4～31.8
全氮（g/kg）	100	1.194	0.37	31.15	0.380～2.068
有效磷（mg/kg）	95	19.4	16.19	83.65	3.4～72.1
速效钾（mg/kg）	98	164	66.67	40.71	72～420
缓效钾（mg/kg）	106	907	274.91	30.29	425～1 469
有效铜（mg/kg）	19	1.30	0.50	38.53	0.54～2.58
有效锌（mg/kg）	21	2.42	1.52	62.77	0.60～6.73
有效铁（mg/kg）	9	11.64	7.49	64.32	4.63～28.80
有效锰（mg/kg）	21	12.66	6.51	51.41	4.87～26.50
有效硼（mg/kg）	22	0.44	0.20	44.71	0.13～0.71
有效钼（mg/kg）	21	0.214	0.16	73.15	0.060～0.651
有效硫（mg/kg）	20	17.09	13.10	76.65	2.50～60.80
有效硅（mg/kg）	17	160.08	85.14	53.19	26.74～283.30

耕层质地

砂土		砂壤土		轻壤土		中壤土		重壤土		黏土	
样本数	占比（%）	样本数	占比（%）	样本数	占比（%）	样本数	占比（%）	样本数	占比（%）	样本数	占比（%）
5	4.67	45	42.06	34	31.78	23	21.50	0	0.00	0	0.00

土壤 pH

≤4.5		(4.5～5.5]		(5.5～6.5]		(6.5～7.5]		(7.5～8.5]		>8.5	
样本数	占比（%）	样本数	占比（%）	样本数	占比（%）	样本数	占比（%）	样本数	占比（%）	样本数	占比（%）
0	0.00	0	0.00	7	6.54	24	22.43	75	70.09	1	0.93

褐土—褐土性土—硅质褐土性土耕地土壤主要理化性状

项目名称	样本数（个）	平均值	标准差	变异系数（%）	范围
有效土层厚度（cm）	5	61.0	12.45	20.41	45.0～70.0
耕层厚度（cm）	5	20.0	0.00	0.00	20.0～20.0
耕层容重（g/cm³）	5	1.25	0.14	11.19	1.15～1.44
有机质（g/kg）	5	17.9	9.81	54.93	6.5～29.4
全氮（g/kg）	5	0.962	0.48	50.02	0.460～1.630
有效磷（mg/kg）	4	26.2	31.12	118.65	7.0～72.7
速效钾（mg/kg）	5	175	91.14	52.14	97～330
缓效钾（mg/kg）	5	655	70.42	10.74	568～745
有效铜（mg/kg）	0	—	—	—	—
有效锌（mg/kg）	0	—	—	—	—
有效铁（mg/kg）	0	—	—	—	—
有效锰（mg/kg）	0	—	—	—	—
有效硼（mg/kg）	0	—	—	—	—
有效钼（mg/kg）	0	—	—	—	—
有效硫（mg/kg）	0	—	—	—	—
有效硅（mg/kg）	0	—	—	—	—

耕层质地

砂土		砂壤土		轻壤土		中壤土		重壤土		黏土	
样本数	占比（%）	样本数	占比（%）	样本数	占比（%）	样本数	占比（%）	样本数	占比（%）	样本数	占比（%）
0	0.00	0	0.00	0	0.00	5	100.00	0	0.00	0	0.00

土壤 pH

≤4.5		(4.5～5.5]		(5.5～6.5]		(6.5～7.5]		(7.5～8.5]		>8.5	
样本数	占比（%）	样本数	占比（%）	样本数	占比（%）	样本数	占比（%）	样本数	占比（%）	样本数	占比（%）
0	0.00	0	0.00	0	0.00	0	0.00	5	100.00	0	0.00

褐土—褐土性土—灰泥质褐土性土耕地土壤主要理化性状

项目名称	样本数（个）	平均值	标准差	变异系数（%）	范 围
有效土层厚度（cm）	45	105.6	43.07	40.78	45.0～150.0
耕层厚度（cm）	45	24.9	5.06	20.31	20.0～30.0
耕层容重（g/cm³）	45	1.25	0.08	6.24	1.12～1.49
有机质（g/kg）	45	21.1	6.45	30.61	8.5～32.3
全氮（g/kg）	43	1.142	0.35	30.24	0.350～1.922
有效磷（mg/kg）	41	13.5	10.22	75.93	3.6～53.8
速效钾（mg/kg）	44	170	61.69	36.33	75～306
缓效钾（mg/kg）	45	806	159.42	19.77	425～1 164
有效铜（mg/kg）	5	1.31	0.31	23.67	1.02～1.84
有效锌（mg/kg）	5	2.17	1.24	57.23	0.35～3.70
有效铁（mg/kg）	5	13.83	6.56	47.45	7.40～24.10
有效锰（mg/kg）	4	9.67	4.91	50.80	5.40～15.84
有效硼（mg/kg）	5	0.66	0.26	39.26	0.24～0.91
有效钼（mg/kg）	5	0.197	0.10	49.08	0.117～0.350
有效硫（mg/kg）	5	18.83	8.80	46.74	5.97～30.70
有效硅（mg/kg）	4	224.00	44.31	19.78	166.00～273.00

耕层质地

砂土		砂壤土		轻壤土		中壤土		重壤土		黏土	
样本数	占比（%）	样本数	占比（%）	样本数	占比（%）	样本数	占比（%）	样本数	占比（%）	样本数	占比（%）
0	0.00	0	0.00	3	6.67	41	91.11	1	2.22	0	0.00

土壤 pH

≤4.5		(4.5～5.5]		(5.5～6.5]		(6.5～7.5]		(7.5～8.5]		>8.5	
样本数	占比（%）	样本数	占比（%）	样本数	占比（%）	样本数	占比（%）	样本数	占比（%）	样本数	占比（%）
0	0.00	0	0.00	0	0.00	3	6.67	38	84.44	4	8.89

褐土—褐土性土—砂泥质褐土性土耕地土壤主要理化性状

项目名称	样本数（个）	平均值	标准差	变异系数（%）	范　围
有效土层厚度（cm）	34	97.6	53.18	54.46	45.0～200.0
耕层厚度（cm）	33	25.5	5.06	19.86	20.0～30.0
耕层容重（g/cm³）	34	1.24	0.08	6.23	1.11～1.36
有机质（g/kg）	31	23.0	5.75	24.93	13.6～32.3
全氮（g/kg）	29	1.236	0.40	32.71	0.420～1.960
有效磷（mg/kg）	34	14.5	10.99	75.81	3.8～58.6
速效钾（mg/kg）	34	169	61.60	36.43	70～334
缓效钾（mg/kg）	34	736	171.25	23.28	447～1 089
有效铜（mg/kg）	1	0.89	—	—	—
有效锌（mg/kg）	1	1.65	—	—	—
有效铁（mg/kg）	1	5.79	—	—	—
有效锰（mg/kg）	1	5.19	—	—	—
有效硼（mg/kg）	1	0.68	—	—	—
有效钼（mg/kg）	1	0.205	—	—	—
有效硫（mg/kg）	1	29.50	—	—	—
有效硅（mg/kg）	1	237.00	—	—	—

耕层质地

砂土		砂壤土		轻壤土		中壤土		重壤土		黏土	
样本数	占比（%）	样本数	占比（%）	样本数	占比（%）	样本数	占比（%）	样本数	占比（%）	样本数	占比（%）
0	0.00	2	5.88	0	0.00	32	94.12	0	0.00	0	0.00

土壤 pH

≤4.5		(4.5～5.5]		(5.5～6.5]		(6.5～7.5]		(7.5～8.5]		>8.5	
样本数	占比（%）	样本数	占比（%）	样本数	占比（%）	样本数	占比（%）	样本数	占比（%）	样本数	占比（%）
0	0.00	0	0.00	0	0.00	4	11.76	28	82.35	2	5.88

灰褐土—暗灰褐土—泥质暗灰褐土耕地土壤主要理化性状

项目名称	样本数（个）	平均值	标准差	变异系数（%）	范　围
有效土层厚度（cm）	11	86.4	53.66	62.13	32.0～200.0
耕层厚度（cm）	15	22.1	3.81	17.24	17.0～30.0
耕层容重（g/cm^3）	9	1.27	0.07	5.35	1.18～1.38
有机质（g/kg）	14	17.6	5.77	32.71	6.6～26.1
全氮（g/kg）	15	0.993	0.31	31.51	0.335～1.450
有效磷（mg/kg）	14	16.4	15.69	95.58	3.9～54.5
速效钾（mg/kg）	14	181	89.68	49.60	78～345
缓效钾（mg/kg）	13	853	240.03	28.15	466～1 127
有效铜（mg/kg）	13	0.99	0.56	56.39	0.16～2.38
有效锌（mg/kg）	14	0.96	0.71	73.40	0.21～2.19
有效铁（mg/kg）	14	6.39	3.27	51.21	1.59～11.33
有效锰（mg/kg）	11	6.61	3.77	57.02	2.37～12.40
有效硼（mg/kg）	13	1.76	0.86	48.50	0.52～3.04
有效钼（mg/kg）	12	0.077	0.02	32.30	0.053～0.130
有效硫（mg/kg）	14	26.71	36.39	136.24	3.59～131.50
有效硅（mg/kg）	14	177.97	57.16	32.12	102.50～282.39

耕层质地

砂土		砂壤土		轻壤土		中壤土		重壤土		黏土	
样本数	占比（%）	样本数	占比（%）	样本数	占比（%）	样本数	占比（%）	样本数	占比（%）	样本数	占比（%）
0	0.00	2	13.33	3	20.00	10	66.67	0	0.00	0	0.00

土壤 pH

≤4.5		(4.5～5.5]		(5.5～6.5]		(6.5～7.5]		(7.5～8.5]		>8.5	
样本数	占比（%）	样本数	占比（%）	样本数	占比（%）	样本数	占比（%）	样本数	占比（%）	样本数	占比（%）
0	0.00	0	0.00	0	0.00	0	0.00	14	93.33	1	6.67

灰褐土—淋溶灰褐土—黄土质淋溶灰褐土耕地土壤主要理化性状

项目名称	样本数（个）	平均值	标准差	变异系数（%）	范　围
有效土层厚度（cm）	22	136.3	44.30	32.50	45.0～200.0
耕层厚度（cm）	22	22.3	4.68	21.02	16.0～30.0
耕层容重（g/cm^3）	22	1.25	0.06	5.00	1.20～1.40
有机质（g/kg）	21	18.2	4.59	25.20	10.3～29.7
全氮（g/kg）	22	1.170	0.30	25.72	0.660～2.063
有效磷（mg/kg）	21	20.0	15.12	75.48	4.6～58.9
速效钾（mg/kg）	21	206	95.31	46.37	87～408
缓效钾（mg/kg）	22	1 138	155.69	13.68	822～1 371
有效铜（mg/kg）	22	1.06	0.40	38.01	0.21～1.89
有效锌（mg/kg）	21	0.82	0.36	44.45	0.28～1.65
有效铁（mg/kg）	20	16.95	5.06	29.86	8.66～27.40
有效锰（mg/kg）	22	12.24	4.30	35.11	3.23～24.28
有效硼（mg/kg）	22	0.50	0.27	53.38	0.16～1.23
有效钼（mg/kg）	21	0.117	0.06	49.71	0.045～0.303
有效硫（mg/kg）	22	12.21	11.63	95.29	2.30～45.24
有效硅（mg/kg）	22	127.54	61.90	48.54	50.48～239.32

耕层质地

砂土		砂壤土		轻壤土		中壤土		重壤土		黏土	
样本数	占比（%）	样本数	占比（%）	样本数	占比（%）	样本数	占比（%）	样本数	占比（%）	样本数	占比（%）
0	0.00	0	0.00	0	0.00	22	100.00	0	0.00	0	0.00

土壤 pH

≤4.5		(4.5～5.5]		(5.5～6.5]		(6.5～7.5]		(7.5～8.5]		>8.5	
样本数	占比（%）	样本数	占比（%）	样本数	占比（%）	样本数	占比（%）	样本数	占比（%）	样本数	占比（%）
0	0.00	0	0.00	1	4.55	6	27.27	15	68.18	0	0.00

灰褐土—石灰性灰褐土—黄土质石灰性灰褐土耕地土壤主要理化性状

项目名称	样本数（个）	平均值	标准差	变异系数（%）	范　围
有效土层厚度（cm）	92	83.5	40.81	48.90	40.0～165.0
耕层厚度（cm）	92	23.7	4.12	17.36	19.0～30.0
耕层容重（g/cm^3）	92	1.26	0.08	6.56	1.07～1.43
有机质（g/kg）	88	15.4	5.26	34.21	6.4～29.7
全氮（g/kg）	85	1.021	0.32	31.69	0.390～1.880
有效磷（mg/kg）	89	27.6	16.30	59.07	5.0～70.2
速效钾（mg/kg）	87	220	96.36	43.88	74～413
缓效钾（mg/kg）	82	1 141	202.19	17.72	504～1 491
有效铜（mg/kg）	88	1.00	0.63	63.39	0.21～2.84
有效锌（mg/kg）	92	1.06	0.60	56.59	0.21～3.36
有效铁（mg/kg）	85	13.89	6.61	47.60	1.25～30.51
有效锰（mg/kg）	91	12.60	3.95	31.35	5.57～25.40
有效硼（mg/kg）	92	0.70	0.46	65.90	0.13～2.20
有效钼（mg/kg）	89	0.130	0.07	53.31	0.045～0.410
有效硫（mg/kg）	92	12.80	8.78	68.59	2.21～46.00
有效硅（mg/kg）	85	115.78	44.26	38.23	25.30～233.75

耕层质地											
砂土		砂壤土		轻壤土		中壤土		重壤土		黏土	
样本数	占比（%）	样本数	占比（%）	样本数	占比（%）	样本数	占比（%）	样本数	占比（%）	样本数	占比（%）
0	0.00	0	0.00	0	0.00	92	100.00	0	0.00	0	0.00

土壤 pH											
≤4.5		(4.5～5.5]		(5.5～6.5]		(6.5～7.5]		(7.5～8.5]		>8.5	
样本数	占比（%）	样本数	占比（%）	样本数	占比（%）	样本数	占比（%）	样本数	占比（%）	样本数	占比（%）
0	0.00	0	0.00	1	1.09	0	0.00	75	81.52	16	17.39

灰褐土—石灰性灰褐土—泥质石灰性灰褐土耕地土壤主要理化性状

项目名称	样本数（个）	平均值	标准差	变异系数（%）	范　围
有效土层厚度（cm）	2	80.0	0.00	0.00	80.0～80.0
耕层厚度（cm）	3	20.0	0.00	0.00	20.0～20.0
耕层容重（g/cm^3）	2	1.37	0.01	1.03	1.36～1.38
有机质（g/kg）	3	17.7	3.19	18.01	14.1～20.1
全氮（g/kg）	3	0.990	0.22	22.01	0.740～1.140
有效磷（mg/kg）	3	13.5	3.65	27.08	10.4～17.5
速效钾（mg/kg）	3	180	81.10	45.13	86～229
缓效钾（mg/kg）	3	687	319.36	46.47	502～1 056
有效铜（mg/kg）	3	1.42	0.01	0.81	1.41～1.43
有效锌（mg/kg）	3	2.22	0.84	37.61	1.51～3.14
有效铁（mg/kg）	3	16.33	6.00	36.75	12.48～23.25
有效锰（mg/kg）	3	14.58	1.46	10.03	12.90～15.55
有效硼（mg/kg）	2	0.55	0.00	0.00	0.55～0.55
有效钼（mg/kg）	3	0.097	0.02	23.89	0.070～0.110
有效硫（mg/kg）	3	14.43	1.53	10.61	13.50～16.20
有效硅（mg/kg）	3	128.27	47.23	36.82	101.00～182.80

耕层质地

砂土		砂壤土		轻壤土		中壤土		重壤土		黏土	
样本数	占比（%）	样本数	占比（%）	样本数	占比（%）	样本数	占比（%）	样本数	占比（%）	样本数	占比（%）
0	0.00	1	33.33	0	0.00	2	66.67	0	0.00	0	0.00

土壤 pH

≤4.5		(4.5～5.5]		(5.5～6.5]		(6.5～7.5]		(7.5～8.5]		>8.5	
样本数	占比（%）	样本数	占比（%）	样本数	占比（%）	样本数	占比（%）	样本数	占比（%）	样本数	占比（%）
0	0.00	0	0.00	0	0.00	0	0.00	2	66.67	1	33.33

黑土—典型黑土—黄土质黑土耕地土壤主要理化性状

项目名称	样本数（个）	平均值	标准差	变异系数（%）	范 围
有效土层厚度（cm）	30	145.3	21.77	14.98	100.0～200.0
耕层厚度（cm）	30	18.8	2.63	13.95	15.0～30.0
耕层容重（g/cm^3）	28	1.28	0.03	2.67	1.18～1.35
有机质（g/kg）	27	16.0	4.21	26.31	9.6～29.3
全氮（g/kg）	28	1.076	0.31	28.63	0.610～1.670
有效磷（mg/kg）	28	20.0	10.00	49.99	5.7～39.5
速效钾（mg/kg）	27	206	107.06	51.91	68～424
缓效钾（mg/kg）	30	1 067	211.15	19.80	566～1 379
有效铜（mg/kg）	30	0.54	0.41	76.83	0.21～1.32
有效锌（mg/kg）	30	1.05	0.39	37.43	0.43～2.25
有效铁（mg/kg）	30	13.43	4.40	32.75	6.60～26.00
有效锰（mg/kg）	30	9.93	2.26	22.73	5.60～17.70
有效硼（mg/kg）	30	0.51	0.13	24.69	0.20～0.89
有效钼（mg/kg）	30	0.119	0.05	39.02	0.062～0.322
有效硫（mg/kg）	30	16.53	11.60	70.18	2.05～60.46
有效硅（mg/kg）	30	111.21	39.45	35.47	51.45～223.76

耕层质地

砂土		砂壤土		轻壤土		中壤土		重壤土		黏土	
样本数	占比（%）	样本数	占比（%）	样本数	占比（%）	样本数	占比（%）	样本数	占比（%）	样本数	占比（%）
0	0.00	0	0.00	0	0.00	30	100.00	0	0.00	0	0.00

土壤 pH

≤4.5		(4.5～5.5]		(5.5～6.5]		(6.5～7.5]		(7.5～8.5]		>8.5	
样本数	占比（%）	样本数	占比（%）	样本数	占比（%）	样本数	占比（%）	样本数	占比（%）	样本数	占比（%）
0	0.00	0	0.00	0	0.00	3	10.00	27	90.00	0	0.00

黑钙土—典型黑钙土—黄土质黑钙土耕地土壤主要理化性状

项目名称	样本数（个）	平均值	标准差	变异系数（%）	范围
有效土层厚度（cm）	39	140.4	22.92	16.33	60.0～150.0
耕层厚度（cm）	39	24.1	6.16	25.57	20.0～40.0
耕层容重（g/cm^3）	37	1.23	0.07	5.34	1.17～1.37
有机质（g/kg）	33	19.1	6.18	32.41	7.5～31.9
全氮（g/kg）	35	1.262	0.42	33.11	0.310～2.050
有效磷（mg/kg）	35	28.9	19.54	67.60	3.5～70.6
速效钾（mg/kg）	35	152	81.82	53.78	70～367
缓效钾（mg/kg）	35	881	243.00	27.59	483～1 491
有效铜（mg/kg）	37	0.85	0.41	48.66	0.26～1.94
有效锌（mg/kg）	36	1.90	1.20	63.28	0.51～6.19
有效铁（mg/kg）	31	15.75	6.44	40.90	6.83～30.66
有效锰（mg/kg）	39	8.27	2.94	35.51	3.31～16.34
有效硼（mg/kg）	39	0.75	0.50	66.25	0.21～2.53
有效钼（mg/kg）	39	0.119	0.04	37.64	0.062～0.206
有效硫（mg/kg）	37	31.62	16.37	51.78	8.93～98.30
有效硅（mg/kg）	25	212.08	63.19	29.80	132.00～330.00

耕层质地

砂土		砂壤土		轻壤土		中壤土		重壤土		黏土	
样本数	占比（%）	样本数	占比（%）	样本数	占比（%）	样本数	占比（%）	样本数	占比（%）	样本数	占比（%）
0	0.00	1	2.56	3	7.69	23	58.97	10	25.64	2	5.13

土壤 pH

≤4.5		(4.5～5.5]		(5.5～6.5]		(6.5～7.5]		(7.5～8.5]		>8.5	
样本数	占比（%）	样本数	占比（%）	样本数	占比（%）	样本数	占比（%）	样本数	占比（%）	样本数	占比（%）
0	0.00	0	0.00	0	0.00	1	2.56	37	94.87	1	2.56

黑钙土—典型黑钙土—泥砂质黑钙土耕地土壤主要理化性状

项目名称	样本数（个）	平均值	标准差	变异系数（%）	范　围
有效土层厚度（cm）	2	130.0	0.00	0.00	130.0～130.0
耕层厚度（cm）	2	27.5	3.54	12.86	25.0～30.0
耕层容重（g/cm^3）	2	1.30	0.00	0.00	1.30～1.30
有机质（g/kg）	0	—	—	—	—
全氮（g/kg）	0	—	—	—	—
有效磷（mg/kg）	2	45.2	38.33	84.79	18.1～72.3
速效钾（mg/kg）	2	150	43.84	29.23	119～181
缓效钾（mg/kg）	2	597	89.10	14.92	534～660
有效铜（mg/kg）	2	0.42	0.02	4.23	0.41～0.43
有效锌（mg/kg）	2	1.99	0.28	13.86	1.80～2.19
有效铁（mg/kg）	1	22.87	—	—	—
有效锰（mg/kg）	2	11.49	2.29	19.97	9.87～13.11
有效硼（mg/kg）	2	0.39	0.15	39.13	0.28～0.50
有效钼（mg/kg）	2	0.111	0.03	30.08	0.087～0.134
有效硫（mg/kg）	2	34.86	3.93	11.28	32.08～37.64
有效硅（mg/kg）	0	—	—	—	—

耕层质地

砂土		砂壤土		轻壤土		中壤土		重壤土		黏土	
样本数	占比（%）	样本数	占比（%）	样本数	占比（%）	样本数	占比（%）	样本数	占比（%）	样本数	占比（%）
0	0.00	2	100.00	0	0.00	0	0.00	0	0.00	0	0.00

土壤 pH

≤4.5		(4.5～5.5]		(5.5～6.5]		(6.5～7.5]		(7.5～8.5]		>8.5	
样本数	占比（%）	样本数	占比（%）	样本数	占比（%）	样本数	占比（%）	样本数	占比（%）	样本数	占比（%）
0	0.00	0	0.00	0	0.00	1	50.00	1	50.00	0	0.00

黑钙土—淋溶黑钙土—黄土质淋溶黑钙土耕地土壤主要理化性状

项目名称	样本数（个）	平均值	标准差	变异系数（%）	范　围
有效土层厚度（cm）	14	124.9	35.62	28.53	60.0～150.0
耕层厚度（cm）	14	25.4	6.34	25.02	20.0～40.0
耕层容重（g/cm^3）	14	1.23	0.13	10.25	1.10～1.41
有机质（g/kg）	12	24.1	3.96	16.41	18.4～31.1
全氮（g/kg）	11	1.547	0.23	14.67	1.110～1.950
有效磷（mg/kg）	13	27.0	17.37	64.34	8.9～60.3
速效钾（mg/kg）	14	215	95.79	44.61	75～406
缓效钾（mg/kg）	14	836	103.28	12.36	677～1 025
有效铜（mg/kg）	9	0.68	0.38	55.76	0.19～1.50
有效锌（mg/kg）	13	2.29	1.12	48.82	0.76～4.12
有效铁（mg/kg）	12	13.56	5.31	39.19	6.70～22.43
有效锰（mg/kg）	14	8.68	3.31	38.15	5.72～18.05
有效硼（mg/kg）	14	0.59	0.25	42.32	0.21～1.03
有效钼（mg/kg）	14	0.109	0.03	28.33	0.060～0.164
有效硫（mg/kg）	14	30.73	18.48	60.15	12.17～67.74
有效硅（mg/kg）	12	207.08	63.70	30.76	142.00～321.00

耕层质地

砂土		砂壤土		轻壤土		中壤土		重壤土		黏土	
样本数	占比（%）	样本数	占比（%）	样本数	占比（%）	样本数	占比（%）	样本数	占比（%）	样本数	占比（%）
0	0.00	2	14.29	5	35.71	2	14.29	4	28.57	1	7.14

土壤 pH

≤4.5		(4.5～5.5]		(5.5～6.5]		(6.5～7.5]		(7.5～8.5]		>8.5	
样本数	占比（%）	样本数	占比（%）	样本数	占比（%）	样本数	占比（%）	样本数	占比（%）	样本数	占比（%）
0	0.00	0	0.00	0	0.00	1	7.14	13	92.86	0	0.00

黑钙土—淋溶黑钙土—麻砂质淋溶黑钙土耕地土壤主要理化性状

项目名称	样本数（个）	平均值	标准差	变异系数（%）	范　围
有效土层厚度（cm）	2	115.0	0.00	0.00	115.0～115.0
耕层厚度（cm）	2	20.0	0.00	0.00	20.0～20.0
耕层容重（g/cm^3）	2	1.26	0.00	0.00	1.26～1.26
有机质（g/kg）	0	—	—	—	—
全氮（g/kg）	0	—	—	—	—
有效磷（mg/kg）	2	25.1	14.21	56.51	15.1～35.2
速效钾（mg/kg）	2	125	31.11	24.89	103～147
缓效钾（mg/kg）	2	1 071	226.27	21.13	911～1 231
有效铜（mg/kg）	2	0.62	0.06	9.66	0.58～0.67
有效锌（mg/kg）	1	2.09	—	—	—
有效铁（mg/kg）	1	29.80	—	—	—
有效锰（mg/kg）	2	7.47	0.20	2.65	7.33～7.61
有效硼（mg/kg）	2	0.76	0.51	67.38	0.40～1.13
有效钼（mg/kg）	2	0.106	0.00	0.67	0.105～0.106
有效硫（mg/kg）	2	22.82	11.79	51.64	14.49～31.16
有效硅（mg/kg）	0	—	—	—	—

耕层质地

砂土		砂壤土		轻壤土		中壤土		重壤土		黏土	
样本数	占比（%）	样本数	占比（%）	样本数	占比（%）	样本数	占比（%）	样本数	占比（%）	样本数	占比（%）
0	0.00	0	0.00	0	0.00	2	100.00	0	0.00	0	0.00

土壤 pH

≤4.5		(4.5～5.5]		(5.5～6.5]		(6.5～7.5]		(7.5～8.5]		>8.5	
样本数	占比（%）	样本数	占比（%）	样本数	占比（%）	样本数	占比（%）	样本数	占比（%）	样本数	占比（%）
0	0.00	0	0.00	0	0.00	1	50.00	1	50.00	0	0.00

黑钙土—石灰性黑钙土—黄土质石灰性黑钙土耕地土壤主要理化性状

项目名称	样本数（个）	平均值	标准差	变异系数（%）	范　围
有效土层厚度（cm）	19	124.7	29.08	23.31	40.0～150.0
耕层厚度（cm）	19	25.3	4.24	16.79	20.0～30.0
耕层容重（g/cm³）	19	1.35	0.10	7.29	1.17～1.46
有机质（g/kg）	15	21.1	5.97	28.30	6.9～32.2
全氮（g/kg）	17	1.362	0.42	30.97	0.420～1.930
有效磷（mg/kg）	18	37.3	21.35	57.20	5.0～73.7
速效钾（mg/kg）	18	166	108.30	65.15	70～411
缓效钾（mg/kg）	19	863	180.69	20.93	538～1 249
有效铜（mg/kg）	16	0.63	0.32	50.22	0.17～1.28
有效锌（mg/kg）	17	1.52	1.31	86.16	0.23～5.35
有效铁（mg/kg）	19	15.63	7.70	49.27	5.10～30.27
有效锰（mg/kg）	17	7.59	4.92	64.85	2.04～16.90
有效硼（mg/kg）	18	0.66	0.29	44.13	0.27～1.17
有效钼（mg/kg）	17	0.105	0.03	28.03	0.053～0.167
有效硫（mg/kg）	18	41.35	41.62	100.66	5.69～170.08
有效硅（mg/kg）	13	184.88	69.51	37.60	72.40～274.00

耕层质地

砂土		砂壤土		轻壤土		中壤土		重壤土		黏土	
样本数	占比（%）	样本数	占比（%）	样本数	占比（%）	样本数	占比（%）	样本数	占比（%）	样本数	占比（%）
0	0.00	5	26.32	1	5.26	11	57.89	0	0.00	2	10.53

土壤 pH

≤4.5		(4.5～5.5]		(5.5～6.5]		(6.5～7.5]		(7.5～8.5]		>8.5	
样本数	占比（%）	样本数	占比（%）	样本数	占比（%）	样本数	占比（%）	样本数	占比（%）	样本数	占比（%）
0	0.00	0	0.00	0	0.00	2	10.53	16	84.21	1	5.26

黑钙土—石灰性黑钙土—红土质石灰性黑钙土耕地土壤主要理化性状

项目名称	样本数（个）	平均值	标准差	变异系数（%）	范　围
有效土层厚度（cm）	3	150.0	0.00	0.00	150.0～150.0
耕层厚度（cm）	3	20.0	0.00	0.00	20.0～20.0
耕层容重（g/cm^3）	3	1.20	0.00	0.00	1.20～1.20
有机质（g/kg）	3	17.2	3.25	18.90	14.6～20.9
全氮（g/kg）	3	1.123	0.16	13.83	0.950～1.250
有效磷（mg/kg）	3	13.2	4.83	36.53	8.1～17.7
速效钾（mg/kg）	3	125	59.63	47.71	75～191
缓效钾（mg/kg）	3	847	207.47	24.50	683～1 080
有效铜（mg/kg）	3	0.72	0.32	44.34	0.46～1.07
有效锌（mg/kg）	2	1.02	1.02	99.83	0.30～1.74
有效铁（mg/kg）	3	23.61	2.64	11.19	20.61～25.57
有效锰（mg/kg）	3	13.13	6.84	52.10	7.82～20.85
有效硼（mg/kg）	3	0.43	0.05	11.27	0.38～0.46
有效钼（mg/kg）	3	0.109	0.03	29.31	0.084～0.145
有效硫（mg/kg）	3	24.21	2.82	11.63	22.36～27.45
有效硅（mg/kg）	3	306.33	16.07	5.25	288.00～318.00

耕层质地

砂土		砂壤土		轻壤土		中壤土		重壤土		黏土	
样本数	占比（%）	样本数	占比（%）	样本数	占比（%）	样本数	占比（%）	样本数	占比（%）	样本数	占比（%）
0	0.00	0	0.00	0	0.00	0	0.00	0	0.00	3	100.00

土壤 pH

≤4.5		(4.5～5.5]		(5.5～6.5]		(6.5～7.5]		(7.5～8.5]		>8.5	
样本数	占比（%）	样本数	占比（%）	样本数	占比（%）	样本数	占比（%）	样本数	占比（%）	样本数	占比（%）
0	0.00	0	0.00	0	0.00	0	0.00	3	100.00	0	0.00

栗钙土—典型栗钙土—黄土质栗钙土耕地土壤主要理化性状

项目名称	样本数（个）	平均值	标准差	变异系数（%）	范　围
有效土层厚度（cm）	209	126.7	35.02	27.64	30.0～200.0
耕层厚度（cm）	197	29.1	7.14	24.57	15.0～40.0
耕层容重（g/cm^3）	208	1.28	0.10	7.69	1.05～1.49
有机质（g/kg）	183	18.8	5.68	30.27	4.8～32.3
全氮（g/kg）	190	1.289	0.36	27.68	0.330～2.057
有效磷（mg/kg）	185	34.3	17.83	51.94	3.8～73.7
速效钾（mg/kg）	200	174	78.87	45.38	68～411
缓效钾（mg/kg）	209	871	183.07	21.02	369～1 435
有效铜（mg/kg）	192	0.86	0.53	61.66	0.14～2.67
有效锌（mg/kg）	177	2.29	1.71	74.66	0.26～7.22
有效铁（mg/kg）	196	13.07	6.70	51.27	1.33～30.43
有效锰（mg/kg）	203	7.78	4.82	62.00	2.09～26.67
有效硼（mg/kg）	208	0.75	0.53	70.99	0.13～3.19
有效钼（mg/kg）	179	0.118	0.05	40.04	0.055～0.343
有效硫（mg/kg）	175	35.44	24.99	70.51	2.45～161.28
有效硅（mg/kg）	199	148.84	61.17	41.10	47.60～330.00

耕层质地

砂土		砂壤土		轻壤土		中壤土		重壤土		黏土	
样本数	占比（%）	样本数	占比（%）	样本数	占比（%）	样本数	占比（%）	样本数	占比（%）	样本数	占比（%）
0	0.00	41	19.52	34	16.19	91	43.33	36	17.14	8	3.81

土壤 pH

≤4.5		(4.5～5.5]		(5.5～6.5]		(6.5～7.5]		(7.5～8.5]		>8.5	
样本数	占比（%）	样本数	占比（%）	样本数	占比（%）	样本数	占比（%）	样本数	占比（%）	样本数	占比（%）
0	0.00	0	0.00	0	0.00	3	1.70	162	92.05	11	6.25

栗钙土—典型栗钙土—泥砂质栗钙土耕地土壤主要理化性状

项目名称	样本数（个）	平均值	标准差	变异系数（%）	范　围
有效土层厚度（cm）	1	150.0	—	—	—
耕层厚度（cm）	1	37.0	—	—	—
耕层容重（g/cm^3）	1	1.12	—	—	—
有机质（g/kg）	1	15.0	—	—	—
全氮（g/kg）	1	1.030	—	—	—
有效磷（mg/kg）	1	27.2	—	—	—
速效钾（mg/kg）	1	119	—	—	—
缓效钾（mg/kg）	1	938	—	—	—
有效铜（mg/kg）	1	0.29	—	—	—
有效锌（mg/kg）	1	1.15	—	—	—
有效铁（mg/kg）	1	8.78	—	—	—
有效锰（mg/kg）	1	4.93	—	—	—
有效硼（mg/kg）	1	0.44	—	—	—
有效钼（mg/kg）	1	0.076	—	—	—
有效硫（mg/kg）	1	16.34	—	—	—
有效硅（mg/kg）	1	119.00	—	—	—

耕层质地

砂土		砂壤土		轻壤土		中壤土		重壤土		黏土	
样本数	占比（%）	样本数	占比（%）	样本数	占比（%）	样本数	占比（%）	样本数	占比（%）	样本数	占比（%）
0	0.00	0	0.00	0	0.00	1	100.00	0	0.00	0	0.00

土壤 pH

≤4.5		(4.5～5.5]		(5.5～6.5]		(6.5～7.5]		(7.5～8.5]		>8.5	
样本数	占比（%）	样本数	占比（%）	样本数	占比（%）	样本数	占比（%）	样本数	占比（%）	样本数	占比（%）
0	0.00	0	0.00	0	0.00	0	0.00	0	0.00	0	0.00

栗钙土—典型栗钙土—麻砂质栗钙土耕地土壤主要理化性状

项目名称	样本数（个）	平均值	标准差	变异系数（%）	范 围
有效土层厚度（cm）	1	150.0	—	—	—
耕层厚度（cm）	1	20.0	—	—	—
耕层容重（g/cm³）	1	1.37	—	—	—
有机质（g/kg）	1	23.7	—	—	—
全氮（g/kg）	1	1.947	—	—	—
有效磷（mg/kg）	1	31.3	—	—	—
速效钾（mg/kg）	1	104	—	—	—
缓效钾（mg/kg）	1	947	—	—	—
有效铜（mg/kg）	1	1.50	—	—	—
有效锌（mg/kg）	1	7.23	—	—	—
有效铁（mg/kg）	0	—	—	—	—
有效锰（mg/kg）	1	26.51	—	—	—
有效硼（mg/kg）	1	0.37	—	—	—
有效钼（mg/kg）	0	—	—	—	—
有效硫（mg/kg）	0	—	—	—	—
有效硅（mg/kg）	1	76.50	—	—	—

耕层质地

砂土		砂壤土		轻壤土		中壤土		重壤土		黏土	
样本数	占比（%）	样本数	占比（%）	样本数	占比（%）	样本数	占比（%）	样本数	占比（%）	样本数	占比（%）
0	0.00	1	100.00	0	0.00	0	0.00	0	0.00	0	0.00

土壤 pH

≤4.5		(4.5～5.5]		(5.5～6.5]		(6.5～7.5]		(7.5～8.5]		>8.5	
样本数	占比（%）	样本数	占比（%）	样本数	占比（%）	样本数	占比（%）	样本数	占比（%）	样本数	占比（%）
0	0.00	0	0.00	0	0.00	0	0.00	1	100.00	0	0.00

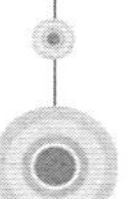

栗钙土—典型栗钙土—硅质栗钙土耕地土壤主要理化性状

项目名称	样本数（个）	平均值	标准差	变异系数（%）	范　围
有效土层厚度（cm）	30	120.3	30.43	25.29	35.0～160.0
耕层厚度（cm）	29	27.1	6.58	24.24	15.0～37.0
耕层容重（g/cm^3）	30	1.30	0.09	6.58	1.13～1.45
有机质（g/kg）	24	18.5	6.40	34.57	10.3～30.2
全氮（g/kg）	24	1.249	0.38	30.37	0.750～1.971
有效磷（mg/kg）	27	33.4	17.11	51.29	6.8～70.9
速效钾（mg/kg）	29	206	93.78	45.46	87～395
缓效钾（mg/kg）	30	859	213.03	24.81	419～1 281
有效铜（mg/kg）	21	1.01	0.67	66.66	0.20～2.17
有效锌（mg/kg）	21	1.96	1.54	78.40	0.30～5.79
有效铁（mg/kg）	27	9.83	4.37	44.49	1.90～22.13
有效锰（mg/kg）	30	8.71	6.85	78.68	2.17～24.41
有效硼（mg/kg）	28	0.68	0.43	63.25	0.24～1.81
有效钼（mg/kg）	22	0.099	0.03	30.05	0.057～0.152
有效硫（mg/kg）	23	33.66	26.04	77.36	6.62～104.78
有效硅（mg/kg）	27	155.64	76.27	49.00	40.50～318.00

耕层质地

砂土		砂壤土		轻壤土		中壤土		重壤土		黏土	
样本数	占比（%）	样本数	占比（%）	样本数	占比（%）	样本数	占比（%）	样本数	占比（%）	样本数	占比（%）
0	0.00	2	6.67	3	10.00	4	13.33	7	23.33	14	46.67

土壤 pH

≤4.5		(4.5～5.5]		(5.5～6.5]		(6.5～7.5]		(7.5～8.5]		>8.5	
样本数	占比（%）	样本数	占比（%）	样本数	占比（%）	样本数	占比（%）	样本数	占比（%）	样本数	占比（%）
0	0.00	0	0.00	0	0.00	0	0.00	25	92.59	2	7.41

栗钙土—典型栗钙土—泥质栗钙土耕地土壤主要理化性状

项目名称	样本数（个）	平均值	标准差	变异系数（%）	范　围
有效土层厚度（cm）	18	113.6	41.01	36.10	60.0～150.0
耕层厚度（cm）	18	20.0	0.00	0.00	20.0～20.0
耕层容重（g/cm³）	18	1.27	0.10	7.66	1.15～1.46
有机质（g/kg）	16	19.1	6.58	34.52	6.4～28.9
全氮（g/kg）	17	1.264	0.46	36.75	0.370～2.040
有效磷（mg/kg）	16	25.5	20.54	80.68	5.6～71.9
速效钾（mg/kg）	17	229	116.89	51.00	81～406
缓效钾（mg/kg）	17	841	123.54	14.69	623～1 073
有效铜（mg/kg）	15	0.48	0.34	70.01	0.22～1.52
有效锌（mg/kg）	15	2.64	1.66	62.81	0.21～6.24
有效铁（mg/kg）	18	10.32	4.47	43.29	5.38～18.84
有效锰（mg/kg）	18	5.16	1.73	33.45	2.37～8.66
有效硼（mg/kg）	18	0.77	0.54	69.94	0.21～2.69
有效钼（mg/kg）	18	0.131	0.03	23.81	0.093～0.194
有效硫（mg/kg）	18	28.77	17.82	61.94	7.54～74.23
有效硅（mg/kg）	17	173.82	52.63	30.28	104.00～266.00

耕层质地

砂土		砂壤土		轻壤土		中壤土		重壤土		黏土	
样本数	占比（%）	样本数	占比（%）	样本数	占比（%）	样本数	占比（%）	样本数	占比（%）	样本数	占比（%）
0	0.00	5	27.78	2	11.11	4	22.22	6	33.33	1	5.56

土壤 pH

≤4.5		(4.5～5.5]		(5.5～6.5]		(6.5～7.5]		(7.5～8.5]		>8.5	
样本数	占比（%）	样本数	占比（%）	样本数	占比（%）	样本数	占比（%）	样本数	占比（%）	样本数	占比（%）
0	0.00	0	0.00	0	0.00	0	0.00	16	88.89	2	11.11

栗钙土—暗栗钙土—黄土质暗栗钙土耕地土壤主要理化性状

项目名称	样本数（个）	平均值	标准差	变异系数（%）	范　围
有效土层厚度（cm）	189	116.8	38.51	32.98	40.0～180.0
耕层厚度（cm）	180	27.7	6.97	25.17	15.0～40.0
耕层容重（g/cm^3）	186	1.25	0.09	7.43	1.05～1.49
有机质（g/kg）	171	19.4	5.62	29.02	6.4～31.0
全氮（g/kg）	175	1.284	0.36	28.08	0.360～2.040
有效磷（mg/kg）	176	30.1	17.14	57.01	3.9～72.3
速效钾（mg/kg）	175	184	82.76	45.00	70～417
缓效钾（mg/kg）	188	936	207.61	22.17	446～1 442
有效铜（mg/kg）	171	0.65	0.49	76.29	0.14～2.09
有效锌（mg/kg）	167	1.59	1.24	77.54	0.27～7.01
有效铁（mg/kg）	187	10.84	5.29	48.83	1.24～28.49
有效锰（mg/kg）	173	7.63	4.76	62.40	1.90～27.39
有效硼（mg/kg）	189	0.62	0.41	66.11	0.17～2.90
有效钼（mg/kg）	154	0.112	0.04	36.89	0.046～0.333
有效硫（mg/kg）	161	32.82	20.58	62.70	7.08～149.95
有效硅（mg/kg）	173	135.24	56.37	41.68	45.10～319.00

耕层质地

砂土		砂壤土		轻壤土		中壤土		重壤土		黏土	
样本数	占比（%）	样本数	占比（%）	样本数	占比（%）	样本数	占比（%）	样本数	占比（%）	样本数	占比（%）
0	0.00	25	13.16	36	18.95	98	51.58	31	16.32	0	0.00

土壤 pH

≤4.5		(4.5～5.5]		(5.5～6.5]		(6.5～7.5]		(7.5～8.5]		>8.5	
样本数	占比（%）	样本数	占比（%）	样本数	占比（%）	样本数	占比（%）	样本数	占比（%）	样本数	占比（%）
0	0.00	0	0.00	0	0.00	2	1.16	165	95.38	6	3.47

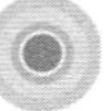

栗钙土—暗栗钙土—泥砂质暗栗钙土耕地土壤主要理化性状

项目名称	样本数（个）	平均值	标准差	变异系数（%）	范　围
有效土层厚度（cm）	91	122.1	29.11	23.85	35.0～180.0
耕层厚度（cm）	89	24.8	6.51	26.25	15.0～40.0
耕层容重（g/cm³）	88	1.25	0.12	9.56	1.05～1.46
有机质（g/kg）	78	20.5	6.26	30.55	5.9～32.2
全氮（g/kg）	81	1.340	0.39	29.01	0.360～2.038
有效磷（mg/kg）	87	34.8	18.70	53.76	3.8～73.1
速效钾（mg/kg）	85	165	72.59	44.00	68～367
缓效钾（mg/kg）	92	928	199.58	21.51	509～1 447
有效铜（mg/kg）	84	0.91	0.59	64.79	0.14～2.66
有效锌（mg/kg）	60	2.68	1.68	62.73	0.24～7.03
有效铁（mg/kg）	89	11.53	7.48	64.89	1.21～30.79
有效锰（mg/kg）	83	10.39	7.10	68.35	2.22～27.33
有效硼（mg/kg）	90	0.63	0.41	65.10	0.14～2.12
有效钼（mg/kg）	65	0.105	0.03	33.10	0.050～0.228
有效硫（mg/kg）	64	33.95	21.14	62.28	2.45～136.74
有效硅（mg/kg）	90	147.03	68.59	46.65	47.90～312.00

耕层质地

砂土		砂壤土		轻壤土		中壤土		重壤土		黏土	
样本数	占比（%）	样本数	占比（%）	样本数	占比（%）	样本数	占比（%）	样本数	占比（%）	样本数	占比（%）
0	0.00	24	26.09	10	10.87	28	30.43	24	26.09	6	6.52

土壤 pH

≤4.5		(4.5～5.5]		(5.5～6.5]		(6.5～7.5]		(7.5～8.5]		>8.5	
样本数	占比（%）	样本数	占比（%）	样本数	占比（%）	样本数	占比（%）	样本数	占比（%）	样本数	占比（%）
0	0.00	0	0.00	0	0.00	0	0.00	80	96.39	3	3.61

栗钙土—暗栗钙土—泥质暗栗钙土耕地土壤主要理化性状

项目名称	样本数（个）	平均值	标准差	变异系数（%）	范 围
有效土层厚度（cm）	35	120.8	35.75	29.60	35.0～200.0
耕层厚度（cm）	35	25.6	6.89	26.89	15.0～40.0
耕层容重（g/cm^3）	30	1.26	0.11	8.76	1.05～1.46
有机质（g/kg）	34	19.9	6.94	34.86	4.7～32.3
全氮（g/kg）	33	1.248	0.36	28.66	0.420～1.861
有效磷（mg/kg）	35	29.2	18.14	62.03	5.0～67.7
速效钾（mg/kg）	36	169	82.08	48.63	70～413
缓效钾（mg/kg）	35	845	192.88	22.83	397～1 269
有效铜（mg/kg）	31	0.85	0.62	72.73	0.16～2.53
有效锌（mg/kg）	30	1.67	1.45	86.85	0.23～5.94
有效铁（mg/kg）	33	12.33	7.18	58.22	1.83～30.59
有效锰（mg/kg）	34	7.31	5.34	73.09	2.70～26.21
有效硼（mg/kg）	35	0.65	0.49	75.52	0.16～1.87
有效钼（mg/kg）	32	0.122	0.06	48.66	0.052～0.359
有效硫（mg/kg）	31	33.13	23.34	70.46	11.71～108.03
有效硅（mg/kg）	34	159.23	54.92	34.49	72.40～279.00

耕层质地

砂土		砂壤土		轻壤土		中壤土		重壤土		黏土	
样本数	占比（%）	样本数	占比（%）	样本数	占比（%）	样本数	占比（%）	样本数	占比（%）	样本数	占比（%）
0	0.00	9	25.00	4	11.11	11	30.56	7	19.44	5	13.89

土壤 pH

≤4.5		(4.5～5.5]		(5.5～6.5]		(6.5～7.5]		(7.5～8.5]		>8.5	
样本数	占比（%）	样本数	占比（%）	样本数	占比（%）	样本数	占比（%）	样本数	占比（%）	样本数	占比（%）
0	0.00	0	0.00	0	0.00	1	3.13	30	93.75	1	3.13

栗钙土—淡栗钙土—黄土质淡栗钙土耕地土壤主要理化性状

项目名称	样本数（个）	平均值	标准差	变异系数（%）	范　围
有效土层厚度（cm）	112	118.0	29.61	25.09	50.0～200.0
耕层厚度（cm）	113	24.6	6.08	24.69	15.0～40.0
耕层容重（g/cm^3）	108	1.27	0.10	8.22	1.05～1.49
有机质（g/kg）	98	18.7	6.98	37.38	5.1～31.9
全氮（g/kg）	100	1.229	0.45	36.28	0.340～2.050
有效磷（mg/kg）	103	30.5	18.43	60.48	4.9～71.1
速效钾（mg/kg）	106	196	97.02	49.48	69～422
缓效钾（mg/kg）	112	934	198.54	21.26	477～1 453
有效铜（mg/kg）	107	0.87	0.58	67.03	0.17～2.38
有效锌（mg/kg）	89	1.93	1.78	92.25	0.22～7.33
有效铁（mg/kg）	104	9.93	5.91	59.56	1.26～27.35
有效锰（mg/kg）	105	10.03	6.18	61.58	1.94～26.30
有效硼（mg/kg）	112	0.66	0.42	62.82	0.13～2.12
有效钼（mg/kg）	85	0.118	0.03	28.06	0.066～0.242
有效硫（mg/kg）	84	32.83	28.73	87.53	8.93～196.01
有效硅（mg/kg）	105	131.68	54.41	41.32	56.30～310.00

耕层质地

砂土		砂壤土		轻壤土		中壤土		重壤土		黏土	
样本数	占比（%）	样本数	占比（%）	样本数	占比（%）	样本数	占比（%）	样本数	占比（%）	样本数	占比（%）
0	0.00	11	9.73	7	6.19	58	51.33	27	23.89	10	8.85

土壤 pH

≤4.5		(4.5～5.5]		(5.5～6.5]		(6.5～7.5]		(7.5～8.5]		>8.5	
样本数	占比（%）	样本数	占比（%）	样本数	占比（%）	样本数	占比（%）	样本数	占比（%）	样本数	占比（%）
0	0.00	0	0.00	0	0.00	1	0.90	103	92.79	7	6.31

栗钙土—淡栗钙土—麻砂质淡栗钙土耕地土壤主要理化性状

项目名称	样本数（个）	平均值	标准差	变异系数（%）	范 围
有效土层厚度（cm）	1	135.0	—	—	—
耕层厚度（cm）	1	35.0	—	—	—
耕层容重（g/cm³）	1	1.21	—	—	—
有机质（g/kg）	1	29.7	—	—	—
全氮（g/kg）	1	1.860	—	—	—
有效磷（mg/kg）	1	14.8	—	—	—
速效钾（mg/kg）	1	119	—	—	—
缓效钾（mg/kg）	1	973	—	—	—
有效铜（mg/kg）	1	0.93	—	—	—
有效锌（mg/kg）	1	1.63	—	—	—
有效铁（mg/kg）	1	24.09	—	—	—
有效锰（mg/kg）	1	6.63	—	—	—
有效硼（mg/kg）	1	0.65	—	—	—
有效钼（mg/kg）	1	0.113	—	—	—
有效硫（mg/kg）	1	28.38	—	—	—
有效硅（mg/kg）	1	286.00	—	—	—

耕层质地

砂土		砂壤土		轻壤土		中壤土		重壤土		黏土	
样本数	占比（%）	样本数	占比（%）	样本数	占比（%）	样本数	占比（%）	样本数	占比（%）	样本数	占比（%）
0	0.00	0	0.00	1	100.00	0	0.00	0	0.00	0	0.00

土壤 pH

≤4.5		(4.5～5.5]		(5.5～6.5]		(6.5～7.5]		(7.5～8.5]		>8.5	
样本数	占比（%）	样本数	占比（%）	样本数	占比（%）	样本数	占比（%）	样本数	占比（%）	样本数	占比（%）
0	0.00	0	0.00	0	0.00	0	0.00	1	100.00	0	0.00

栗褐土—典型栗褐土—黄土质栗褐土耕地土壤主要理化性状

项目名称	样本数（个）	平均值	标准差	变异系数（%）	范　围
有效土层厚度（cm）	74	158.2	50.62	32.00	70.0～200.0
耕层厚度（cm）	86	28.9	2.93	10.16	18.0～35.0
耕层容重（g/cm^3）	78	1.26	0.06	4.46	1.10～1.32
有机质（g/kg）	82	10.5	4.41	41.88	5.1～27.1
全氮（g/kg）	68	0.849	0.45	53.45	0.308～1.870
有效磷（mg/kg）	86	10.0	6.84	68.28	3.4～33.0
速效钾（mg/kg）	86	141	48.85	34.67	71～291
缓效钾（mg/kg）	86	853	90.71	10.63	561～1 075
有效铜（mg/kg）	5	0.70	0.32	45.44	0.48～1.23
有效锌（mg/kg）	5	0.59	0.42	71.68	0.28～1.25
有效铁（mg/kg）	5	4.95	1.80	36.38	2.31～6.66
有效锰（mg/kg）	5	7.25	3.19	44.01	3.81～12.45
有效硼（mg/kg）	5	0.47	0.37	80.01	0.26～1.13
有效钼（mg/kg）	5	0.132	0.04	29.96	0.073～0.184
有效硫（mg/kg）	5	20.51	13.44	65.51	9.03～43.08
有效硅（mg/kg）	5	178.56	96.04	53.79	49.57～318.17

耕层质地

砂土		砂壤土		轻壤土		中壤土		重壤土		黏土	
样本数	占比（%）	样本数	占比（%）	样本数	占比（%）	样本数	占比（%）	样本数	占比（%）	样本数	占比（%）
0	0.00	13	15.12	52	60.47	15	17.44	1	1.16	5	5.81

土壤 pH

≤4.5		(4.5～5.5]		(5.5～6.5]		(6.5～7.5]		(7.5～8.5]		>8.5	
样本数	占比（%）	样本数	占比（%）	样本数	占比（%）	样本数	占比（%）	样本数	占比（%）	样本数	占比（%）
0	0.00	0	0.00	0	0.00	0	0.00	47	54.65	39	45.35

栗褐土—淡栗褐土—黄土质淡栗褐土耕地土壤主要理化性状

项目名称	样本数（个）	平均值	标准差	变异系数（%）	范 围
有效土层厚度（cm）	120	145.8	51.23	35.13	56.0～200.0
耕层厚度（cm）	134	27.0	4.88	18.09	18.0～40.0
耕层容重（g/cm^3）	132	1.23	0.05	4.38	1.15～1.32
有机质（g/kg）	116	10.4	5.97	57.19	4.8～29.5
全氮（g/kg）	115	0.715	0.45	63.36	0.300～1.900
有效磷（mg/kg）	134	10.1	7.66	75.65	3.3～38.7
速效钾（mg/kg）	133	130	51.08	39.41	68～307
缓效钾（mg/kg）	134	805	95.24	11.83	475～1 135
有效铜（mg/kg）	7	0.58	0.24	40.71	0.40～1.09
有效锌（mg/kg）	7	0.85	0.73	85.36	0.27～2.15
有效铁（mg/kg）	7	5.06	1.88	37.04	2.25～7.80
有效锰（mg/kg）	7	6.30	1.60	25.43	3.85～8.60
有效硼（mg/kg）	6	0.41	0.22	52.40	0.26～0.78
有效钼（mg/kg）	7	0.144	0.04	27.89	0.098～0.201
有效硫（mg/kg）	7	6.76	2.97	43.87	3.39～10.56
有效硅（mg/kg）	7	101.18	90.70	89.64	36.70～269.28

耕层质地

砂土		砂壤土		轻壤土		中壤土		重壤土		黏土	
样本数	占比（%）	样本数	占比（%）	样本数	占比（%）	样本数	占比（%）	样本数	占比（%）	样本数	占比（%）
0	0.00	32	23.88	73	54.48	23	17.16	6	4.48	0	0.00

土壤 pH

≤4.5		(4.5～5.5]		(5.5～6.5]		(6.5～7.5]		(7.5～8.5]		>8.5	
样本数	占比（%）	样本数	占比（%）	样本数	占比（%）	样本数	占比（%）	样本数	占比（%）	样本数	占比（%）
0	0.00	0	0.00	0	0.00	10	7.46	40	29.85	84	62.69

黑垆土—典型黑垆土—黑垆土耕地土壤主要理化性状

项目名称	样本数（个）	平均值	标准差	变异系数（%）	范　围
有效土层厚度（cm）	828	104.1	42.15	40.48	29.0～200.0
耕层厚度（cm）	841	22.6	4.55	20.16	15.0～30.0
耕层容重（g/cm³）	818	1.22	0.08	6.89	1.05～1.48
有机质（g/kg）	821	14.7	4.27	28.98	4.8～32.3
全氮（g/kg）	829	0.926	0.23	24.46	0.320～1.960
有效磷（mg/kg）	810	18.8	13.03	69.35	3.3～70.1
速效钾（mg/kg）	809	173	71.76	41.51	68～423
缓效钾（mg/kg）	762	1 103	211.61	19.19	331～1 520
有效铜（mg/kg）	751	0.76	0.32	42.74	0.14～2.59
有效锌（mg/kg）	751	0.73	0.37	50.11	0.21～2.90
有效铁（mg/kg）	760	11.47	5.34	46.54	1.24～29.80
有效锰（mg/kg）	739	8.68	3.54	40.83	1.91～26.50
有效硼（mg/kg）	757	0.73	0.52	71.10	0.13～3.51
有效钼（mg/kg）	752	0.110	0.06	51.08	0.042～0.817
有效硫（mg/kg）	762	15.43	12.27	79.53	2.00～197.24
有效硅（mg/kg）	760	111.22	37.45	33.67	48.48～280.40

耕层质地

砂土		砂壤土		轻壤土		中壤土		重壤土		黏土	
样本数	占比（%）	样本数	占比（%）	样本数	占比（%）	样本数	占比（%）	样本数	占比（%）	样本数	占比（%）
1	0.12	13	1.55	91	10.82	702	83.47	0	0.00	34	4.04

土壤 pH

≤4.5		(4.5～5.5]		(5.5～6.5]		(6.5～7.5]		(7.5～8.5]		>8.5	
样本数	占比（%）	样本数	占比（%）	样本数	占比（%）	样本数	占比（%）	样本数	占比（%）	样本数	占比（%）
0	0.00	0	0.00	0	0.00	9	1.07	612	72.77	220	26.16

黑垆土—黏化黑垆土—黏化黑垆土耕地土壤主要理化性状

项目名称	样本数（个）	平均值	标准差	变异系数（%）	范 围
有效土层厚度（cm）	178	87.7	30.14	34.36	30.0～200.0
耕层厚度（cm）	174	31.1	7.58	24.41	20.0～40.0
耕层容重（g/cm^3）	165	1.32	0.07	4.94	1.08～1.49
有机质（g/kg）	177	14.3	4.15	29.08	6.1～30.5
全氮（g/kg）	178	0.934	0.21	22.67	0.326～2.054
有效磷（mg/kg）	174	19.8	13.33	67.40	3.5～69.9
速效钾（mg/kg）	169	200	86.44	43.19	69～422
缓效钾（mg/kg）	127	1 121	210.99	18.81	493～1 510
有效铜（mg/kg）	30	1.01	0.42	41.56	0.21～2.40
有效锌（mg/kg）	29	1.07	0.90	84.06	0.28～4.26
有效铁（mg/kg）	30	8.75	3.34	38.21	3.36～15.60
有效锰（mg/kg）	30	11.16	2.49	22.31	6.77～16.11
有效硼（mg/kg）	26	0.39	0.21	53.13	0.12～0.98
有效钼（mg/kg）	29	0.225	0.27	119.91	0.041～1.409
有效硫（mg/kg）	19	25.66	41.45	161.51	2.80～186.39
有效硅（mg/kg）	18	147.81	32.67	22.10	99.30～224.00

耕层质地

砂土		砂壤土		轻壤土		中壤土		重壤土		黏土	
样本数	占比（%）	样本数	占比（%）	样本数	占比（%）	样本数	占比（%）	样本数	占比（%）	样本数	占比（%）
0	0.00	2	1.12	89	50.00	86	48.31	1	0.56	0	0.00

土壤 pH

≤4.5		(4.5～5.5]		(5.5～6.5]		(6.5～7.5]		(7.5～8.5]		>8.5	
样本数	占比（%）	样本数	占比（%）	样本数	占比（%）	样本数	占比（%）	样本数	占比（%）	样本数	占比（%）
0	0.00	0	0.00	0	0.00	0	0.00	169	94.94	9	5.06

黑垆土—黑麻土—黑麻土耕地土壤主要理化性状

项目名称	样本数（个）	平均值	标准差	变异系数（%）	范　围
有效土层厚度（cm）	991	129.7	27.26	21.02	42.0～190.0
耕层厚度（cm）	991	21.6	4.58	21.19	15.0～30.0
耕层容重（g/cm^3）	983	1.29	0.07	5.61	1.06～1.48
有机质（g/kg）	974	14.9	3.98	26.67	4.7～29.7
全氮（g/kg）	976	0.989	0.27	27.67	0.300～2.040
有效磷（mg/kg）	941	23.8	14.68	61.66	3.4～73.1
速效钾（mg/kg）	902	195	84.33	43.27	69～423
缓效钾（mg/kg）	967	1 088	189.82	17.45	329～1 523
有效铜（mg/kg）	969	0.64	0.51	79.37	0.21～2.84
有效锌（mg/kg）	987	0.96	0.47	48.84	0.21～3.94
有效铁（mg/kg）	947	10.94	4.47	40.85	1.23～30.74
有效锰（mg/kg）	986	10.00	3.32	33.25	2.40～26.76
有效硼（mg/kg）	989	0.71	0.36	51.13	0.20～2.93
有效钼（mg/kg）	986	0.119	0.05	39.52	0.043～0.410
有效硫（mg/kg）	991	18.77	10.45	55.67	2.23～69.80
有效硅（mg/kg）	953	109.58	31.14	28.41	24.70～281.00

耕层质地

砂土		砂壤土		轻壤土		中壤土		重壤土		黏土	
样本数	占比（%）	样本数	占比（%）	样本数	占比（%）	样本数	占比（%）	样本数	占比（%）	样本数	占比（%）
2	0.20	0	0.00	0	0.00	987	99.60	0	0.00	2	0.20

土壤 pH

≤4.5		(4.5～5.5]		(5.5～6.5]		(6.5～7.5]		(7.5～8.5]		>8.5	
样本数	占比（%）	样本数	占比（%）	样本数	占比（%）	样本数	占比（%）	样本数	占比（%）	样本数	占比（%）
0	0.00	0	0.00	2	0.20	12	1.21	818	82.54	159	16.04

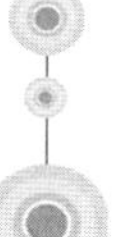

灰钙土—典型灰钙土—黄土质灰钙土耕地土壤主要理化性状

项目名称	样本数（个）	平均值	标准差	变异系数（%）	范 围
有效土层厚度（cm）	345	118.8	38.22	32.16	50.0～165.0
耕层厚度（cm）	351	20.4	3.25	15.90	15.0～40.0
耕层容重（g/cm^3）	319	1.27	0.09	7.18	1.06～1.43
有机质（g/kg）	337	13.5	4.77	35.40	4.7～28.8
全氮（g/kg）	333	0.865	0.28	32.91	0.300～1.980
有效磷（mg/kg）	323	22.5	15.23	67.66	3.4～73.3
速效钾（mg/kg）	331	197	82.64	41.98	69～422
缓效钾（mg/kg）	345	1 017	261.21	25.70	335～1 503
有效铜（mg/kg）	341	0.85	0.51	60.20	0.14～2.84
有效锌（mg/kg）	338	1.10	0.90	82.25	0.21～6.59
有效铁（mg/kg）	351	8.69	4.15	47.69	1.37～24.72
有效锰（mg/kg）	347	8.62	3.95	45.77	2.55～26.24
有效硼（mg/kg）	349	0.79	0.46	58.25	0.14～3.15
有效钼（mg/kg）	341	0.115	0.05	44.28	0.046～0.410
有效硫（mg/kg）	351	18.19	13.53	74.37	2.21～142.76
有效硅（mg/kg）	345	119.79	38.61	32.24	51.21～324.00

耕层质地

砂土		砂壤土		轻壤土		中壤土		重壤土		黏土	
样本数	占比（%）	样本数	占比（%）	样本数	占比（%）	样本数	占比（%）	样本数	占比（%）	样本数	占比（%）
0	0.00	9	2.56	4	1.14	333	94.87	4	1.14	1	0.28

土壤 pH

≤4.5		(4.5～5.5]		(5.5～6.5]		(6.5～7.5]		(7.5～8.5]		>8.5	
样本数	占比（%）	样本数	占比（%）	样本数	占比（%）	样本数	占比（%）	样本数	占比（%）	样本数	占比（%）
0	0.00	0	0.00	0	0.00	3	0.86	251	71.92	95	27.22

灰钙土—典型灰钙土—泥砂质灰钙土耕地土壤主要理化性状

项目名称	样本数（个）	平均值	标准差	变异系数（%）	范　围
有效土层厚度（cm）	27	84.4	23.90	28.31	33.0～100.0
耕层厚度（cm）	28	24.0	4.10	17.08	15.0～30.0
耕层容重（g/cm^3）	24	1.34	0.09	6.81	1.16～1.49
有机质（g/kg）	27	9.7	4.00	41.08	4.8～20.9
全氮（g/kg）	25	0.563	0.27	48.09	0.330～1.370
有效磷（mg/kg）	26	18.1	17.93	99.24	3.5～68.9
速效钾（mg/kg）	27	147	85.77	58.41	69～367
缓效钾（mg/kg）	28	562	165.67	29.51	315～1 125
有效铜（mg/kg）	27	0.58	0.28	49.48	0.21～1.24
有效锌（mg/kg）	28	1.09	0.80	73.18	0.35～3.69
有效铁（mg/kg）	28	7.40	4.28	57.92	2.95～18.50
有效锰（mg/kg）	28	5.21	2.48	47.55	2.73～13.48
有效硼（mg/kg）	9	2.19	1.25	57.18	0.52～3.52
有效钼（mg/kg）	28	0.062	0.02	29.36	0.042～0.110
有效硫（mg/kg）	28	11.19	11.05	98.78	2.67～49.22
有效硅（mg/kg）	28	102.79	38.37	37.33	59.50～249.00

耕层质地

砂土		砂壤土		轻壤土		中壤土		重壤土		黏土	
样本数	占比（%）	样本数	占比（%）	样本数	占比（%）	样本数	占比（%）	样本数	占比（%）	样本数	占比（%）
7	25.00	14	50.00	4	14.29	3	10.71	0	0.00	0	0.00

土壤 pH

≤4.5		(4.5～5.5]		(5.5～6.5]		(6.5～7.5]		(7.5～8.5]		>8.5	
样本数	占比（%）	样本数	占比（%）	样本数	占比（%）	样本数	占比（%）	样本数	占比（%）	样本数	占比（%）
0	0.00	0	0.00	0	0.00	0	0.00	10	35.71	18	64.29

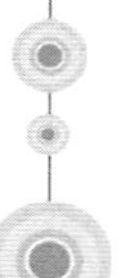

灰钙土—典型灰钙土—砂田灰钙土耕地土壤主要理化性状

项目名称	样本数（个）	平均值	标准差	变异系数（%）	范　围
有效土层厚度（cm）	15	93.3	17.59	18.85	50.0～100.0
耕层厚度（cm）	15	20.0	0.00	0.00	20.0～20.0
耕层容重（g/cm^3）	15	1.20	0.06	5.26	1.10～1.32
有机质（g/kg）	15	14.0	4.28	30.56	6.1～21.8
全氮（g/kg）	14	0.806	0.27	33.94	0.447～1.293
有效磷（mg/kg）	15	12.4	14.67	118.32	6.4～64.5
速效钾（mg/kg）	12	241	86.41	35.88	91～405
缓效钾（mg/kg）	15	1 138	49.32	4.33	1 125～1 316
有效铜（mg/kg）	15	0.21	0.00	0.00	0.21～0.21
有效锌（mg/kg）	15	0.91	0.00	0.00	0.91～0.91
有效铁（mg/kg）	15	11.50	0.00	0.00	11.50～11.50
有效锰（mg/kg）	15	10.10	0.00	0.00	10.10～10.10
有效硼（mg/kg）	15	0.55	0.00	0.00	0.55～0.55
有效钼（mg/kg）	15	0.110	0.00	0.00	0.110～0.110
有效硫（mg/kg）	15	21.10	0.00	0.00	21.10～21.10
有效硅（mg/kg）	15	101.00	0.00	0.00	101.00～101.00

耕层质地

砂土		砂壤土		轻壤土		中壤土		重壤土		黏土	
样本数	占比（%）	样本数	占比（%）	样本数	占比（%）	样本数	占比（%）	样本数	占比（%）	样本数	占比（%）
0	0.00	0	0.00	0	0.00	15	100.00	0	0.00	0	0.00

土壤 pH

≤4.5		(4.5～5.5]		(5.5～6.5]		(6.5～7.5]		(7.5～8.5]		>8.5	
样本数	占比（%）	样本数	占比（%）	样本数	占比（%）	样本数	占比（%）	样本数	占比（%）	样本数	占比（%）
0	0.00	0	0.00	0	0.00	0	0.00	12	80.00	3	20.00

灰钙土—淡灰钙土—黄土质淡灰钙土耕地土壤主要理化性状

项目名称	样本数（个）	平均值	标准差	变异系数（%）	范　围
有效土层厚度（cm）	25	99.0	0.00	0.00	99.0～99.0
耕层厚度（cm）	25	20.0	0.00	0.00	20.0～20.0
耕层容重（g/cm^3）	25	1.30	0.00	0.00	1.30～1.30
有机质（g/kg）	24	12.2	3.57	29.39	6.4～19.4
全氮（g/kg）	25	0.752	0.24	31.39	0.310～1.170
有效磷（mg/kg）	20	26.8	23.47	87.54	3.9～63.2
速效钾（mg/kg）	23	183	82.81	45.26	70～393
缓效钾（mg/kg）	25	1 060	126.15	11.90	748～1 125
有效铜（mg/kg）	25	0.37	0.33	88.40	0.21～1.46
有效锌（mg/kg）	25	0.86	0.18	20.42	0.25～1.14
有效铁（mg/kg）	25	11.38	2.96	26.00	5.90～20.33
有效锰（mg/kg）	25	9.77	0.91	9.28	6.76～11.06
有效硼（mg/kg）	25	0.63	0.22	34.56	0.55～1.54
有效钼（mg/kg）	25	0.115	0.02	13.56	0.094～0.163
有效硫（mg/kg）	25	20.74	3.65	17.60	7.27～28.41
有效硅（mg/kg）	25	105.46	11.27	10.68	96.78～144.65

耕层质地

砂土		砂壤土		轻壤土		中壤土		重壤土		黏土	
样本数	占比（%）	样本数	占比（%）	样本数	占比（%）	样本数	占比（%）	样本数	占比（%）	样本数	占比（%）
0	0.00	0	0.00	0	0.00	25	100.00	0	0.00	0	0.00

土壤 pH

≤4.5		(4.5～5.5]		(5.5～6.5]		(6.5～7.5]		(7.5～8.5]		>8.5	
样本数	占比（%）	样本数	占比（%）	样本数	占比（%）	样本数	占比（%）	样本数	占比（%）	样本数	占比（%）
0	0.00	0	0.00	0	0.00	0	0.00	16	64.00	9	36.00

灰钙土—淡灰钙土—泥砂质淡灰钙土耕地土壤主要理化性状

项目名称	样本数（个）	平均值	标准差	变异系数（%）	范　围
有效土层厚度（cm）	183	113.4	28.52	25.14	50.0～165.0
耕层厚度（cm）	194	21.4	4.86	22.75	17.0～40.0
耕层容重（g/cm^3）	183	1.27	0.07	5.55	1.06～1.49
有机质（g/kg）	185	13.1	4.13	31.50	4.8～26.8
全氮（g/kg）	189	0.816	0.26	31.62	0.310～1.530
有效磷（mg/kg）	168	24.1	17.37	71.96	3.3～71.5
速效钾（mg/kg）	180	182	81.14	44.68	67～408
缓效钾（mg/kg）	189	1 029	194.29	18.88	367～1 425
有效铜（mg/kg）	187	0.59	0.52	87.18	0.14～2.10
有效锌（mg/kg）	194	1.11	0.72	64.70	0.27～7.22
有效铁（mg/kg）	193	10.65	4.11	38.62	2.24～30.69
有效锰（mg/kg）	193	8.89	2.34	26.29	2.59～17.18
有效硼（mg/kg）	192	0.85	0.66	78.19	0.38～3.57
有效钼（mg/kg）	193	0.113	0.04	34.84	0.048～0.368
有效硫（mg/kg）	194	23.10	16.45	71.20	2.45～161.74
有效硅（mg/kg）	194	115.79	30.48	26.32	51.80～256.00

耕层质地

砂土		砂壤土		轻壤土		中壤土		重壤土		黏土	
样本数	占比（%）	样本数	占比（%）	样本数	占比（%）	样本数	占比（%）	样本数	占比（%）	样本数	占比（%）
1	0.52	14	7.22	1	0.52	174	89.69	3	1.55	1	0.52

土壤 pH

≤4.5		(4.5～5.5]		(5.5～6.5]		(6.5～7.5]		(7.5～8.5]		>8.5	
样本数	占比（%）	样本数	占比（%）	样本数	占比（%）	样本数	占比（%）	样本数	占比（%）	样本数	占比（%）
0	0.00	0	0.00	0	0.00	0	0.00	117	61.26	74	38.74

灰钙土—淡灰钙土—砂田淡灰钙土耕地土壤主要理化性状

项目名称	样本数（个）	平均值	标准差	变异系数（%）	范围
有效土层厚度（cm）	9	99.0	0.00	0.00	99.0～99.0
耕层厚度（cm）	9	20.0	0.00	0.00	20.0～20.0
耕层容重（g/cm³）	9	1.30	0.01	0.51	1.28～1.30
有机质（g/kg）	8	11.2	3.69	32.97	5.1～15.3
全氮（g/kg）	9	0.688	0.21	30.63	0.340～0.970
有效磷（mg/kg）	7	26.8	19.22	71.78	3.7～62.0
速效钾（mg/kg）	8	135	28.75	21.34	101～191
缓效钾（mg/kg）	9	1 112	94.24	8.48	884～1 246
有效铜（mg/kg）	9	0.55	0.72	131.18	0.21～2.25
有效锌（mg/kg）	9	1.27	0.73	57.55	0.91～2.83
有效铁（mg/kg）	9	11.80	0.79	6.73	11.50～13.90
有效锰（mg/kg）	9	9.50	1.49	15.69	5.60～10.10
有效硼（mg/kg）	9	0.81	0.77	94.83	0.55～2.86
有效钼（mg/kg）	9	0.114	0.02	16.23	0.092～0.160
有效硫（mg/kg）	9	22.94	8.25	35.96	14.60～44.19
有效硅（mg/kg）	9	114.89	40.92	35.62	101.00～224.00

耕层质地

砂土		砂壤土		轻壤土		中壤土		重壤土		黏土	
样本数	占比（%）	样本数	占比（%）	样本数	占比（%）	样本数	占比（%）	样本数	占比（%）	样本数	占比（%）
0	0.00	0	0.00	0	0.00	9	100.00	0	0.00	0	0.00

土壤 pH

≤4.5		(4.5～5.5]		(5.5～6.5]		(6.5～7.5]		(7.5～8.5]		>8.5	
样本数	占比（%）	样本数	占比（%）	样本数	占比（%）	样本数	占比（%）	样本数	占比（%）	样本数	占比（%）
0	0.00	0	0.00	0	0.00	0	0.00	5	55.56	4	44.44

灰钙土—草甸灰钙土—泥砂质草甸灰钙土耕地土壤主要理化性状

项目名称	样本数（个）	平均值	标准差	变异系数（%）	范 围
有效土层厚度（cm）	1	99.0	—	—	—
耕层厚度（cm）	1	20.0	—	—	—
耕层容重（g/cm^3）	1	1.30	—	—	—
有机质（g/kg）	0	—	—	—	—
全氮（g/kg）	1	0.430	—	—	—
有效磷（mg/kg）	0	—	—	—	—
速效钾（mg/kg）	1	75	—	—	—
缓效钾（mg/kg）	1	1 125	—	—	—
有效铜（mg/kg）	1	0.21	—	—	—
有效锌（mg/kg）	1	0.91	—	—	—
有效铁（mg/kg）	1	11.50	—	—	—
有效锰（mg/kg）	1	10.10	—	—	—
有效硼（mg/kg）	1	0.55	—	—	—
有效钼（mg/kg）	1	0.110	—	—	—
有效硫（mg/kg）	1	21.10	—	—	—
有效硅（mg/kg）	1	101.00	—	—	—

耕层质地

砂土		砂壤土		轻壤土		中壤土		重壤土		黏土	
样本数	占比（%）	样本数	占比（%）	样本数	占比（%）	样本数	占比（%）	样本数	占比（%）	样本数	占比（%）
0	0.00	0	0.00	0	0.00	1	100.00	0	0.00	0	0.00

土壤 pH

≤4.5		(4.5～5.5]		(5.5～6.5]		(6.5～7.5]		(7.5～8.5]		>8.5	
样本数	占比（%）	样本数	占比（%）	样本数	占比（%）	样本数	占比（%）	样本数	占比（%）	样本数	占比（%）
0	0.00	0	0.00	0	0.00	0	0.00	0	0.00	1	100.00

灰钙土—盐化灰钙土—氯化物灰钙土耕地土壤主要理化性状

项目名称	样本数（个）	平均值	标准差	变异系数（%）	范　围
有效土层厚度（cm）	0	—	—	—	—
耕层厚度（cm）	8	40.0	0.00	0.00	40.0～40.0
耕层容重（g/cm³）	0	—	—	—	—
有机质（g/kg）	6	6.8	1.09	16.00	5.5～8.5
全氮（g/kg）	6	0.366	0.06	16.00	0.304～0.458
有效磷（mg/kg）	7	14.0	4.97	35.41	6.7～21.4
速效钾（mg/kg）	4	124	45.21	36.51	78～167
缓效钾（mg/kg）	6	499	216.00	43.29	341～929
有效铜（mg/kg）	5	0.22	0.10	45.67	0.14～0.38
有效锌（mg/kg）	8	0.36	0.11	29.19	0.25～0.55
有效铁（mg/kg）	8	5.73	3.48	60.72	2.42～13.30
有效锰（mg/kg）	8	5.43	1.34	24.77	3.22～6.75
有效硼（mg/kg）	2	2.70	0.21	7.63	2.55～2.84
有效钼（mg/kg）	6	0.070	0.01	15.38	0.055～0.083
有效硫（mg/kg）	8	8.89	6.01	67.54	3.98～22.29
有效硅（mg/kg）	8	104.95	18.80	17.91	79.45～135.14

耕层质地

砂土		砂壤土		轻壤土		中壤土		重壤土		黏土	
样本数	占比（%）	样本数	占比（%）	样本数	占比（%）	样本数	占比（%）	样本数	占比（%）	样本数	占比（%）
0	0.00	8	100.00	0	0.00	0	0.00	0	0.00	0	0.00

土壤 pH

≤4.5		(4.5～5.5]		(5.5～6.5]		(6.5～7.5]		(7.5～8.5]		>8.5	
样本数	占比（%）	样本数	占比（%）	样本数	占比（%）	样本数	占比（%）	样本数	占比（%）	样本数	占比（%）
0	0.00	0	0.00	0	0.00	0	0.00	3	42.86	4	57.14

灰钙土—盐化灰钙土—硫酸盐灰钙土耕地土壤主要理化性状

项目名称	样本数（个）	平均值	标准差	变异系数（%）	范　围
有效土层厚度（cm）	3	140.0	34.64	24.74	100.0～160.0
耕层厚度（cm）	3	20.0	0.00	0.00	20.0～20.0
耕层容重（g/cm^3）	3	1.27	0.10	8.18	1.15～1.34
有机质（g/kg）	3	15.3	4.82	31.59	11.0～20.5
全氮（g/kg）	3	0.937	0.36	37.98	0.550～1.250
有效磷（mg/kg）	3	16.5	11.70	70.73	4.2～27.5
速效钾（mg/kg）	2	247	227.41	91.99	86～408
缓效钾（mg/kg）	3	1 061	56.22	5.30	1 021～1 125
有效铜（mg/kg）	3	0.53	0.29	54.51	0.21～0.77
有效锌（mg/kg）	3	0.57	0.29	51.18	0.40～0.91
有效铁（mg/kg）	3	7.52	3.45	45.90	5.46～11.50
有效锰（mg/kg）	3	7.30	2.62	35.93	4.90～10.10
有效硼（mg/kg）	3	0.57	0.03	5.61	0.55～0.61
有效钼（mg/kg）	3	0.080	0.03	37.50	0.050～0.110
有效硫（mg/kg）	3	13.97	6.31	45.20	9.10～21.10
有效硅（mg/kg）	3	105.07	6.70	6.38	101.00～112.80

耕层质地

砂土		砂壤土		轻壤土		中壤土		重壤土		黏土	
样本数	占比（%）	样本数	占比（%）	样本数	占比（%）	样本数	占比（%）	样本数	占比（%）	样本数	占比（%）
0	0.00	0	0.00	0	0.00	3	100.00	0	0.00	0	0.00

土壤 pH

≤4.5		(4.5～5.5]		(5.5～6.5]		(6.5～7.5]		(7.5～8.5]		>8.5	
样本数	占比（%）	样本数	占比（%）	样本数	占比（%）	样本数	占比（%）	样本数	占比（%）	样本数	占比（%）
0	0.00	0	0.00	0	0.00	0	0.00	3	100.00	0	0.00

黄绵土—黄绵土—绵土耕地土壤主要理化性状

项目名称	样本数（个）	平均值	标准差	变异系数（%）	范　围
有效土层厚度（cm）	3 091	112.1	47.69	42.55	29.0～200.0
耕层厚度（cm）	3 142	24.8	5.12	20.65	15.0～40.0
耕层容重（g/cm^3）	2 964	1.25	0.07	5.57	1.05～1.49
有机质（g/kg）	3 002	11.9	4.45	37.41	4.7～32.0
全氮（g/kg）	3 003	0.768	0.29	37.48	0.299～1.940
有效磷（mg/kg）	2 965	16.8	13.57	81.03	3.3～73.1
速效钾（mg/kg）	2 967	160	77.67	48.58	67～424
缓效钾（mg/kg）	2 942	947	245.03	25.88	313～1 523
有效铜（mg/kg）	1 899	0.71	0.46	65.22	0.14～2.79
有效锌（mg/kg）	1 907	0.82	0.52	62.91	0.21～5.94
有效铁（mg/kg）	1 880	10.26	5.15	50.22	1.21～30.04
有效锰（mg/kg）	1 896	9.69	3.92	40.43	2.18～27.40
有效硼（mg/kg）	1 887	0.71	0.58	81.71	0.12～3.58
有效钼（mg/kg）	1 899	0.116	0.08	72.15	0.041～1.436
有效硫（mg/kg）	1 915	17.05	12.49	73.25	1.80～173.60
有效硅（mg/kg）	1 819	111.14	32.76	29.48	25.50～256.85

耕层质地

砂土		砂壤土		轻壤土		中壤土		重壤土		黏土	
样本数	占比（%）	样本数	占比（%）	样本数	占比（%）	样本数	占比（%）	样本数	占比（%）	样本数	占比（%）
53	1.69	157	5.00	862	27.43	1 975	62.84	11	0.35	85	2.70

土壤 pH

≤4.5		(4.5～5.5]		(5.5～6.5]		(6.5～7.5]		(7.5～8.5]		>8.5	
样本数	占比（%）	样本数	占比（%）	样本数	占比（%）	样本数	占比（%）	样本数	占比（%）	样本数	占比（%）
0	0.00	0	0.00	2	0.06	27	0.87	1 907	61.42	1 169	37.65

黄绵土—黄绵土—绵砂土耕地土壤主要理化性状

项目名称	样本数（个）	平均值	标准差	变异系数（%）	范　围
有效土层厚度（cm）	440	70.1	27.55	39.32	30.0～130.0
耕层厚度（cm）	454	21.8	4.82	22.15	15.0～40.0
耕层容重（g/cm^3）	315	1.30	0.05	3.72	1.20～1.47
有机质（g/kg）	437	9.7	3.86	39.59	4.7～31.4
全氮（g/kg）	426	0.615	0.24	38.38	0.301～1.821
有效磷（mg/kg）	403	15.3	13.02	84.88	3.3～71.6
速效钾（mg/kg）	441	150	68.84	45.74	68～408
缓效钾（mg/kg）	441	688	159.55	23.18	325～1 386
有效铜（mg/kg）	58	0.52	0.28	53.52	0.17～1.40
有效锌（mg/kg）	53	0.66	0.83	127.31	0.21～6.05
有效铁（mg/kg）	58	6.28	5.22	83.14	1.63～23.40
有效锰（mg/kg）	59	8.11	3.31	40.76	2.08～15.58
有效硼（mg/kg）	47	0.29	0.21	74.63	0.13～1.10
有效钼（mg/kg）	54	0.201	0.16	80.17	0.049～0.650
有效硫（mg/kg）	45	12.97	5.69	43.90	4.17～34.67
有效硅（mg/kg）	14	130.68	33.48	25.62	102.00～196.00

耕层质地

砂土		砂壤土		轻壤土		中壤土		重壤土		黏土	
样本数	占比（%）	样本数	占比（%）	样本数	占比（%）	样本数	占比（%）	样本数	占比（%）	样本数	占比（%）
1	0.22	165	36.34	114	25.11	166	36.56	2	0.44	6	1.32

土壤 pH

≤4.5		(4.5～5.5]		(5.5～6.5]		(6.5～7.5]		(7.5～8.5]		>8.5	
样本数	占比（%）	样本数	占比（%）	样本数	占比（%）	样本数	占比（%）	样本数	占比（%）	样本数	占比（%）
0	0.00	0	0.00	0	0.00	0	0.00	255	56.17	199	43.83

黄绵土—黄绵土—绵墡土耕地土壤主要理化性状

项目名称	样本数（个）	平均值	标准差	变异系数（%）	范　围
有效土层厚度（cm）	402	95.2	58.79	61.72	35.0～200.0
耕层厚度（cm）	364	20.6	2.30	11.14	17.0～40.0
耕层容重（g/cm^3）	411	1.31	0.06	4.77	1.05～1.48
有机质（g/kg）	383	12.0	5.68	47.43	4.7～32.3
全氮（g/kg）	380	0.737	0.33	44.47	0.300～1.929
有效磷（mg/kg）	372	14.9	10.06	67.55	3.3～57.3
速效钾（mg/kg）	383	168	85.71	51.06	68～412
缓效钾（mg/kg）	414	755	257.99	34.15	321～1 493
有效铜（mg/kg）	50	0.62	0.40	64.77	0.15～1.80
有效锌（mg/kg）	42	0.87	0.60	68.32	0.21～2.96
有效铁（mg/kg）	50	5.33	4.23	79.36	1.95～28.42
有效锰（mg/kg）	44	9.00	6.67	74.14	1.99～23.43
有效硼（mg/kg）	42	0.30	0.20	65.98	0.12～1.14
有效钼（mg/kg）	49	0.317	0.27	84.04	0.049～1.061
有效硫（mg/kg）	37	16.21	17.56	108.31	3.60～108.60
有效硅（mg/kg）	8	113.71	23.95	21.07	89.86～163.28

耕层质地

砂土		砂壤土		轻壤土		中壤土		重壤土		黏土	
样本数	占比（%）	样本数	占比（%）	样本数	占比（%）	样本数	占比（%）	样本数	占比（%）	样本数	占比（%）
0	0.00	94	22.49	126	30.14	196	46.89	2	0.48	0	0.00

土壤 pH

≤4.5		(4.5～5.5]		(5.5～6.5]		(6.5～7.5]		(7.5～8.5]		>8.5	
样本数	占比（%）	样本数	占比（%）	样本数	占比（%）	样本数	占比（%）	样本数	占比（%）	样本数	占比（%）
0	0.00	0	0.00	0	0.00	1	0.24	297	71.05	120	28.71

黄绵土—黄绵土—黄墡土耕地土壤主要理化性状

项目名称	样本数（个）	平均值	标准差	变异系数（%）	范　围
有效土层厚度（cm）	942	142.6	62.92	44.12	30.0～200.0
耕层厚度（cm）	952	23.2	5.96	25.72	15.0～40.0
耕层容重（g/cm^3）	910	1.26	0.09	7.35	1.08～1.49
有机质（g/kg）	968	17.3	4.03	23.31	5.4～31.0
全氮（g/kg）	971	1.032	0.26	25.40	0.355～2.030
有效磷（mg/kg）	967	19.0	10.45	55.00	3.4～72.5
速效钾（mg/kg）	955	207	75.75	36.59	68～420
缓效钾（mg/kg）	908	978	217.11	22.21	335～1 522
有效铜（mg/kg）	150	1.13	0.50	43.90	0.21～2.49
有效锌（mg/kg）	149	1.17	0.93	79.90	0.22～5.25
有效铁（mg/kg）	151	8.43	4.19	49.69	1.96～25.35
有效锰（mg/kg）	145	13.62	5.62	41.24	2.93～25.95
有效硼（mg/kg）	129	0.53	0.38	72.46	0.12～2.60
有效钼（mg/kg）	147	0.248	0.26	105.11	0.047～1.337
有效硫（mg/kg）	96	33.63	50.61	150.47	2.70～198.34
有效硅（mg/kg）	66	133.18	32.81	24.63	49.80～200.00

耕层质地

砂土		砂壤土		轻壤土		中壤土		重壤土		黏土	
样本数	占比（%）	样本数	占比（%）	样本数	占比（%）	样本数	占比（%）	样本数	占比（%）	样本数	占比（%）
6	0.62	55	5.65	22	2.26	792	81.31	44	4.52	55	5.65

土壤 pH

≤4.5		(4.5～5.5]		(5.5～6.5]		(6.5～7.5]		(7.5～8.5]		>8.5	
样本数	占比（%）	样本数	占比（%）	样本数	占比（%）	样本数	占比（%）	样本数	占比（%）	样本数	占比（%）
0	0.00	0	0.00	5	0.51	10	1.03	873	89.63	86	8.83

红黏土—典型红黏土—典型红黏土耕地土壤主要理化性状

项目名称	样本数（个）	平均值	标准差	变异系数（%）	范　围
有效土层厚度（cm）	58	95.4	36.46	38.24	50.0～200.0
耕层厚度（cm）	58	24.3	4.49	18.44	20.0～30.0
耕层容重（g/cm³）	57	1.28	0.08	6.60	1.10～1.48
有机质（g/kg）	58	19.7	8.12	41.22	6.3～32.0
全氮（g/kg）	55	1.085	0.35	31.96	0.340～1.820
有效磷（mg/kg）	58	16.1	11.08	68.71	3.5～48.8
速效钾（mg/kg）	56	162	54.28	33.44	73～320
缓效钾（mg/kg）	57	883	230.45	26.10	440～1 477
有效铜（mg/kg）	20	0.92	0.55	60.27	0.21～1.91
有效锌（mg/kg）	21	1.24	1.08	87.06	0.37～5.47
有效铁（mg/kg）	20	12.28	3.61	29.37	4.41～19.86
有效锰（mg/kg）	19	13.08	5.48	41.87	4.75～25.45
有效硼（mg/kg）	21	0.64	0.42	64.52	0.37～2.38
有效钼（mg/kg）	21	0.112	0.04	35.26	0.072～0.226
有效硫（mg/kg）	21	26.04	14.92	57.29	8.00～66.50
有效硅（mg/kg）	18	121.59	39.87	32.79	101.00～203.00

耕层质地

砂土		砂壤土		轻壤土		中壤土		重壤土		黏土	
样本数	占比（%）	样本数	占比（%）	样本数	占比（%）	样本数	占比（%）	样本数	占比（%）	样本数	占比（%）
0	0.00	1	1.72	2	3.45	17	29.31	20	34.48	18	31.03

土壤 pH

≤4.5		(4.5～5.5]		(5.5～6.5]		(6.5～7.5]		(7.5～8.5]		>8.5	
样本数	占比（%）	样本数	占比（%）	样本数	占比（%）	样本数	占比（%）	样本数	占比（%）	样本数	占比（%）
0	0.00	0	0.00	0	0.00	0	0.00	55	94.83	3	5.17

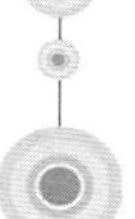

红黏土—积钙红黏土—积钙红黏土耕地土壤主要理化性状

项目名称	样本数（个）	平均值	标准差	变异系数（%）	范 围
有效土层厚度（cm）	178	107.2	37.61	35.09	40.0～200.0
耕层厚度（cm）	178	23.7	4.70	19.85	15.0～30.0
耕层容重（g/cm^3）	172	1.28	0.08	6.63	1.07～1.47
有机质（g/kg）	177	14.9	4.40	29.41	4.7～29.7
全氮（g/kg）	177	0.937	0.27	29.13	0.336～1.880
有效磷（mg/kg）	173	19.6	13.48	68.82	3.3～66.4
速效钾（mg/kg）	167	208	81.85	39.37	74～406
缓效钾（mg/kg）	167	1 109	197.29	17.79	405～1 451
有效铜（mg/kg）	160	0.82	0.64	77.57	0.19～2.73
有效锌（mg/kg）	162	0.95	0.45	47.99	0.21～3.39
有效铁（mg/kg）	144	12.61	4.96	39.30	1.28～29.63
有效锰（mg/kg）	162	10.90	3.83	35.13	3.16～27.20
有效硼（mg/kg）	164	0.73	0.42	57.29	0.15～2.51
有效钼（mg/kg）	162	0.131	0.08	59.45	0.047～0.795
有效硫（mg/kg）	164	16.32	13.41	82.21	2.13～138.24
有效硅（mg/kg）	145	110.57	37.57	33.98	26.00～256.00

耕层质地

砂土		砂壤土		轻壤土		中壤土		重壤土		黏土	
样本数	占比（%）	样本数	占比（%）	样本数	占比（%）	样本数	占比（%）	样本数	占比（%）	样本数	占比（%）
2	1.12	0	0.00	0	0.00	164	92.13	0	0.00	12	6.74

土壤 pH

≤4.5		(4.5～5.5]		(5.5～6.5]		(6.5～7.5]		(7.5～8.5]		>8.5	
样本数	占比（%）	样本数	占比（%）	样本数	占比（%）	样本数	占比（%）	样本数	占比（%）	样本数	占比（%）
0	0.00	0	0.00	0	0.00	0	0.00	149	83.71	29	16.29

新积土—典型新积土—山洪土耕地土壤主要理化性状

项目名称	样本数（个）	平均值	标准差	变异系数（%）	范　围
有效土层厚度（cm）	7	48.6	3.78	7.78	40.0～50.0
耕层厚度（cm）	7	21.4	3.78	17.64	20.0～30.0
耕层容重（g/cm^3）	7	1.30	0.00	0.00	1.30～1.30
有机质（g/kg）	6	11.4	1.45	12.80	10.3～13.2
全氮（g/kg）	7	0.733	0.19	26.31	0.340～0.918
有效磷（mg/kg）	7	29.9	15.15	50.62	3.7～43.1
速效钾（mg/kg）	5	251	93.14	37.10	88～311
缓效钾（mg/kg）	7	1 122	119.22	10.62	859～1 199
有效铜（mg/kg）	7	1.29	0.60	46.53	0.73～2.14
有效锌（mg/kg）	7	1.12	0.26	22.72	0.85～1.45
有效铁（mg/kg）	7	10.76	2.15	19.97	7.70～12.40
有效锰（mg/kg）	7	9.38	2.08	22.14	7.80～12.30
有效硼（mg/kg）	7	0.76	0.60	78.86	0.27～1.62
有效钼（mg/kg）	7	0.122	0.08	66.95	0.047～0.240
有效硫（mg/kg）	7	10.00	7.30	73.03	2.30～20.00
有效硅（mg/kg）	7	127.66	33.22	26.03	67.62～166.00

耕层质地

砂土		砂壤土		轻壤土		中壤土		重壤土		黏土	
样本数	占比（%）	样本数	占比（%）	样本数	占比（%）	样本数	占比（%）	样本数	占比（%）	样本数	占比（%）
0	0.00	0	0.00	0	0.00	7	100.00	0	0.00	0	0.00

土壤 pH

≤4.5		(4.5～5.5]		(5.5～6.5]		(6.5～7.5]		(7.5～8.5]		>8.5	
样本数	占比（%）	样本数	占比（%）	样本数	占比（%）	样本数	占比（%）	样本数	占比（%）	样本数	占比（%）
0	0.00	0	0.00	0	0.00	0	0.00	5	71.43	2	28.57

新积土—典型新积土—石灰性山洪土耕地土壤主要理化性状

项目名称	样本数（个）	平均值	标准差	变异系数（%）	范　围
有效土层厚度（cm）	133	98.5	46.68	47.40	30.0～200.0
耕层厚度（cm）	167	26.9	7.17	26.66	15.0～40.0
耕层容重（g/cm^3）	103	1.31	0.08	6.22	1.13～1.49
有机质（g/kg）	152	13.6	6.88	50.64	4.8～31.6
全氮（g/kg）	149	0.808	0.40	50.08	0.300～1.960
有效磷（mg/kg）	155	18.1	13.63	75.43	3.6～73.6
速效钾（mg/kg）	166	164	76.67	46.78	67～398
缓效钾（mg/kg）	154	797	314.90	39.49	322～1 486
有效铜（mg/kg）	152	0.71	0.52	73.64	0.14～2.76
有效锌（mg/kg）	159	0.93	0.83	89.68	0.22～6.66
有效铁（mg/kg）	154	9.06	5.17	57.09	1.91～28.77
有效锰（mg/kg）	155	8.13	4.78	58.72	2.16～25.71
有效硼（mg/kg）	129	1.37	1.10	80.18	0.19～3.59
有效钼（mg/kg）	155	0.088	0.05	56.23	0.042～0.336
有效硫（mg/kg）	156	13.58	16.32	120.20	1.81～157.37
有效硅（mg/kg）	154	133.84	55.18	41.23	65.22～300.96

耕层质地

砂土		砂壤土		轻壤土		中壤土		重壤土		黏土	
样本数	占比（%）	样本数	占比（%）	样本数	占比（%）	样本数	占比（%）	样本数	占比（%）	样本数	占比（%）
6	3.51	56	32.75	20	11.70	89	52.05	0	0.00	0	0.00

土壤 pH

≤4.5		(4.5～5.5]		(5.5～6.5]		(6.5～7.5]		(7.5～8.5]		>8.5	
样本数	占比（%）	样本数	占比（%）	样本数	占比（%）	样本数	占比（%）	样本数	占比（%）	样本数	占比（%）
0	0.00	1	0.62	1	0.62	5	3.09	108	66.67	47	29.01

新积土—典型新积土—堆垫土耕地土壤主要理化性状

项目名称	样本数（个）	平均值	标准差	变异系数（%）	范　围
有效土层厚度（cm）	15	70.3	27.29	38.80	35.0～100.0
耕层厚度（cm）	15	22.3	4.17	18.67	20.0～30.0
耕层容重（g/cm^3）	12	1.28	0.10	8.07	1.14～1.42
有机质（g/kg）	11	15.0	7.37	49.25	7.9～31.8
全氮（g/kg）	11	0.756	0.20	26.50	0.476～1.214
有效磷（mg/kg）	15	13.1	6.06	46.39	4.7～21.6
速效钾（mg/kg）	14	127	39.94	31.54	70～186
缓效钾（mg/kg）	6	622	318.24	51.18	418～1 254
有效铜（mg/kg）	5	0.45	0.12	27.25	0.28～0.58
有效锌（mg/kg）	2	0.50	0.13	25.46	0.41～0.59
有效铁（mg/kg）	5	10.41	5.50	52.83	4.55～18.36
有效锰（mg/kg）	4	5.38	2.48	46.12	2.52～8.43
有效硼（mg/kg）	4	0.66	0.61	93.13	0.21～1.56
有效钼（mg/kg）	4	0.105	0.06	58.68	0.045～0.168
有效硫（mg/kg）	5	32.68	15.36	47.00	14.49～55.40
有效硅（mg/kg）	4	155.75	28.79	18.49	113.00～175.00

耕层质地

砂土		砂壤土		轻壤土		中壤土		重壤土		黏土	
样本数	占比（%）	样本数	占比（%）	样本数	占比（%）	样本数	占比（%）	样本数	占比（%）	样本数	占比（%）
0	0.00	4	26.67	7	46.67	4	26.67	0	0.00	0	0.00

土壤 pH

≤4.5		(4.5～5.5]		(5.5～6.5]		(6.5～7.5]		(7.5～8.5]		>8.5	
样本数	占比（%）	样本数	占比（%）	样本数	占比（%）	样本数	占比（%）	样本数	占比（%）	样本数	占比（%）
0	0.00	0	0.00	0	0.00	0	0.00	12	80.00	3	20.00

新积土—典型新积土—坝淤土耕地土壤主要理化性状

项目名称	样本数（个）	平均值	标准差	变异系数（%）	范　围
有效土层厚度（cm）	4	62.5	25.00	40.00	50.0～100.0
耕层厚度（cm）	4	22.0	4.00	18.18	20.0～28.0
耕层容重（g/cm^3）	4	1.34	0.02	1.87	1.30～1.35
有机质（g/kg）	3	6.4	0.72	11.38	5.5～6.9
全氮（g/kg）	2	0.377	0.05	13.75	0.340～0.413
有效磷（mg/kg）	3	6.7	0.96	14.43	6.1～7.8
速效钾（mg/kg）	4	85	25.25	29.62	70～123
缓效钾（mg/kg）	4	504	140.29	27.81	350～657
有效铜（mg/kg）	1	0.49	—	—	—
有效锌（mg/kg）	1	0.63	—	—	—
有效铁（mg/kg）	1	7.52	—	—	—
有效锰（mg/kg）	1	5.05	—	—	—
有效硼（mg/kg）	0	—	—	—	—
有效钼（mg/kg）	1	0.049	—	—	—
有效硫（mg/kg）	1	34.91	—	—	—
有效硅（mg/kg）	1	99.30	—	—	—

耕层质地

砂土		砂壤土		轻壤土		中壤土		重壤土		黏土	
样本数	占比（%）	样本数	占比（%）	样本数	占比（%）	样本数	占比（%）	样本数	占比（%）	样本数	占比（%）
0	0.00	1	25.00	3	75.00	0	0.00	0	0.00	0	0.00

土壤 pH

≤4.5		(4.5～5.5]		(5.5～6.5]		(6.5～7.5]		(7.5～8.5]		>8.5	
样本数	占比（%）	样本数	占比（%）	样本数	占比（%）	样本数	占比（%）	样本数	占比（%）	样本数	占比（%）
0	0.00	0	0.00	0	0.00	0	0.00	1	25.00	3	75.00

新积土—典型新积土—漫淤土耕地土壤主要理化性状

项目名称	样本数（个）	平均值	标准差	变异系数（%）	范　围
有效土层厚度（cm）	34	195.9	24.01	12.26	60.0～200.0
耕层厚度（cm）	1	20.0	—	—	—
耕层容重（g/cm³）	34	1.29	0.01	0.67	1.24～1.29
有机质（g/kg）	34	12.8	4.65	36.34	5.2～22.4
全氮（g/kg）	34	0.847	0.29	34.14	0.500～1.490
有效磷（mg/kg）	34	16.9	10.24	60.63	5.4～59.8
速效钾（mg/kg）	31	217	98.28	45.35	68～350
缓效钾（mg/kg）	34	800	182.66	22.84	509～1 146
有效铜（mg/kg）	3	1.21	0.85	70.25	0.62～2.19
有效锌（mg/kg）	3	0.76	0.25	33.13	0.53～1.03
有效铁（mg/kg）	3	13.13	12.54	95.48	5.30～27.59
有效锰（mg/kg）	2	11.20	0.71	6.31	10.70～11.70
有效硼（mg/kg）	3	0.46	0.15	32.92	0.29～0.57
有效钼（mg/kg）	3	0.210	0.12	56.49	0.079～0.310
有效硫（mg/kg）	2	16.90	0.71	4.18	16.40～17.40
有效硅（mg/kg）	0	—	—	—	—

耕层质地

砂土		砂壤土		轻壤土		中壤土		重壤土		黏土	
样本数	占比（%）	样本数	占比（%）	样本数	占比（%）	样本数	占比（%）	样本数	占比（%）	样本数	占比（%）
0	0.00	0	0.00	0	0.00	34	100.00	0	0.00	0	0.00

土壤 pH

≤4.5		(4.5～5.5]		(5.5～6.5]		(6.5～7.5]		(7.5～8.5]		>8.5	
样本数	占比（%）	样本数	占比（%）	样本数	占比（%）	样本数	占比（%）	样本数	占比（%）	样本数	占比（%）
0	0.00	0	0.00	1	2.94	0	0.00	28	82.35	5	14.71

新积土—冲积土—冲积砾砂土耕地土壤主要理化性状

项目名称	样本数（个）	平均值	标准差	变异系数（%）	范 围
有效土层厚度（cm）	22	93.7	68.28	72.85	42.0～200.0
耕层厚度（cm）	22	22.0	5.45	24.78	18.0～40.0
耕层容重（g/cm^3）	22	1.33	0.05	4.10	1.29～1.46
有机质（g/kg）	21	12.8	4.19	32.80	7.7～22.2
全氮（g/kg）	21	0.781	0.25	31.66	0.436～1.260
有效磷（mg/kg）	21	16.8	10.65	63.24	5.4～47.7
速效钾（mg/kg）	22	129	48.80	37.80	74～231
缓效钾（mg/kg）	20	627	164.91	26.29	395～924
有效铜（mg/kg）	4	1.09	0.47	43.36	0.46～1.56
有效锌（mg/kg）	4	0.99	0.43	43.89	0.46～1.52
有效铁（mg/kg）	4	5.62	0.91	16.19	4.99～6.97
有效锰（mg/kg）	4	11.45	5.69	49.71	4.63～18.23
有效硼（mg/kg）	3	0.51	0.18	36.00	0.36～0.71
有效钼（mg/kg）	3	0.085	0.04	43.04	0.050～0.123
有效硫（mg/kg）	1	41.00	—	—	—
有效硅（mg/kg）	0	—	—	—	—

耕层质地

砂土		砂壤土		轻壤土		中壤土		重壤土		黏土	
样本数	占比（%）	样本数	占比（%）	样本数	占比（%）	样本数	占比（%）	样本数	占比（%）	样本数	占比（%）
9	40.91	5	22.73	7	31.82	1	4.55	0	0.00	0	0.00

土壤 pH

≤4.5		(4.5～5.5]		(5.5～6.5]		(6.5～7.5]		(7.5～8.5]		>8.5	
样本数	占比（%）	样本数	占比（%）	样本数	占比（%）	样本数	占比（%）	样本数	占比（%）	样本数	占比（%）
0	0.00	0	0.00	0	0.00	0	0.00	13	61.90	8	38.10

新积土—冲积土—冲积砂土耕地土壤主要理化性状

项目名称	样本数（个）	平均值	标准差	变异系数（%）	范　围
有效土层厚度（cm）	2	110.0	0.00	0.00	110.0～110.0
耕层厚度（cm）	2	24.0	0.00	0.00	24.0～24.0
耕层容重（g/cm³）	2	1.23	0.02	1.73	1.21～1.24
有机质（g/kg）	2	16.1	0.17	1.04	16.0～16.3
全氮（g/kg）	2	1.088	0.03	2.71	1.067～1.109
有效磷（mg/kg）	2	39.1	1.41	3.62	38.1～40.1
速效钾（mg/kg）	2	291	19.80	6.80	277～305
缓效钾（mg/kg）	2	1 168	19.09	1.64	1 154～1 181
有效铜（mg/kg）	2	1.33	0.13	10.14	1.23～1.42
有效锌（mg/kg）	2	1.71	0.86	50.18	1.10～2.31
有效铁（mg/kg）	2	8.76	1.29	14.69	7.85～9.67
有效锰（mg/kg）	2	13.63	4.23	31.02	10.64～16.62
有效硼（mg/kg）	2	0.63	0.36	57.70	0.37～0.88
有效钼（mg/kg）	2	0.096	0.00	3.70	0.093～0.098
有效硫（mg/kg）	2	43.45	30.05	69.16	22.20～64.70
有效硅（mg/kg）	2	101.00	0.00	0.00	101.00～101.00

耕层质地

砂土		砂壤土		轻壤土		中壤土		重壤土		黏土	
样本数	占比（%）	样本数	占比（%）	样本数	占比（%）	样本数	占比（%）	样本数	占比（%）	样本数	占比（%）
0	0.00	0	0.00	0	0.00	2	100.00	0	0.00	0	0.00

土壤 pH

≤4.5		(4.5～5.5]		(5.5～6.5]		(6.5～7.5]		(7.5～8.5]		>8.5	
样本数	占比（%）	样本数	占比（%）	样本数	占比（%）	样本数	占比（%）	样本数	占比（%）	样本数	占比（%）
0	0.00	0	0.00	0	0.00	0	0.00	2	100.00	0	0.00

新积土—冲积土—冲积壤土耕地土壤主要理化性状

项目名称	样本数（个）	平均值	标准差	变异系数（%）	范 围
有效土层厚度（cm）	100	147.2	50.81	34.52	50.0～200.0
耕层厚度（cm）	106	20.7	2.15	10.42	17.0～30.0
耕层容重（g/cm^3）	106	1.27	0.07	5.20	1.20～1.48
有机质（g/kg）	106	20.6	4.07	19.76	7.7～31.9
全氮（g/kg）	106	1.257	0.22	17.82	0.491～1.890
有效磷（mg/kg）	105	23.4	7.41	31.66	6.1～53.0
速效钾（mg/kg）	105	259	71.91	27.76	122～350
缓效钾（mg/kg）	106	1 086	225.18	20.73	655～1 499
有效铜（mg/kg）	11	1.09	0.92	84.02	0.21～2.70
有效锌（mg/kg）	11	1.50	1.24	82.74	0.50～4.59
有效铁（mg/kg）	11	10.34	2.30	22.26	7.26～14.71
有效锰（mg/kg）	8	13.56	5.25	38.71	10.10～21.68
有效硼（mg/kg）	11	0.47	0.10	21.10	0.24～0.55
有效钼（mg/kg）	11	0.155	0.07	41.91	0.090～0.280
有效硫（mg/kg）	11	25.25	10.30	40.79	14.32～42.10
有效硅（mg/kg）	5	101.00	0.00	0.00	101.00～101.00

耕层质地

砂土		砂壤土		轻壤土		中壤土		重壤土		黏土	
样本数	占比（%）	样本数	占比（%）	样本数	占比（%）	样本数	占比（%）	样本数	占比（%）	样本数	占比（%）
0	0.00	1	0.94	0	0.00	79	74.53	26	24.53	0	0.00

土壤 pH

≤4.5		(4.5～5.5]		(5.5～6.5]		(6.5～7.5]		(7.5～8.5]		>8.5	
样本数	占比（%）	样本数	占比（%）	样本数	占比（%）	样本数	占比（%）	样本数	占比（%）	样本数	占比（%）
0	0.00	0	0.00	0	0.00	2	1.89	100	94.34	4	3.77

新积土—冲积土—石灰性冲积砂土耕地土壤主要理化性状

项目名称	样本数（个）	平均值	标准差	变异系数（%）	范　围
有效土层厚度（cm）	30	99.1	50.06	50.50	30.0～194.0
耕层厚度（cm）	30	25.9	5.71	22.07	15.0～40.0
耕层容重（g/cm³）	28	1.24	0.06	4.60	1.19～1.43
有机质（g/kg）	30	16.0	5.11	31.98	6.4～26.3
全氮（g/kg）	28	1.008	0.44	43.21	0.430～1.972
有效磷（mg/kg）	29	19.9	11.30	56.77	5.5～44.6
速效钾（mg/kg）	29	193	72.54	37.64	74～367
缓效钾（mg/kg）	30	944	280.10	29.68	493～1 511
有效铜（mg/kg）	3	0.66	0.35	52.87	0.26～0.92
有效锌（mg/kg）	4	1.26	0.76	60.31	0.48～2.31
有效铁（mg/kg）	3	8.14	5.90	72.43	1.89～13.60
有效锰（mg/kg）	4	9.33	4.61	49.48	3.76～14.92
有效硼（mg/kg）	3	0.18	0.03	15.76	0.15～0.21
有效钼（mg/kg）	4	0.838	0.49	58.43	0.111～1.168
有效硫（mg/kg）	0	—	—	—	—
有效硅（mg/kg）	1	111.42	—	—	—

耕层质地

砂土		砂壤土		轻壤土		中壤土		重壤土		黏土	
样本数	占比（%）	样本数	占比（%）	样本数	占比（%）	样本数	占比（%）	样本数	占比（%）	样本数	占比（%）
4	13.33	8	26.67	5	16.67	13	43.33	0	0.00	0	0.00

土壤 pH

≤4.5		(4.5～5.5]		(5.5～6.5]		(6.5～7.5]		(7.5～8.5]		>8.5	
样本数	占比（%）	样本数	占比（%）	样本数	占比（%）	样本数	占比（%）	样本数	占比（%）	样本数	占比（%）
0	0.00	0	0.00	0	0.00	1	3.33	23	76.67	6	20.00

新积土一冲积土一石灰性冲积壤土耕地土壤主要理化性状

项目名称	样本数（个）	平均值	标准差	变异系数（%）	范　围
有效土层厚度（cm）	71	94.0	15.55	16.53	50.0～120.0
耕层厚度（cm）	72	22.5	2.67	11.84	15.0～30.0
耕层容重（g/cm³）	71	1.23	0.07	5.84	1.08～1.43
有机质（g/kg）	72	13.2	3.97	30.15	5.3～25.0
全氮（g/kg）	72	0.874	0.21	23.50	0.413～1.375
有效磷（mg/kg）	71	16.8	13.94	83.22	3.9～68.2
速效钾（mg/kg）	69	196	61.87	31.55	88～400
缓效钾（mg/kg）	68	1 171	138.53	11.83	767～1 415
有效铜（mg/kg）	71	0.78	0.32	41.14	0.21～1.60
有效锌（mg/kg）	70	0.85	0.55	65.16	0.25～3.22
有效铁（mg/kg）	71	11.99	3.83	31.91	5.87～27.03
有效锰（mg/kg）	71	8.30	4.18	50.37	2.52～18.07
有效硼（mg/kg）	71	0.58	0.28	48.68	0.16～2.10
有效钼（mg/kg）	71	0.121	0.04	30.30	0.047～0.249
有效硫（mg/kg）	71	17.62	9.27	52.59	2.92～62.20
有效硅（mg/kg）	71	120.42	37.23	30.92	66.93～238.00

耕层质地

砂土		砂壤土		轻壤土		中壤土		重壤土		黏土	
样本数	占比（%）	样本数	占比（%）	样本数	占比（%）	样本数	占比（%）	样本数	占比（%）	样本数	占比（%）
0	0.00	0	0.00	0	0.00	71	98.61	0	0.00	1	1.39

土壤 pH

≤4.5		(4.5～5.5]		(5.5～6.5]		(6.5～7.5]		(7.5～8.5]		>8.5	
样本数	占比（%）	样本数	占比（%）	样本数	占比（%）	样本数	占比（%）	样本数	占比（%）	样本数	占比（%）
0	0.00	0	0.00	0	0.00	1	1.39	38	52.78	33	45.83

风沙土—草原风沙土—草原固定风沙土耕地土壤主要理化性状

项目名称	样本数（个）	平均值	标准差	变异系数（%）	范　围
有效土层厚度（cm）	145	53.6	22.94	42.83	30.0～200.0
耕层厚度（cm）	149	22.6	5.27	23.32	15.0～40.0
耕层容重（g/cm³）	106	1.40	0.08	5.48	1.10～1.49
有机质（g/kg）	113	8.9	2.98	33.59	4.7～20.2
全氮（g/kg）	108	0.553	0.20	36.60	0.299～1.355
有效磷（mg/kg）	132	17.1	13.18	76.87	3.4～61.1
速效钾（mg/kg）	113	121	55.00	45.36	68～341
缓效钾（mg/kg）	101	457	97.21	21.30	318～792
有效铜（mg/kg）	36	0.43	0.27	62.25	0.14～1.40
有效锌（mg/kg）	37	0.91	0.94	104.11	0.21～4.09
有效铁（mg/kg）	38	5.69	3.49	61.25	1.77～18.08
有效锰（mg/kg）	35	5.31	2.84	53.53	1.90～13.84
有效硼（mg/kg）	16	0.95	1.20	127.08	0.14～3.19
有效钼（mg/kg）	38	0.085	0.05	53.78	0.042～0.236
有效硫（mg/kg）	39	19.53	27.77	142.15	3.73～141.52
有效硅（mg/kg）	25	85.68	21.71	25.33	42.50～129.07

耕层质地

砂土		砂壤土		轻壤土		中壤土		重壤土		黏土	
样本数	占比（%）	样本数	占比（%）	样本数	占比（%）	样本数	占比（%）	样本数	占比（%）	样本数	占比（%）
31	20.81	78	52.35	35	23.49	5	3.36	0	0.00	0	0.00

土壤 pH

≤4.5		(4.5～5.5]		(5.5～6.5]		(6.5～7.5]		(7.5～8.5]		>8.5	
样本数	占比（%）	样本数	占比（%）	样本数	占比（%）	样本数	占比（%）	样本数	占比（%）	样本数	占比（%）
0	0.00	0	0.00	0	0.00	4	2.70	83	56.08	61	41.22

风沙土—草原风沙土—草原半固定风沙土耕地土壤主要理化性状

项目名称	样本数（个）	平均值	标准差	变异系数（%）	范　围
有效土层厚度（cm）	1	50.0	—	—	—
耕层厚度（cm）	12	38.3	5.77	15.06	20.0～40.0
耕层容重（g/cm³）	1	1.35	—	—	—
有机质（g/kg）	6	6.4	2.09	32.56	4.8～10.2
全氮（g/kg）	2	0.329	0.02	5.15	0.317～0.341
有效磷（mg/kg）	7	15.8	11.15	70.38	6.4～37.0
速效钾（mg/kg）	9	95	30.55	32.26	69～155
缓效钾（mg/kg）	8	474	84.96	17.91	373～600
有效铜（mg/kg）	6	0.31	0.27	86.90	0.15～0.85
有效锌（mg/kg）	11	0.39	0.19	47.66	0.26～0.93
有效铁（mg/kg）	11	3.62	1.65	45.63	1.70～7.38
有效锰（mg/kg）	11	4.58	1.24	26.98	2.31～6.24
有效硼（mg/kg）	6	3.05	0.33	10.75	2.59～3.42
有效钼（mg/kg）	10	0.068	0.01	10.11	0.053～0.078
有效硫（mg/kg）	11	7.58	4.78	63.12	2.65～15.92
有效硅（mg/kg）	11	91.60	7.67	8.38	79.45～101.22

耕层质地

砂土		砂壤土		轻壤土		中壤土		重壤土		黏土	
样本数	占比（%）	样本数	占比（%）	样本数	占比（%）	样本数	占比（%）	样本数	占比（%）	样本数	占比（%）
0	0.00	12	100.00	0	0.00	0	0.00	0	0.00	0	0.00

土壤 pH

≤4.5		(4.5～5.5]		(5.5～6.5]		(6.5～7.5]		(7.5～8.5]		>8.5	
样本数	占比（%）	样本数	占比（%）	样本数	占比（%）	样本数	占比（%）	样本数	占比（%）	样本数	占比（%）
0	0.00	0	0.00	0	0.00	0	0.00	2	25.00	6	75.00

风沙土—草原风沙土—草原流动风沙土耕地土壤主要理化性状

项目名称	样本数（个）	平均值	标准差	变异系数（%）	范　围
有效土层厚度（cm）	47	50.0	0.00	0.00	50.0～50.0
耕层厚度（cm）	47	20.0	0.00	0.00	20.0～20.0
耕层容重（g/cm^3）	47	1.21	0.03	2.78	1.20～1.30
有机质（g/kg）	37	12.0	3.93	32.74	5.0～18.5
全氮（g/kg）	36	0.716	0.22	30.56	0.378～1.134
有效磷（mg/kg）	41	16.8	13.97	83.12	4.0～72.2
速效钾（mg/kg）	27	92	25.17	27.43	68～190
缓效钾（mg/kg）	17	373	52.64	14.13	314～477
有效铜（mg/kg）	12	0.47	0.34	72.66	0.22～1.41
有效锌（mg/kg）	12	0.94	1.11	117.53	0.28～4.07
有效铁（mg/kg）	12	7.05	2.87	40.69	2.74～11.10
有效锰（mg/kg）	12	8.30	2.55	30.71	4.20～12.22
有效硼（mg/kg）	12	0.34	0.19	56.88	0.15～0.69
有效钼（mg/kg）	9	0.080	0.03	40.77	0.043～0.142
有效硫（mg/kg）	12	16.64	13.49	81.08	5.05～47.80
有效硅（mg/kg）	0	—	—	—	—

耕层质地

砂土		砂壤土		轻壤土		中壤土		重壤土		黏土	
样本数	占比（%）	样本数	占比（%）	样本数	占比（%）	样本数	占比（%）	样本数	占比（%）	样本数	占比（%）
0	0.00	42	89.36	0	0.00	5	10.64	0	0.00	0	0.00

土壤 pH

≤4.5		(4.5～5.5]		(5.5～6.5]		(6.5～7.5]		(7.5～8.5]		>8.5	
样本数	占比（%）	样本数	占比（%）	样本数	占比（%）	样本数	占比（%）	样本数	占比（%）	样本数	占比（%）
0	0.00	0	0.00	0	0.00	0	0.00	41	87.23	6	12.77

风沙土—草甸风沙土—草甸固定风沙土耕地土壤主要理化性状

项目名称	样本数（个）	平均值	标准差	变异系数（%）	范　围
有效土层厚度（cm）	57	182.5	38.37	21.03	100.0～200.0
耕层厚度（cm）	10	20.0	0.00	0.00	20.0～20.0
耕层容重（g/cm³）	57	1.29	0.01	1.02	1.25～1.35
有机质（g/kg）	55	10.4	4.31	41.54	5.1～29.2
全氮（g/kg）	55	0.714	0.26	36.03	0.323～1.664
有效磷（mg/kg）	56	19.6	8.52	43.49	5.0～55.8
速效钾（mg/kg）	53	157	68.06	43.44	68～347
缓效钾（mg/kg）	55	730	197.38	27.03	329～1 067
有效铜（mg/kg）	4	0.62	0.37	59.84	0.22～0.95
有效锌（mg/kg）	5	0.87	0.42	48.18	0.49～1.54
有效铁（mg/kg）	5	6.52	4.46	68.34	3.52～14.20
有效锰（mg/kg）	5	14.42	5.18	35.93	8.58～20.20
有效硼（mg/kg）	5	0.30	0.07	23.86	0.22～0.40
有效钼（mg/kg）	5	0.213	0.10	48.88	0.130～0.380
有效硫（mg/kg）	5	17.95	8.56	47.69	11.40～32.34
有效硅（mg/kg）	0	—	—	—	—

耕层质地

砂土		砂壤土		轻壤土		中壤土		重壤土		黏土	
样本数	占比（%）	样本数	占比（%）	样本数	占比（%）	样本数	占比（%）	样本数	占比（%）	样本数	占比（%）
9	15.79	0	0.00	1	1.75	47	82.46	0	0.00	0	0.00

土壤 pH

≤4.5		(4.5～5.5]		(5.5～6.5]		(6.5～7.5]		(7.5～8.5]		>8.5	
样本数	占比（%）	样本数	占比（%）	样本数	占比（%）	样本数	占比（%）	样本数	占比（%）	样本数	占比（%）
0	0.00	0	0.00	0	0.00	0	0.00	48	84.21	9	15.79

粗骨土—中性粗骨土—暗泥质中性粗骨土耕地土壤主要理化性状

项目名称	样本数（个）	平均值	标准差	变异系数（%）	范　围
有效土层厚度（cm）	1	200.0	—	—	—
耕层厚度（cm）	1	30.0	—	—	—
耕层容重（g/cm³）	1	1.20	—	—	—
有机质（g/kg）	1	22.7	—	—	—
全氮（g/kg）	1	1.570	—	—	—
有效磷（mg/kg）	1	8.9	—	—	—
速效钾（mg/kg）	1	192	—	—	—
缓效钾（mg/kg）	1	848	—	—	—
有效铜（mg/kg）	0	—	—	—	—
有效锌（mg/kg）	0	—	—	—	—
有效铁（mg/kg）	0	—	—	—	—
有效锰（mg/kg）	0	—	—	—	—
有效硼（mg/kg）	0	—	—	—	—
有效钼（mg/kg）	0	—	—	—	—
有效硫（mg/kg）	0	—	—	—	—
有效硅（mg/kg）	0	—	—	—	—

耕层质地

砂土		砂壤土		轻壤土		中壤土		重壤土		黏土	
样本数	占比（%）	样本数	占比（%）	样本数	占比（%）	样本数	占比（%）	样本数	占比（%）	样本数	占比（%）
0	0.00	1	100.00	0	0.00	0	0.00	0	0.00	0	0.00

土壤 pH

≤4.5		(4.5～5.5]		(5.5～6.5]		(6.5～7.5]		(7.5～8.5]		>8.5	
样本数	占比（%）	样本数	占比（%）	样本数	占比（%）	样本数	占比（%）	样本数	占比（%）	样本数	占比（%）
0	0.00	0	0.00	0	0.00	0	0.00	1	100.00	0	0.00

粗骨土—中性粗骨土—麻砂质中性粗骨土耕地土壤主要理化性状

项目名称	样本数（个）	平均值	标准差	变异系数（%）	范 围
有效土层厚度（cm）	1	108.0	—	—	—
耕层厚度（cm）	1	20.0	—	—	—
耕层容重（g/cm³）	1	1.30	—	—	—
有机质（g/kg）	1	18.7	—	—	—
全氮（g/kg）	1	1.134	—	—	—
有效磷（mg/kg）	1	15.1	—	—	—
速效钾（mg/kg）	1	192	—	—	—
缓效钾（mg/kg）	1	1 093	—	—	—
有效铜（mg/kg）	0	—	—	—	—
有效锌（mg/kg）	0	—	—	—	—
有效铁（mg/kg）	0	—	—	—	—
有效锰（mg/kg）	0	—	—	—	—
有效硼（mg/kg）	0	—	—	—	—
有效钼（mg/kg）	0	—	—	—	—
有效硫（mg/kg）	0	—	—	—	—
有效硅（mg/kg）	0	—	—	—	—

耕层质地

砂土		砂壤土		轻壤土		中壤土		重壤土		黏土	
样本数	占比（%）	样本数	占比（%）	样本数	占比（%）	样本数	占比（%）	样本数	占比（%）	样本数	占比（%）
0	0.00	1	100.00	0	0.00	0	0.00	0	0.00	0	0.00

土壤 pH

≤4.5		(4.5～5.5]		(5.5～6.5]		(6.5～7.5]		(7.5～8.5]		>8.5	
样本数	占比（%）	样本数	占比（%）	样本数	占比（%）	样本数	占比（%）	样本数	占比（%）	样本数	占比（%）
0	0.00	0	0.00	0	0.00	0	0.00	1	100.00	0	0.00

粗骨土—中性粗骨土—硅质中性粗骨土耕地土壤主要理化性状

项目名称	样本数（个）	平均值	标准差	变异系数（%）	范　围
有效土层厚度（cm）	2	125.0	35.36	28.28	100.0～150.0
耕层厚度（cm）	2	22.5	0.71	3.14	22.0～23.0
耕层容重（g/cm^3）	2	1.25	0.02	1.70	1.23～1.26
有机质（g/kg）	2	20.6	1.11	5.40	19.8～21.4
全氮（g/kg）	2	1.290	0.11	8.77	1.210～1.370
有效磷（mg/kg）	2	32.5	1.54	4.74	31.4～33.6
速效钾（mg/kg）	2	282	37.71	13.39	255～308
缓效钾（mg/kg）	2	1 073	2.35	0.22	1 072～1 075
有效铜（mg/kg）	0	—	—	—	—
有效锌（mg/kg）	0	—	—	—	—
有效铁（mg/kg）	0	—	—	—	—
有效锰（mg/kg）	0	—	—	—	—
有效硼（mg/kg）	0	—	—	—	—
有效钼（mg/kg）	0	—	—	—	—
有效硫（mg/kg）	0	—	—	—	—
有效硅（mg/kg）	0	—	—	—	—

耕层质地

砂土		砂壤土		轻壤土		中壤土		重壤土		黏土	
样本数	占比（%）	样本数	占比（%）	样本数	占比（%）	样本数	占比（%）	样本数	占比（%）	样本数	占比（%）
0	0.00	2	100.00	0	0.00	0	0.00	0	0.00	0	0.00

土壤 pH

≤4.5		(4.5～5.5]		(5.5～6.5]		(6.5～7.5]		(7.5～8.5]		>8.5	
样本数	占比（%）	样本数	占比（%）	样本数	占比（%）	样本数	占比（%）	样本数	占比（%）	样本数	占比（%）
0	0.00	0	0.00	0	0.00	0	0.00	2	100.00	0	0.00

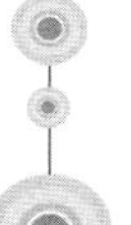

粗骨土—中性粗骨土—泥质中性粗骨土耕地土壤主要理化性状

项目名称	样本数（个）	平均值	标准差	变异系数（%）	范 围
有效土层厚度（cm）	3	56.7	11.55	20.38	50.0～70.0
耕层厚度（cm）	3	20.0	0.00	0.00	20.0～20.0
耕层容重（g/cm^3）	3	1.28	0.01	0.78	1.27～1.29
有机质（g/kg）	3	23.8	1.46	6.13	22.4～25.3
全氮（g/kg）	3	1.360	0.05	3.68	1.310～1.410
有效磷（mg/kg）	2	6.3	3.04	48.65	4.1～8.4
速效钾（mg/kg）	3	188	79.32	42.12	102～258
缓效钾（mg/kg）	3	745	196.63	26.38	562～953
有效铜（mg/kg）	0	—	—	—	—
有效锌（mg/kg）	0	—	—	—	—
有效铁（mg/kg）	0	—	—	—	—
有效锰（mg/kg）	0	—	—	—	—
有效硼（mg/kg）	0	—	—	—	—
有效钼（mg/kg）	0	—	—	—	—
有效硫（mg/kg）	0	—	—	—	—
有效硅（mg/kg）	0	—	—	—	—

耕层质地

砂土		砂壤土		轻壤土		中壤土		重壤土		黏土	
样本数	占比（%）	样本数	占比（%）	样本数	占比（%）	样本数	占比（%）	样本数	占比（%）	样本数	占比（%）
0	0.00	0	0.00	3	100.00	0	0.00	0	0.00	0	0.00

土壤 pH

≤4.5		(4.5～5.5]		(5.5～6.5]		(6.5～7.5]		(7.5～8.5]		>8.5	
样本数	占比（%）	样本数	占比（%）	样本数	占比（%）	样本数	占比（%）	样本数	占比（%）	样本数	占比（%）
0	0.00	0	0.00	0	0.00	0	0.00	3	100.00	0	0.00

粗骨土—中性粗骨土—砂泥质中性粗骨土耕地土壤主要理化性状

项目名称	样本数（个）	平均值	标准差	变异系数（%）	范围
有效土层厚度（cm）	8	153.3	53.86	35.14	50.0～200.0
耕层厚度（cm）	9	25.3	4.97	19.64	18.0～30.0
耕层容重（g/cm³）	8	1.26	0.07	5.83	1.16～1.40
有机质（g/kg）	9	19.1	8.18	42.79	6.0～28.4
全氮（g/kg）	9	1.046	0.55	52.19	0.399～2.062
有效磷（mg/kg）	9	13.5	9.78	72.47	3.4～25.9
速效钾（mg/kg）	9	167	78.78	47.28	74～285
缓效钾（mg/kg）	9	813	146.17	17.98	637～977
有效铜（mg/kg）	0	—	—	—	—
有效锌（mg/kg）	0	—	—	—	—
有效铁（mg/kg）	0	—	—	—	—
有效锰（mg/kg）	0	—	—	—	—
有效硼（mg/kg）	0	—	—	—	—
有效钼（mg/kg）	0	—	—	—	—
有效硫（mg/kg）	0	—	—	—	—
有效硅（mg/kg）	0	—	—	—	—

耕层质地

砂土		砂壤土		轻壤土		中壤土		重壤土		黏土	
样本数	占比（%）	样本数	占比（%）	样本数	占比（%）	样本数	占比（%）	样本数	占比（%）	样本数	占比（%）
0	0.00	8	88.89	0	0.00	1	11.11	0	0.00	0	0.00

土壤 pH

≤4.5		(4.5～5.5]		(5.5～6.5]		(6.5～7.5]		(7.5～8.5]		>8.5	
样本数	占比（%）	样本数	占比（%）	样本数	占比（%）	样本数	占比（%）	样本数	占比（%）	样本数	占比（%）
0	0.00	0	0.00	0	0.00	0	0.00	9	100.00	0	0.00

粗骨土—钙质粗骨土—灰泥质钙质粗骨土耕地土壤主要理化性状

项目名称	样本数（个）	平均值	标准差	变异系数（%）	范围
有效土层厚度（cm）	12	110.1	36.21	32.89	45.0～200.0
耕层厚度（cm）	12	28.3	3.89	13.74	20.0～30.0
耕层容重（g/cm^3）	12	1.23	0.06	4.78	1.20～1.40
有机质（g/kg）	12	22.3	7.47	33.57	13.0～30.6
全氮（g/kg）	11	1.380	0.36	25.81	0.930～1.990
有效磷（mg/kg）	12	18.6	8.02	43.06	9.9～31.7
速效钾（mg/kg）	12	194	57.64	29.78	123～297
缓效钾（mg/kg）	12	709	171.66	24.20	482～1 029
有效铜（mg/kg）	1	0.76	—	—	—
有效锌（mg/kg）	1	4.95	—	—	—
有效铁（mg/kg）	1	5.09	—	—	—
有效锰（mg/kg）	1	6.31	—	—	—
有效硼（mg/kg）	1	0.29	—	—	—
有效钼（mg/kg）	1	0.212	—	—	—
有效硫（mg/kg）	1	41.60	—	—	—
有效硅（mg/kg）	1	269.00	—	—	—

耕层质地

砂土		砂壤土		轻壤土		中壤土		重壤土		黏土	
样本数	占比（%）	样本数	占比（%）	样本数	占比（%）	样本数	占比（%）	样本数	占比（%）	样本数	占比（%）
0	0.00	10	83.33	0	0.00	2	16.67	0	0.00	0	0.00

土壤 pH

≤4.5		(4.5～5.5]		(5.5～6.5]		(6.5～7.5]		(7.5～8.5]		>8.5	
样本数	占比（%）	样本数	占比（%）	样本数	占比（%）	样本数	占比（%）	样本数	占比（%）	样本数	占比（%）
0	0.00	0	0.00	0	0.00	0	0.00	9	75.00	3	25.00

粗骨土—钙质粗骨土—暗泥质钙质粗骨土耕地土壤主要理化性状

项目名称	样本数（个）	平均值	标准差	变异系数（%）	范　围
有效土层厚度（cm）	3	50.0	0.00	0.00	50.0～50.0
耕层厚度（cm）	3	20.0	0.00	0.00	20.0～20.0
耕层容重（g/cm³）	3	1.33	0.11	8.30	1.22～1.44
有机质（g/kg）	3	18.0	2.61	14.48	15.5～20.7
全氮（g/kg）	3	1.123	0.08	7.41	1.030～1.190
有效磷（mg/kg）	3	26.0	29.03	111.66	3.6～58.8
速效钾（mg/kg）	3	186	51.22	27.54	128～225
缓效钾（mg/kg）	3	936	267.87	28.63	660～1 195
有效铜（mg/kg）	0	—	—	—	—
有效锌（mg/kg）	0	—	—	—	—
有效铁（mg/kg）	0	—	—	—	—
有效锰（mg/kg）	0	—	—	—	—
有效硼（mg/kg）	0	—	—	—	—
有效钼（mg/kg）	0	—	—	—	—
有效硫（mg/kg）	0	—	—	—	—
有效硅（mg/kg）	0	—	—	—	—

耕层质地

砂土		砂壤土		轻壤土		中壤土		重壤土		黏土	
样本数	占比（%）	样本数	占比（%）	样本数	占比（%）	样本数	占比（%）	样本数	占比（%）	样本数	占比（%）
0	0.00	0	0.00	3	100.00	0	0.00	0	0.00	0	0.00

土壤 pH

≤4.5		(4.5～5.5]		(5.5～6.5]		(6.5～7.5]		(7.5～8.5]		>8.5	
样本数	占比（%）	样本数	占比（%）	样本数	占比（%）	样本数	占比（%）	样本数	占比（%）	样本数	占比（%）
0	0.00	0	0.00	0	0.00	0	0.00	3	100.00	0	0.00

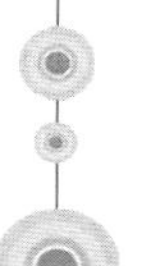

石质土—中性石质土—砂泥质中性石质土耕地土壤主要理化性状

项目名称	样本数（个）	平均值	标准差	变异系数（%）	范 围
有效土层厚度（cm）	1	192.0	—	—	—
耕层厚度（cm）	2	25.0	7.07	28.28	20.0～30.0
耕层容重（g/cm³）	2	1.20	0.00	0.00	1.20～1.20
有机质（g/kg）	2	17.9	7.22	40.35	12.8～23.0
全氮（g/kg）	2	1.674	0.15	8.75	1.570～1.777
有效磷（mg/kg）	2	30.4	10.04	33.03	23.3～37.5
速效钾（mg/kg）	2	185	138.53	74.73	87～283
缓效钾（mg/kg）	2	642	291.40	45.39	436～848
有效铜（mg/kg）	1	1.84	—	—	—
有效锌（mg/kg）	1	7.19	—	—	—
有效铁（mg/kg）	0	—	—	—	—
有效锰（mg/kg）	0	—	—	—	—
有效硼（mg/kg）	1	0.66	—	—	—
有效钼（mg/kg）	1	0.114	—	—	—
有效硫（mg/kg）	1	66.50	—	—	—
有效硅（mg/kg）	0	—	—	—	—

耕层质地

砂土		砂壤土		轻壤土		中壤土		重壤土		黏土	
样本数	占比（%）	样本数	占比（%）	样本数	占比（%）	样本数	占比（%）	样本数	占比（%）	样本数	占比（%）
0	0.00	2	100.00	0	0.00	0	0.00	0	0.00	0	0.00

土壤 pH

≤4.5		(4.5～5.5]		(5.5～6.5]		(6.5～7.5]		(7.5～8.5]		>8.5	
样本数	占比（%）	样本数	占比（%）	样本数	占比（%）	样本数	占比（%）	样本数	占比（%）	样本数	占比（%）
0	0.00	0	0.00	0	0.00	0	0.00	2	100.00	0	0.00

石质土—钙质石质土—灰泥质钙质石质土耕地土壤主要理化性状

项目名称	样本数（个）	平均值	标准差	变异系数（%）	范　围
有效土层厚度（cm）	14	176.4	41.41	23.47	80.0～200.0
耕层厚度（cm）	14	28.6	3.63	12.71	20.0～30.0
耕层容重（g/cm³）	14	1.23	0.06	5.15	1.14～1.30
有机质（g/kg）	14	19.5	4.40	22.62	13.1～27.7
全氮（g/kg）	14	1.286	0.39	30.45	0.730～2.030
有效磷（mg/kg）	14	18.5	10.55	56.89	4.3～32.3
速效钾（mg/kg）	14	177	49.92	28.28	108～253
缓效钾（mg/kg）	14	857	190.92	22.27	655～1 422
有效铜（mg/kg）	0	—	—	—	—
有效锌（mg/kg）	0	—	—	—	—
有效铁（mg/kg）	0	—	—	—	—
有效锰（mg/kg）	0	—	—	—	—
有效硼（mg/kg）	0	—	—	—	—
有效钼（mg/kg）	0	—	—	—	—
有效硫（mg/kg）	0	—	—	—	—
有效硅（mg/kg）	0	—	—	—	—

耕层质地

砂土		砂壤土		轻壤土		中壤土		重壤土		黏土	
样本数	占比（%）	样本数	占比（%）	样本数	占比（%）	样本数	占比（%）	样本数	占比（%）	样本数	占比（%）
0	0.00	11	78.57	2	14.29	1	7.14	0	0.00	0	0.00

土壤 pH

≤4.5		(4.5～5.5]		(5.5～6.5]		(6.5～7.5]		(7.5～8.5]		>8.5	
样本数	占比（%）	样本数	占比（%）	样本数	占比（%）	样本数	占比（%）	样本数	占比（%）	样本数	占比（%）
0	0.00	0	0.00	0	0.00	0	0.00	14	100.00	0	0.00

石质土—钙质石质土—砂泥质钙质石质土耕地土壤主要理化性状

项目名称	样本数（个）	平均值	标准差	变异系数（%）	范　围
有效土层厚度（cm）	1	50.0	—	—	—
耕层厚度（cm）	1	20.0	—	—	—
耕层容重（g/cm^3）	1	1.39	—	—	—
有机质（g/kg）	1	26.2	—	—	—
全氮（g/kg）	1	1.410	—	—	—
有效磷（mg/kg）	1	7.2	—	—	—
速效钾（mg/kg）	1	192	—	—	—
缓效钾（mg/kg）	1	1 039	—	—	—
有效铜（mg/kg）	0	—	—	—	—
有效锌（mg/kg）	0	—	—	—	—
有效铁（mg/kg）	0	—	—	—	—
有效锰（mg/kg）	0	—	—	—	—
有效硼（mg/kg）	0	—	—	—	—
有效钼（mg/kg）	0	—	—	—	—
有效硫（mg/kg）	0	—	—	—	—
有效硅（mg/kg）	0	—	—	—	—

耕层质地

砂土		砂壤土		轻壤土		中壤土		重壤土		黏土	
样本数	占比（%）	样本数	占比（%）	样本数	占比（%）	样本数	占比（%）	样本数	占比（%）	样本数	占比（%）
0	0.00	0	0.00	1	100.00	0	0.00	0	0.00	0	0.00

土壤 pH

≤4.5		(4.5～5.5]		(5.5～6.5]		(6.5～7.5]		(7.5～8.5]		>8.5	
样本数	占比（%）	样本数	占比（%）	样本数	占比（%）	样本数	占比（%）	样本数	占比（%）	样本数	占比（%）
0	0.00	0	0.00	0	0.00	0	0.00	1	100.00	0	0.00

草甸土—典型草甸土—草甸砂土耕地土壤主要理化性状

项目名称	样本数（个）	平均值	标准差	变异系数（%）	范　围
有效土层厚度（cm）	5	89.0	21.91	24.62	50.0～100.0
耕层厚度（cm）	5	20.0	0.00	0.00	20.0～20.0
耕层容重（g/cm³）	4	1.36	0.12	8.92	1.19～1.47
有机质（g/kg）	5	17.1	5.81	34.05	13.1～27.2
全氮（g/kg）	5	1.044	0.23	21.55	0.860～1.430
有效磷（mg/kg）	4	26.3	17.88	68.11	7.8～50.4
速效钾（mg/kg）	4	112	60.30	54.08	70～201
缓效钾（mg/kg）	5	1 219	139.70	11.46	1 039～1 394
有效铜（mg/kg）	1	0.21	—	—	—
有效锌（mg/kg）	1	0.91	—	—	—
有效铁（mg/kg）	1	11.50	—	—	—
有效锰（mg/kg）	1	10.10	—	—	—
有效硼（mg/kg）	1	0.55	—	—	—
有效钼（mg/kg）	1	0.110	—	—	—
有效硫（mg/kg）	1	21.10	—	—	—
有效硅（mg/kg）	1	101.00	—	—	—

耕层质地

砂土		砂壤土		轻壤土		中壤土		重壤土		黏土	
样本数	占比（%）	样本数	占比（%）	样本数	占比（%）	样本数	占比（%）	样本数	占比（%）	样本数	占比（%）
0	0.00	2	40.00	2	40.00	1	20.00	0	0.00	0	0.00

土壤 pH

≤4.5		(4.5～5.5]		(5.5～6.5]		(6.5～7.5]		(7.5～8.5]		>8.5	
样本数	占比（%）	样本数	占比（%）	样本数	占比（%）	样本数	占比（%）	样本数	占比（%）	样本数	占比（%）
0	0.00	0	0.00	1	20.00	1	20.00	3	60.00	0	0.00

草甸土—典型草甸土—草甸壤土耕地土壤主要理化性状

项目名称	样本数（个）	平均值	标准差	变异系数（%）	范　围
有效土层厚度（cm）	23	138.3	31.43	22.73	50.0～150.0
耕层厚度（cm）	19	20.0	6.36	31.80	15.0～30.0
耕层容重（g/cm^3）	23	1.32	0.08	5.91	1.19～1.46
有机质（g/kg）	22	19.7	4.65	23.63	9.2～27.6
全氮（g/kg）	23	1.188	0.31	25.89	0.620～1.880
有效磷（mg/kg）	22	23.8	10.89	45.86	7.3～43.1
速效钾（mg/kg）	23	143	58.06	40.59	68～273
缓效钾（mg/kg）	22	1 100	192.38	17.48	667～1 456
有效铜（mg/kg）	4	1.47	0.54	36.69	0.88～2.08
有效锌（mg/kg）	4	1.08	0.56	51.73	0.49～1.81
有效铁（mg/kg）	2	15.20	1.27	8.37	14.30～16.10
有效锰（mg/kg）	4	11.95	0.83	6.91	10.90～12.86
有效硼（mg/kg）	4	0.45	0.15	33.01	0.24～0.56
有效钼（mg/kg）	4	0.402	0.61	150.72	0.050～1.306
有效硫（mg/kg）	3	10.53	3.37	32.00	7.56～14.19
有效硅（mg/kg）	4	204.79	128.46	62.73	49.30～331.18

耕层质地

砂土		砂壤土		轻壤土		中壤土		重壤土		黏土	
样本数	占比（%）	样本数	占比（%）	样本数	占比（%）	样本数	占比（%）	样本数	占比（%）	样本数	占比（%）
0	0.00	4	17.39	14	60.87	5	21.74	0	0.00	0	0.00

土壤 pH

≤4.5		(4.5～5.5]		(5.5～6.5]		(6.5～7.5]		(7.5～8.5]		>8.5	
样本数	占比（%）	样本数	占比（%）	样本数	占比（%）	样本数	占比（%）	样本数	占比（%）	样本数	占比（%）
0	0.00	0	0.00	2	8.70	2	8.70	18	78.26	1	4.35

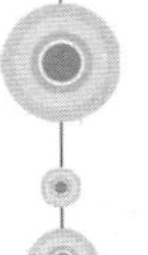

潮土—典型潮土—潮砂土耕地土壤主要理化性状

项目名称	样本数（个）	平均值	标准差	变异系数（%）	范　围
有效土层厚度（cm）	17	170.0	60.93	35.84	30.0～200.0
耕层厚度（cm）	18	18.9	5.39	28.53	15.0～40.0
耕层容重（g/cm^3）	16	1.42	0.05	3.62	1.30～1.45
有机质（g/kg）	18	18.8	4.00	21.30	7.7～25.3
全氮（g/kg）	18	1.260	0.29	22.62	0.755～1.722
有效磷（mg/kg）	17	17.8	14.52	81.43	3.6～54.0
速效钾（mg/kg）	18	253	116.55	46.02	84～406
缓效钾（mg/kg）	10	1 097	352.27	32.10	319～1 486
有效铜（mg/kg）	3	1.01	0.63	62.42	0.49～1.71
有效锌（mg/kg）	4	0.82	0.28	34.23	0.40～0.98
有效铁（mg/kg）	3	8.44	4.55	53.97	3.22～11.64
有效锰（mg/kg）	3	10.71	2.12	19.76	8.29～12.21
有效硼（mg/kg）	4	0.33	0.19	59.39	0.19～0.61
有效钼（mg/kg）	4	0.466	0.69	148.46	0.059～1.496
有效硫（mg/kg）	1	33.01	—	—	—
有效硅（mg/kg）	1	198.00	—	—	—

耕层质地

砂土		砂壤土		轻壤土		中壤土		重壤土		黏土	
样本数	占比（%）	样本数	占比（%）	样本数	占比（%）	样本数	占比（%）	样本数	占比（%）	样本数	占比（%）
0	0.00	13	72.22	2	11.11	3	16.67	0	0.00	0	0.00

土壤 pH

≤4.5		(4.5～5.5]		(5.5～6.5]		(6.5～7.5]		(7.5～8.5]		>8.5	
样本数	占比（%）	样本数	占比（%）	样本数	占比（%）	样本数	占比（%）	样本数	占比（%）	样本数	占比（%）
0	0.00	0	0.00	0	0.00	0	0.00	13	72.22	5	27.78

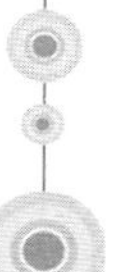

潮土—典型潮土—潮壤土耕地土壤主要理化性状

项目名称	样本数（个）	平均值	标准差	变异系数（%）	范围
有效土层厚度（cm）	37	67.8	22.88	33.76	40.0～100.0
耕层厚度（cm）	37	24.7	7.16	28.97	15.0～35.0
耕层容重（g/cm³）	37	1.33	0.10	7.22	1.08～1.49
有机质（g/kg）	37	19.1	4.34	22.74	13.0～30.1
全氮（g/kg）	37	1.139	0.27	23.82	0.763～1.880
有效磷（mg/kg）	33	23.3	14.37	61.71	5.3～56.4
速效钾（mg/kg）	35	233	76.62	32.82	98～415
缓效钾（mg/kg）	36	1 116	207.81	18.62	649～1 417
有效铜（mg/kg）	9	1.00	0.73	73.59	0.21～2.15
有效锌（mg/kg）	10	1.09	0.34	30.88	0.61～1.62
有效铁（mg/kg）	10	8.84	2.62	29.68	4.66～11.50
有效锰（mg/kg）	9	13.11	5.86	44.70	8.16～27.04
有效硼（mg/kg）	5	0.52	0.19	37.57	0.28～0.80
有效钼（mg/kg）	10	0.450	0.28	62.89	0.110～1.019
有效硫（mg/kg）	4	47.92	43.28	90.33	21.10～111.77
有效硅（mg/kg）	3	141.67	70.44	49.72	101.00～223.00

耕层质地

砂土		砂壤土		轻壤土		中壤土		重壤土		黏土	
样本数	占比（%）	样本数	占比（%）	样本数	占比（%）	样本数	占比（%）	样本数	占比（%）	样本数	占比（%）
0	0.00	20	54.05	3	8.11	6	16.22	8	21.62	0	0.00

土壤 pH

≤4.5		(4.5～5.5]		(5.5～6.5]		(6.5～7.5]		(7.5～8.5]		>8.5	
样本数	占比（%）	样本数	占比（%）	样本数	占比（%）	样本数	占比（%）	样本数	占比（%）	样本数	占比（%）
0	0.00	0	0.00	0	0.00	1	2.70	33	89.19	3	8.11

潮土—典型潮土—潮黏土耕地土壤主要理化性状

项目名称	样本数（个）	平均值	标准差	变异系数（%）	范　围
有效土层厚度（cm）	9	99.0	0.00	0.00	99.0～99.0
耕层厚度（cm）	9	20.0	0.00	0.00	20.0～20.0
耕层容重（g/cm^3）	9	1.30	0.00	0.00	1.30～1.30
有机质（g/kg）	8	14.7	4.91	33.50	8.6～20.6
全氮（g/kg）	8	0.868	0.32	36.93	0.510～1.260
有效磷（mg/kg）	6	28.5	11.82	41.52	13.3～45.5
速效钾（mg/kg）	7	144	64.27	44.49	96～275
缓效钾（mg/kg）	9	1 077	112.77	10.47	788～1 125
有效铜（mg/kg）	9	0.37	0.35	94.66	0.21～1.22
有效锌（mg/kg）	9	0.97	0.33	34.12	0.55～1.79
有效铁（mg/kg）	9	11.94	4.18	35.03	5.29～21.65
有效锰（mg/kg）	9	9.53	1.35	14.15	6.08～10.10
有效硼（mg/kg）	9	0.64	0.22	33.90	0.55～1.20
有效钼（mg/kg）	9	0.118	0.03	29.20	0.085～0.207
有效硫（mg/kg）	9	20.22	2.42	11.97	13.79～21.10
有效硅（mg/kg）	9	103.08	4.37	4.24	101.00～113.26

耕层质地

砂土		砂壤土		轻壤土		中壤土		重壤土		黏土	
样本数	占比（%）	样本数	占比（%）	样本数	占比（%）	样本数	占比（%）	样本数	占比（%）	样本数	占比（%）
0	0.00	0	0.00	0	0.00	9	100.00	0	0.00	0	0.00

土壤 pH

≤4.5		(4.5～5.5]		(5.5～6.5]		(6.5～7.5]		(7.5～8.5]		>8.5	
样本数	占比（%）	样本数	占比（%）	样本数	占比（%）	样本数	占比（%）	样本数	占比（%）	样本数	占比（%）
0	0.00	0	0.00	0	0.00	0	0.00	8	88.89	1	11.11

潮土—典型潮土—石灰性潮砂土耕地土壤主要理化性状

项目名称	样本数（个）	平均值	标准差	变异系数（%）	范　围
有效土层厚度（cm）	11	136.0	29.39	21.61	86.0～160.0
耕层厚度（cm）	11	21.4	2.34	10.93	20.0～25.0
耕层容重（g/cm^3）	11	1.34	0.07	5.57	1.20～1.46
有机质（g/kg）	10	14.3	3.74	26.12	9.9～20.4
全氮（g/kg）	10	0.864	0.26	30.21	0.330～1.080
有效磷（mg/kg）	11	17.1	7.82	45.65	3.9～32.7
速效钾（mg/kg）	11	214	76.21	35.54	108～329
缓效钾（mg/kg）	11	679	154.16	22.72	452～963
有效铜（mg/kg）	0	—	—	—	—
有效锌（mg/kg）	3	1.02	0.51	49.77	0.44～1.39
有效铁（mg/kg）	4	9.28	1.93	20.77	7.23～11.15
有效锰（mg/kg）	4	5.19	1.41	27.13	3.30～6.61
有效硼（mg/kg）	4	0.58	0.19	33.20	0.42～0.83
有效钼（mg/kg）	4	0.097	0.02	20.30	0.070～0.115
有效硫（mg/kg）	4	17.50	7.14	40.81	11.71～27.92
有效硅（mg/kg）	4	157.50	31.65	20.09	116.00～193.00

耕层质地

砂土		砂壤土		轻壤土		中壤土		重壤土		黏土	
样本数	占比（%）	样本数	占比（%）	样本数	占比（%）	样本数	占比（%）	样本数	占比（%）	样本数	占比（%）
0	0.00	6	54.55	5	45.45	0	0.00	0	0.00	0	0.00

土壤 pH

≤4.5		(4.5～5.5]		(5.5～6.5]		(6.5～7.5]		(7.5～8.5]		>8.5	
样本数	占比（%）	样本数	占比（%）	样本数	占比（%）	样本数	占比（%）	样本数	占比（%）	样本数	占比（%）
0	0.00	0	0.00	0	0.00	0	0.00	7	63.64	4	36.36

潮土—典型潮土—石灰性潮壤土耕地土壤主要理化性状

项目名称	样本数（个）	平均值	标准差	变异系数（%）	范　围
有效土层厚度（cm）	517	123.4	43.93	35.61	30.0～200.0
耕层厚度（cm）	573	24.9	4.70	18.89	17.0～31.0
耕层容重（g/cm^3）	550	1.24	0.08	6.57	1.05～1.49
有机质（g/kg）	554	20.3	6.26	30.84	5.0～32.1
全氮（g/kg）	545	1.078	0.35	32.10	0.324～2.064
有效磷（mg/kg）	572	18.8	11.16	59.47	3.5～45.9
速效钾（mg/kg）	573	194	69.44	35.72	67～329
缓效钾（mg/kg）	568	826	161.90	19.60	333～1 278
有效铜（mg/kg）	52	1.42	0.54	37.81	0.40～2.81
有效锌（mg/kg）	51	2.76	2.07	74.87	0.45～7.06
有效铁（mg/kg）	57	12.24	6.48	52.92	1.80～28.87
有效锰（mg/kg）	48	12.86	5.80	45.07	3.12～23.28
有效硼（mg/kg）	54	0.67	0.42	63.48	0.15～1.88
有效钼（mg/kg）	47	0.149	0.12	81.75	0.066～0.845
有效硫（mg/kg）	52	44.05	31.56	71.65	2.23～116.92
有效硅（mg/kg）	37	197.62	88.46	44.76	53.54～326.58

耕层质地

砂土		砂壤土		轻壤土		中壤土		重壤土		黏土	
样本数	占比（%）	样本数	占比（%）	样本数	占比（%）	样本数	占比（%）	样本数	占比（%）	样本数	占比（%）
2	0.35	88	15.36	226	39.44	227	39.62	16	2.79	14	2.44

土壤 pH

≤4.5		(4.5～5.5]		(5.5～6.5]		(6.5～7.5]		(7.5～8.5]		>8.5	
样本数	占比（%）	样本数	占比（%）	样本数	占比（%）	样本数	占比（%）	样本数	占比（%）	样本数	占比（%）
0	0.00	0	0.00	1	0.17	5	0.87	499	87.09	68	11.87

潮土—典型潮土—石灰性潮黏土耕地土壤主要理化性状

项目名称	样本数（个）	平均值	标准差	变异系数（%）	范 围
有效土层厚度（cm）	1	200.0	—	—	—
耕层厚度（cm）	1	15.0	—	—	—
耕层容重（g/cm^3）	1	1.41	—	—	—
有机质（g/kg）	1	17.4	—	—	—
全氮（g/kg）	1	1.148	—	—	—
有效磷（mg/kg）	0	—	—	—	—
速效钾（mg/kg）	1	175	—	—	—
缓效钾（mg/kg）	1	965	—	—	—
有效铜（mg/kg）	1	2.38	—	—	—
有效锌（mg/kg）	1	1.62	—	—	—
有效铁（mg/kg）	1	7.36	—	—	—
有效锰（mg/kg）	1	15.57	—	—	—
有效硼（mg/kg）	1	0.39	—	—	—
有效钼（mg/kg）	1	0.108	—	—	—
有效硫（mg/kg）	0	—	—	—	—
有效硅（mg/kg）	0	—	—	—	—

耕层质地

砂土		砂壤土		轻壤土		中壤土		重壤土		黏土	
样本数	占比（%）	样本数	占比（%）	样本数	占比（%）	样本数	占比（%）	样本数	占比（%）	样本数	占比（%）
0	0.00	0	0.00	0	0.00	1	100.00	0	0.00	0	0.00

土壤 pH

≤4.5		(4.5～5.5]		(5.5～6.5]		(6.5～7.5]		(7.5～8.5]		>8.5	
样本数	占比（%）	样本数	占比（%）	样本数	占比（%）	样本数	占比（%）	样本数	占比（%）	样本数	占比（%）
0	0.00	0	0.00	0	0.00	0	0.00	1	100.00	0	0.00

潮土—灰潮土—灰潮壤土耕地土壤主要理化性状

项目名称	样本数（个）	平均值	标准差	变异系数（%）	范　围
有效土层厚度（cm）	9	73.3	25.00	34.09	50.0～110.0
耕层厚度（cm）	9	22.8	3.63	15.95	20.0～30.0
耕层容重（g/cm³）	9	1.28	0.06	5.04	1.14～1.36
有机质（g/kg）	9	15.7	3.88	24.73	9.2～21.4
全氮（g/kg）	9	0.939	0.23	24.70	0.590～1.260
有效磷（mg/kg）	9	24.7	14.29	57.88	5.2～53.9
速效钾（mg/kg）	9	227	76.01	33.54	121～369
缓效钾（mg/kg）	9	1 184	180.04	15.21	906～1 452
有效铜（mg/kg）	9	1.28	0.94	73.22	0.21～2.84
有效锌（mg/kg）	9	1.01	0.37	36.35	0.47～1.60
有效铁（mg/kg）	8	11.32	1.42	12.55	9.73～14.40
有效锰（mg/kg）	9	9.14	1.54	16.83	6.40～10.60
有效硼（mg/kg）	9	0.68	0.34	50.43	0.34～1.50
有效钼（mg/kg）	9	0.129	0.06	48.43	0.067～0.240
有效硫（mg/kg）	9	28.16	15.25	54.17	5.30～61.40
有效硅（mg/kg）	8	123.77	30.04	24.27	101.00～193.00

耕层质地

砂土		砂壤土		轻壤土		中壤土		重壤土		黏土	
样本数	占比（%）	样本数	占比（%）	样本数	占比（%）	样本数	占比（%）	样本数	占比（%）	样本数	占比（%）
0	0.00	0	0.00	0	0.00	9	100.00	0	0.00	0	0.00

土壤 pH

≤4.5		(4.5～5.5]		(5.5～6.5]		(6.5～7.5]		(7.5～8.5]		>8.5	
样本数	占比（%）	样本数	占比（%）	样本数	占比（%）	样本数	占比（%）	样本数	占比（%）	样本数	占比（%）
0	0.00	0	0.00	0	0.00	0	0.00	6	66.67	3	33.33

潮土—脱潮土—脱潮壤土耕地土壤主要理化性状

项目名称	样本数（个）	平均值	标准差	变异系数（%）	范　围
有效土层厚度（cm）	162	134.5	40.19	29.88	30.0～200.0
耕层厚度（cm）	171	24.3	4.39	18.09	18.0～40.0
耕层容重（g/cm^3）	169	1.26	0.09	6.91	1.07～1.48
有机质（g/kg）	168	19.7	6.16	31.24	5.6～31.4
全氮（g/kg）	168	1.135	0.42	37.07	0.330～2.030
有效磷（mg/kg）	171	19.7	11.13	56.61	3.9～42.0
速效钾（mg/kg）	171	221	74.30	33.69	68～333
缓效钾（mg/kg）	169	915	184.60	20.18	487～1 452
有效铜（mg/kg）	17	1.13	0.53	47.19	0.30～1.95
有效锌（mg/kg）	18	1.70	1.58	92.82	0.38～5.25
有效铁（mg/kg）	16	6.38	4.82	75.63	1.21～17.10
有效锰（mg/kg）	15	6.78	4.01	59.14	1.93～13.90
有效硼（mg/kg）	14	0.82	0.45	55.05	0.13～1.66
有效钼（mg/kg）	16	0.160	0.08	53.03	0.065～0.450
有效硫（mg/kg）	19	34.30	21.90	63.86	7.70～77.45
有效硅（mg/kg）	15	176.07	73.57	41.78	59.42～279.00

耕层质地

砂土		砂壤土		轻壤土		中壤土		重壤土		黏土	
样本数	占比（%）	样本数	占比（%）	样本数	占比（%）	样本数	占比（%）	样本数	占比（%）	样本数	占比（%）
1	0.58	34	19.88	72	42.11	58	33.92	3	1.75	3	1.75

土壤 pH

≤4.5		(4.5～5.5]		(5.5～6.5]		(6.5～7.5]		(7.5～8.5]		>8.5	
样本数	占比（%）	样本数	占比（%）	样本数	占比（%）	样本数	占比（%）	样本数	占比（%）	样本数	占比（%）
0	0.00	0	0.00	0	0.00	2	1.17	135	78.95	34	19.88

潮土—湿潮土—湿潮砂土耕地土壤主要理化性状

项目名称	样本数（个）	平均值	标准差	变异系数（%）	范　围
有效土层厚度（cm）	34	35.6	5.04	14.16	30.0～40.0
耕层厚度（cm）	34	17.3	2.27	13.08	15.0～20.0
耕层容重（g/cm³）	27	1.35	0.00	0.00	1.35～1.35
有机质（g/kg）	32	11.4	3.96	34.81	4.7～21.5
全氮（g/kg）	32	0.702	0.26	37.12	0.308～1.299
有效磷（mg/kg）	32	25.5	18.22	71.57	6.1～72.2
速效钾（mg/kg）	24	119	42.72	36.01	71～227
缓效钾（mg/kg）	13	360	39.72	11.05	314～436
有效铜（mg/kg）	3	0.44	0.24	53.87	0.18～0.65
有效锌（mg/kg）	3	1.31	0.86	65.78	0.32～1.89
有效铁（mg/kg）	3	6.66	3.48	52.34	3.26～10.22
有效锰（mg/kg）	3	7.50	1.59	21.27	5.71～8.77
有效硼（mg/kg）	3	0.17	0.02	14.77	0.14～0.19
有效钼（mg/kg）	3	0.095	0.03	26.38	0.077～0.124
有效硫（mg/kg）	3	25.50	16.28	63.87	11.65～43.44
有效硅（mg/kg）	0	—	—	—	—

耕层质地

砂土		砂壤土		轻壤土		中壤土		重壤土		黏土	
样本数	占比（%）	样本数	占比（%）	样本数	占比（%）	样本数	占比（%）	样本数	占比（%）	样本数	占比（%）
0	0.00	7	20.59	24	70.59	3	8.82	0	0.00	0	0.00

土壤 pH

≤4.5		(4.5～5.5]		(5.5～6.5]		(6.5～7.5]		(7.5～8.5]		>8.5	
样本数	占比（%）	样本数	占比（%）	样本数	占比（%）	样本数	占比（%）	样本数	占比（%）	样本数	占比（%）
0	0.00	0	0.00	0	0.00	1	2.94	32	94.12	1	2.94

潮土—湿潮土—湿潮壤土耕地土壤主要理化性状

项目名称	样本数（个）	平均值	标准差	变异系数（%）	范　围
有效土层厚度（cm）	6	77.5	25.25	32.58	45.0～100.0
耕层厚度（cm）	6	23.3	5.16	22.13	20.0～30.0
耕层容重（g/cm^3）	5	1.38	0.06	4.10	1.28～1.43
有机质（g/kg）	6	16.9	4.18	24.67	10.3～23.5
全氮（g/kg）	6	1.218	0.29	24.10	0.850～1.670
有效磷（mg/kg）	6	17.4	15.22	87.65	8.4～47.7
速效钾（mg/kg）	6	225	89.35	39.74	104～337
缓效钾（mg/kg）	6	914	193.60	21.18	725～1 236
有效铜（mg/kg）	1	1.28	—	—	—
有效锌（mg/kg）	1	0.83	—	—	—
有效铁（mg/kg）	0	—	—	—	—
有效锰（mg/kg）	0	—	—	—	—
有效硼（mg/kg）	0	—	—	—	—
有效钼（mg/kg）	1	1.110	—	—	—
有效硫（mg/kg）	1	149.00	—	—	—
有效硅（mg/kg）	0	—	—	—	—

耕层质地

砂土		砂壤土		轻壤土		中壤土		重壤土		黏土	
样本数	占比（%）	样本数	占比（%）	样本数	占比（%）	样本数	占比（%）	样本数	占比（%）	样本数	占比（%）
0	0.00	1	16.67	0	0.00	5	83.33	0	0.00	0	0.00

土壤 pH

≤4.5		(4.5～5.5]		(5.5～6.5]		(6.5～7.5]		(7.5～8.5]		>8.5	
样本数	占比（%）	样本数	占比（%）	样本数	占比（%）	样本数	占比（%）	样本数	占比（%）	样本数	占比（%）
0	0.00	0	0.00	0	0.00	1	16.67	5	83.33	0	0.00

潮土—盐化潮土—氯化物潮土耕地土壤主要理化性状

项目名称	样本数（个）	平均值	标准差	变异系数（%）	范　围
有效土层厚度（cm）	7	111.4	73.13	65.63	30.0～170.0
耕层厚度（cm）	17	21.6	3.60	16.65	15.0～25.0
耕层容重（g/cm^3）	17	1.30	0.06	4.35	1.25～1.40
有机质（g/kg）	17	20.0	4.62	23.11	12.6～30.0
全氮（g/kg）	17	1.253	0.37	29.19	0.707～1.975
有效磷（mg/kg）	17	23.3	6.88	29.50	9.0～29.5
速效钾（mg/kg）	17	236	104.05	44.12	82～358
缓效钾（mg/kg）	16	952	260.71	27.37	330～1 377
有效铜（mg/kg）	2	0.88	0.00	0.00	0.88～0.88
有效锌（mg/kg）	2	0.53	0.00	0.00	0.53～0.53
有效铁（mg/kg）	2	8.50	0.00	0.00	8.50～8.50
有效锰（mg/kg）	2	18.99	0.00	0.00	18.99～18.99
有效硼（mg/kg）	2	0.42	0.00	0.00	0.42～0.42
有效钼（mg/kg）	2	0.087	0.00	0.00	0.087～0.087
有效硫（mg/kg）	2	42.01	0.00	0.00	42.01～42.01
有效硅（mg/kg）	0	—	—	—	—

耕层质地

砂土		砂壤土		轻壤土		中壤土		重壤土		黏土	
样本数	占比（%）	样本数	占比（%）	样本数	占比（%）	样本数	占比（%）	样本数	占比（%）	样本数	占比（%）
0	0.00	0	0.00	3	17.65	10	58.82	4	23.53	0	0.00

土壤 pH

≤4.5		(4.5～5.5]		(5.5～6.5]		(6.5～7.5]		(7.5～8.5]		>8.5	
样本数	占比（%）	样本数	占比（%）	样本数	占比（%）	样本数	占比（%）	样本数	占比（%）	样本数	占比（%）
0	0.00	0	0.00	0	0.00	0	0.00	17	100.00	0	0.00

潮土—盐化潮土—硫酸盐潮土耕地土壤主要理化性状

项目名称	样本数（个）	平均值	标准差	变异系数（%）	范 围
有效土层厚度（cm）	100	159.3	31.70	19.90	50.0～200.0
耕层厚度（cm）	106	26.2	4.76	18.20	18.0～30.0
耕层容重（g/cm^3）	106	1.27	0.08	6.38	1.13～1.42
有机质（g/kg）	104	20.1	4.97	24.69	6.4～30.7
全氮（g/kg）	101	1.147	0.33	28.70	0.460～1.970
有效磷（mg/kg）	106	21.0	9.68	46.00	4.0～44.6
速效钾（mg/kg）	106	213	75.07	35.22	75～410
缓效钾（mg/kg）	106	887	175.64	19.79	490～1 366
有效铜（mg/kg）	10	1.12	0.33	29.49	0.71～1.67
有效锌（mg/kg）	9	1.82	1.29	71.11	0.48～4.03
有效铁（mg/kg）	10	13.23	6.79	51.33	7.35～27.64
有效锰（mg/kg）	10	10.96	5.19	47.29	2.72～17.27
有效硼（mg/kg）	9	0.53	0.32	60.76	0.22～1.08
有效钼（mg/kg）	7	0.187	0.16	87.96	0.097～0.551
有效硫（mg/kg）	10	51.05	27.42	53.71	9.61～91.78
有效硅（mg/kg）	7	151.18	99.50	65.82	54.38～307.81

耕层质地

砂土		砂壤土		轻壤土		中壤土		重壤土		黏土	
样本数	占比（%）	样本数	占比（%）	样本数	占比（%）	样本数	占比（%）	样本数	占比（%）	样本数	占比（%）
1	0.94	34	32.08	30	28.30	15	14.15	1	0.94	25	23.58

土壤 pH

≤4.5		(4.5～5.5]		(5.5～6.5]		(6.5～7.5]		(7.5～8.5]		>8.5	
样本数	占比（%）	样本数	占比（%）	样本数	占比（%）	样本数	占比（%）	样本数	占比（%）	样本数	占比（%）
0	0.00	0	0.00	0	0.00	0	0.00	90	84.91	16	15.09

潮土—盐化潮土—苏打潮土耕地土壤主要理化性状

项目名称	样本数（个）	平均值	标准差	变异系数（%）	范围
有效土层厚度（cm）	28	144.7	21.97	15.19	80.0～189.0
耕层厚度（cm）	36	21.8	3.81	17.47	20.0～30.0
耕层容重（g/cm³）	35	1.21	0.06	5.33	1.14～1.34
有机质（g/kg）	35	17.1	5.41	31.70	9.8～29.5
全氮（g/kg）	35	0.925	0.31	33.41	0.515～1.733
有效磷（mg/kg）	36	13.0	8.62	66.54	3.5～34.0
速效钾（mg/kg）	36	162	50.37	31.05	73～292
缓效钾（mg/kg）	36	821	119.96	14.60	467～1 104
有效铜（mg/kg）	2	0.76	0.72	94.81	0.25～1.27
有效锌（mg/kg）	2	1.15	0.03	2.45	1.13～1.17
有效铁（mg/kg）	2	9.93	7.73	77.88	4.46～15.39
有效锰（mg/kg）	2	8.56	5.73	66.94	4.51～12.62
有效硼（mg/kg）	2	0.69	0.68	99.13	0.21～1.17
有效钼（mg/kg）	1	0.129	—	—	—
有效硫（mg/kg）	2	26.94	26.20	97.25	8.42～45.46
有效硅（mg/kg）	1	73.58	—	—	—

耕层质地

砂土		砂壤土		轻壤土		中壤土		重壤土		黏土	
样本数	占比（%）	样本数	占比（%）	样本数	占比（%）	样本数	占比（%）	样本数	占比（%）	样本数	占比（%）
0	0.00	8	22.22	9	25.00	16	44.44	2	5.56	1	2.78

土壤 pH

≤4.5		(4.5～5.5]		(5.5～6.5]		(6.5～7.5]		(7.5～8.5]		>8.5	
样本数	占比（%）	样本数	占比（%）	样本数	占比（%）	样本数	占比（%）	样本数	占比（%）	样本数	占比（%）
0	0.00	0	0.00	0	0.00	0	0.00	33	91.67	3	8.33

潮土—碱化潮土—碱潮壤土耕地土壤主要理化性状

项目名称	样本数（个）	平均值	标准差	变异系数（%）	范　围
有效土层厚度（cm）	7	155.3	25.65	16.52	99.0～176.0
耕层厚度（cm）	7	28.6	3.78	13.23	20.0～30.0
耕层容重（g/cm³）	7	1.21	0.04	3.11	1.20～1.30
有机质（g/kg）	6	20.8	6.22	29.87	10.2～27.1
全氮（g/kg）	7	1.389	0.41	29.80	0.860～2.040
有效磷（mg/kg）	6	24.7	11.17	45.28	12.9～40.4
速效钾（mg/kg）	7	232	78.15	33.63	113～321
缓效钾（mg/kg）	7	888	104.70	11.80	848～1 125
有效铜（mg/kg）	1	0.21	—	—	—
有效锌（mg/kg）	1	0.91	—	—	—
有效铁（mg/kg）	1	11.50	—	—	—
有效锰（mg/kg）	1	10.10	—	—	—
有效硼（mg/kg）	1	0.55	—	—	—
有效钼（mg/kg）	1	0.110	—	—	—
有效硫（mg/kg）	1	21.10	—	—	—
有效硅（mg/kg）	1	101.00	—	—	—

耕层质地

砂土		砂壤土		轻壤土		中壤土		重壤土		黏土	
样本数	占比（%）	样本数	占比（%）	样本数	占比（%）	样本数	占比（%）	样本数	占比（%）	样本数	占比（%）
0	0.00	0	0.00	4	57.14	2	28.57	0	0.00	1	14.29

土壤 pH

≤4.5		(4.5～5.5]		(5.5～6.5]		(6.5～7.5]		(7.5～8.5]		>8.5	
样本数	占比（%）	样本数	占比（%）	样本数	占比（%）	样本数	占比（%）	样本数	占比（%）	样本数	占比（%）
0	0.00	0	0.00	0	0.00	0	0.00	7	100.00	0	0.00

山地草甸土—典型山地草甸土—山地草甸壤土耕地土壤主要理化性状

项目名称	样本数（个）	平均值	标准差	变异系数（%）	范　围
有效土层厚度（cm）	14	92.4	28.54	30.91	45.0～150.0
耕层厚度（cm）	14	26.2	6.66	25.40	16.0～40.0
耕层容重（g/cm^3）	14	1.23	0.02	1.70	1.20～1.27
有机质（g/kg）	14	19.9	5.35	26.91	11.7～28.0
全氮（g/kg）	14	1.083	0.23	21.16	0.775～1.540
有效磷（mg/kg）	14	14.2	9.47	66.75	3.6～31.0
速效钾（mg/kg）	14	211	87.00	41.25	90～394
缓效钾（mg/kg）	14	943	145.78	15.45	746～1 157
有效铜（mg/kg）	3	1.14	0.66	57.92	0.66～1.89
有效锌（mg/kg）	4	1.39	0.81	58.50	0.62～2.45
有效铁（mg/kg）	4	13.27	5.13	38.66	6.60～18.66
有效锰（mg/kg）	4	10.89	5.28	48.51	5.60～15.72
有效硼（mg/kg）	3	0.50	0.22	44.42	0.26～0.69
有效钼（mg/kg）	4	0.128	0.03	20.13	0.095～0.156
有效硫（mg/kg）	4	17.57	12.77	72.66	6.41～34.24
有效硅（mg/kg）	3	147.88	123.68	83.64	58.29～289.00

耕层质地

砂土		砂壤土		轻壤土		中壤土		重壤土		黏土	
样本数	占比（%）	样本数	占比（%）	样本数	占比（%）	样本数	占比（%）	样本数	占比（%）	样本数	占比（%）
0	0.00	6	42.86	0	0.00	8	57.14	0	0.00	0	0.00

土壤 pH

≤4.5		(4.5～5.5]		(5.5～6.5]		(6.5～7.5]		(7.5～8.5]		>8.5	
样本数	占比（%）	样本数	占比（%）	样本数	占比（%）	样本数	占比（%）	样本数	占比（%）	样本数	占比（%）
0	0.00	0	0.00	0	0.00	0	0.00	12	85.71	2	14.29

山地草甸土—山地草原草甸土—山地草原草甸土耕地土壤主要理化性状

项目名称	样本数（个）	平均值	标准差	变异系数（%）	范围
有效土层厚度（cm）	6	58.8	2.32	3.94	55.0～61.0
耕层厚度（cm）	6	21.3	2.43	11.40	19.0～25.8
耕层容重（g/cm^3）	6	1.29	0.11	8.13	1.19～1.49
有机质（g/kg）	6	18.2	2.28	12.53	14.0～20.6
全氮（g/kg）	5	1.620	0.23	14.45	1.280～1.850
有效磷（mg/kg）	6	36.9	11.39	30.83	19.4～48.5
速效钾（mg/kg）	6	305	43.00	14.12	261～385
缓效钾（mg/kg）	6	1 255	148.04	11.79	1 068～1 457
有效铜（mg/kg）	6	0.97	0.26	26.47	0.68～1.42
有效锌（mg/kg）	6	1.99	0.94	47.23	1.15～3.67
有效铁（mg/kg）	5	20.98	6.29	29.99	13.66～28.55
有效锰（mg/kg）	6	14.90	2.50	16.75	12.24～18.96
有效硼（mg/kg）	6	1.41	0.84	59.37	0.58～2.93
有效钼（mg/kg）	6	0.154	0.03	18.89	0.113～0.180
有效硫（mg/kg）	6	27.68	22.62	81.71	6.25～55.80
有效硅（mg/kg）	6	104.57	50.09	47.90	49.48～179.86

耕层质地											
砂土		砂壤土		轻壤土		中壤土		重壤土		黏土	
样本数	占比（%）	样本数	占比（%）	样本数	占比（%）	样本数	占比（%）	样本数	占比（%）	样本数	占比（%）
0	0.00	0	0.00	0	0.00	6	100.00	0	0.00	0	0.00

土壤 pH											
≤4.5		(4.5～5.5]		(5.5～6.5]		(6.5～7.5]		(7.5～8.5]		>8.5	
样本数	占比（%）	样本数	占比（%）	样本数	占比（%）	样本数	占比（%）	样本数	占比（%）	样本数	占比（%）
0	0.00	0	0.00	0	0.00	0	0.00	6	100.00	0	0.00

沼泽土—腐泥沼泽土—腐泥沼泽土耕地土壤主要理化性状

项目名称	样本数（个）	平均值	标准差	变异系数（%）	范　围
有效土层厚度（cm）	2	30.0	0.00	0.00	30.0～30.0
耕层厚度（cm）	2	17.0	0.00	0.00	17.0～17.0
耕层容重（g/cm^3）	2	1.42	0.00	0.00	1.42～1.42
有机质（g/kg）	2	10.0	0.21	2.12	9.9～10.2
全氮（g/kg）	2	0.671	0.01	1.78	0.663～0.680
有效磷（mg/kg）	2	22.7	6.96	30.73	17.7～27.6
速效钾（mg/kg）	0	—	—	—	—
缓效钾（mg/kg）	0	—	—	—	—
有效铜（mg/kg）	0	—	—	—	—
有效锌（mg/kg）	0	—	—	—	—
有效铁（mg/kg）	0	—	—	—	—
有效锰（mg/kg）	0	—	—	—	—
有效硼（mg/kg）	0	—	—	—	—
有效钼（mg/kg）	0	—	—	—	—
有效硫（mg/kg）	0	—	—	—	—
有效硅（mg/kg）	0	—	—	—	—

耕层质地

砂土		砂壤土		轻壤土		中壤土		重壤土		黏土	
样本数	占比（%）	样本数	占比（%）	样本数	占比（%）	样本数	占比（%）	样本数	占比（%）	样本数	占比（%）
0	0.00	0	0.00	2	100.00	0	0.00	0	0.00	0	0.00

土壤 pH

≤4.5		(4.5～5.5]		(5.5～6.5]		(6.5～7.5]		(7.5～8.5]		>8.5	
样本数	占比（%）	样本数	占比（%）	样本数	占比（%）	样本数	占比（%）	样本数	占比（%）	样本数	占比（%）
0	0.00	0	0.00	0	0.00	0	0.00	2	100.00	0	0.00

沼泽土—草甸沼泽土—草甸沼泽土耕地土壤主要理化性状

项目名称	样本数（个）	平均值	标准差	变异系数（%）	范　围
有效土层厚度（cm）	2	80.0	0.00	0.00	80.0～80.0
耕层厚度（cm）	2	23.0	2.83	12.30	21.0～25.0
耕层容重（g/cm^3）	2	1.27	0.01	1.11	1.26～1.28
有机质（g/kg）	2	14.7	1.46	9.94	13.6～15.7
全氮（g/kg）	2	1.050	0.11	10.77	0.970～1.130
有效磷（mg/kg）	2	9.3	1.06	11.47	8.5～10.0
速效钾（mg/kg）	2	227	11.31	4.98	219～235
缓效钾（mg/kg）	2	1 139	53.74	4.72	1 101～1 177
有效铜（mg/kg）	0	—	—	—	—
有效锌（mg/kg）	0	—	—	—	—
有效铁（mg/kg）	0	—	—	—	—
有效锰（mg/kg）	0	—	—	—	—
有效硼（mg/kg）	0	—	—	—	—
有效钼（mg/kg）	0	—	—	—	—
有效硫（mg/kg）	0	—	—	—	—
有效硅（mg/kg）	0	—	—	—	—

耕层质地

砂土		砂壤土		轻壤土		中壤土		重壤土		黏土	
样本数	占比（%）	样本数	占比（%）	样本数	占比（%）	样本数	占比（%）	样本数	占比（%）	样本数	占比（%）
0	0.00	2	100.00	0	0.00	0	0.00	0	0.00	0	0.00

土壤 pH

≤4.5		(4.5～5.5]		(5.5～6.5]		(6.5～7.5]		(7.5～8.5]		>8.5	
样本数	占比（%）	样本数	占比（%）	样本数	占比（%）	样本数	占比（%）	样本数	占比（%）	样本数	占比（%）
0	0.00	0	0.00	0	0.00	0	0.00	2	100.00	0	0.00

草甸盐土—典型草甸盐土—氯化物草甸盐土耕地土壤主要理化性状

项目名称	样本数（个）	平均值	标准差	变异系数（%）	范 围
有效土层厚度（cm）	1	100.0	—	—	—
耕层厚度（cm）	1	20.0	—	—	—
耕层容重（g/cm^3）	1	1.21	—	—	—
有机质（g/kg）	1	13.2	—	—	—
全氮（g/kg）	1	0.790	—	—	—
有效磷（mg/kg）	1	24.2	—	—	—
速效钾（mg/kg）	1	196	—	—	—
缓效钾（mg/kg）	1	1 125	—	—	—
有效铜（mg/kg）	1	0.21	—	—	—
有效锌（mg/kg）	1	0.91	—	—	—
有效铁（mg/kg）	1	11.50	—	—	—
有效锰（mg/kg）	1	10.10	—	—	—
有效硼（mg/kg）	1	0.55	—	—	—
有效钼（mg/kg）	1	0.110	—	—	—
有效硫（mg/kg）	1	21.10	—	—	—
有效硅（mg/kg）	1	101.00	—	—	—

耕层质地

砂土		砂壤土		轻壤土		中壤土		重壤土		黏土	
样本数	占比（%）	样本数	占比（%）	样本数	占比（%）	样本数	占比（%）	样本数	占比（%）	样本数	占比（%）
0	0.00	0	0.00	0	0.00	1	100.00	0	0.00	0	0.00

土壤 pH

≤4.5		(4.5～5.5]		(5.5～6.5]		(6.5～7.5]		(7.5～8.5]		>8.5	
样本数	占比（%）	样本数	占比（%）	样本数	占比（%）	样本数	占比（%）	样本数	占比（%）	样本数	占比（%）
0	0.00	0	0.00	0	0.00	0	0.00	1	100.00	0	0.00

草甸盐土—典型草甸盐土—硫酸盐草甸盐土耕地土壤主要理化性状

项目名称	样本数（个）	平均值	标准差	变异系数（%）	范　围
有效土层厚度（cm）	2	178.0	1.41	0.79	177.0～179.0
耕层厚度（cm）	2	25.0	7.07	28.28	20.0～30.0
耕层容重（g/cm³）	2	1.28	0.12	9.35	1.20～1.37
有机质（g/kg）	2	16.5	1.00	6.08	15.8～17.2
全氮（g/kg）	2	0.955	0.01	0.74	0.950～0.960
有效磷（mg/kg）	2	15.3	7.95	51.94	9.7～20.9
速效钾（mg/kg）	2	206	47.73	23.14	173～240
缓效钾（mg/kg）	2	1 057	294.86	27.91	848～1 265
有效铜（mg/kg）	0	—	—	—	—
有效锌（mg/kg）	0	—	—	—	—
有效铁（mg/kg）	0	—	—	—	—
有效锰（mg/kg）	0	—	—	—	—
有效硼（mg/kg）	0	—	—	—	—
有效钼（mg/kg）	0	—	—	—	—
有效硫（mg/kg）	0	—	—	—	—
有效硅（mg/kg）	0	—	—	—	—

耕层质地											
砂土		砂壤土		轻壤土		中壤土		重壤土		黏土	
样本数	占比（%）	样本数	占比（%）	样本数	占比（%）	样本数	占比（%）	样本数	占比（%）	样本数	占比（%）
0	0.00	0	0.00	2	100.00	0	0.00	0	0.00	0	0.00

土壤 pH											
≤4.5		(4.5～5.5]		(5.5～6.5]		(6.5～7.5]		(7.5～8.5]		>8.5	
样本数	占比（%）	样本数	占比（%）	样本数	占比（%）	样本数	占比（%）	样本数	占比（%）	样本数	占比（%）
0	0.00	0	0.00	0	0.00	0	0.00	2	100.00	0	0.00

水稻土—潴育水稻土—潮泥田耕地土壤主要理化性状

项目名称	样本数（个）	平均值	标准差	变异系数（%）	范　围
有效土层厚度（cm）	6	102.5	46.56	45.42	60.0～145.0
耕层厚度（cm）	6	23.2	7.63	32.92	15.0～30.0
耕层容重（g/cm^3）	2	1.49	0.01	0.48	1.48～1.49
有机质（g/kg）	6	22.9	8.17	35.63	15.1～31.9
全氮（g/kg）	6	1.540	0.22	13.96	1.226～1.784
有效磷（mg/kg）	4	47.2	17.42	36.91	32.3～72.4
速效钾（mg/kg）	6	140	50.81	36.32	85～209
缓效钾（mg/kg）	3	1 074	379.22	35.30	668～1 419
有效铜（mg/kg）	0	—	—	—	—
有效锌（mg/kg）	1	2.41	—	—	—
有效铁（mg/kg）	1	8.37	—	—	—
有效锰（mg/kg）	1	16.57	—	—	—
有效硼（mg/kg）	1	0.42	—	—	—
有效钼（mg/kg）	1	0.116	—	—	—
有效硫（mg/kg）	0	—	—	—	—
有效硅（mg/kg）	0	—	—	—	—

耕层质地

砂土		砂壤土		轻壤土		中壤土		重壤土		黏土	
样本数	占比（%）	样本数	占比（%）	样本数	占比（%）	样本数	占比（%）	样本数	占比（%）	样本数	占比（%）
3	50.00	0	0.00	0	0.00	3	50.00	0	0.00	0	0.00

土壤 pH

≤4.5		(4.5～5.5]		(5.5～6.5]		(6.5～7.5]		(7.5～8.5]		>8.5	
样本数	占比（%）	样本数	占比（%）	样本数	占比（%）	样本数	占比（%）	样本数	占比（%）	样本数	占比（%）
0	0.00	2	33.33	1	16.67	3	50.00	0	0.00	0	0.00

水稻土—潴育水稻土—潮泥砂田耕地土壤主要理化性状

项目名称	样本数（个）	平均值	标准差	变异系数（%）	范　围
有效土层厚度（cm）	20	30.0	0.00	0.00	30.0～30.0
耕层厚度（cm）	20	16.8	0.62	3.66	15.0～17.0
耕层容重（g/cm^3）	20	1.40	0.02	1.10	1.35～1.40
有机质（g/kg）	20	12.5	3.68	29.44	7.0～20.9
全氮（g/kg）	20	0.723	0.26	36.21	0.313～1.349
有效磷（mg/kg）	20	13.4	5.82	43.28	5.3～26.8
速效钾（mg/kg）	17	116	40.20	34.68	81～217
缓效钾（mg/kg）	19	480	81.37	16.95	369～648
有效铜（mg/kg）	2	1.44	0.46	31.90	1.11～1.76
有效锌（mg/kg）	2	2.02	0.73	36.12	1.50～2.53
有效铁（mg/kg）	2	10.25	2.51	24.44	8.48～12.03
有效锰（mg/kg）	2	13.87	0.24	1.75	13.70～14.04
有效硼（mg/kg）	2	0.16	0.01	6.45	0.16～0.17
有效钼（mg/kg）	2	0.079	0.02	27.92	0.063～0.094
有效硫（mg/kg）	1	56.33	—	—	—
有效硅（mg/kg）	0	—	—	—	—

耕层质地

砂土		砂壤土		轻壤土		中壤土		重壤土		黏土	
样本数	占比（%）	样本数	占比（%）	样本数	占比（%）	样本数	占比（%）	样本数	占比（%）	样本数	占比（%）
0	0.00	0	0.00	20	100.00	0	0.00	0	0.00	0	0.00

土壤 pH

≤4.5		(4.5～5.5]		(5.5～6.5]		(6.5～7.5]		(7.5～8.5]		>8.5	
样本数	占比（%）	样本数	占比（%）	样本数	占比（%）	样本数	占比（%）	样本数	占比（%）	样本数	占比（%）
0	0.00	0	0.00	0	0.00	0	0.00	17	85.00	3	15.00

水稻土—淹育水稻土—浅潮泥田耕地土壤主要理化性状

项目名称	样本数（个）	平均值	标准差	变异系数（%）	范　围
有效土层厚度（cm）	4	105.0	33.17	31.59	70.0～150.0
耕层厚度（cm）	4	20.0	0.00	0.00	20.0～20.0
耕层容重（g/cm^3）	4	1.32	0.12	9.21	1.16～1.43
有机质（g/kg）	3	23.2	12.51	54.01	8.9～32.2
全氮（g/kg）	4	1.466	0.58	39.51	0.614～1.890
有效磷（mg/kg）	3	29.1	14.51	49.86	12.5～39.5
速效钾（mg/kg）	4	228	129.30	56.77	111～349
缓效钾（mg/kg）	4	938	146.53	15.62	749～1 090
有效铜（mg/kg）	3	1.68	0.64	38.31	0.94～2.11
有效锌（mg/kg）	3	3.20	1.75	54.75	1.25～4.64
有效铁（mg/kg）	3	8.06	5.31	65.92	2.07～12.20
有效锰（mg/kg）	3	7.69	4.87	63.30	2.07～10.60
有效硼（mg/kg）	3	0.86	0.36	41.89	0.45～1.08
有效钼（mg/kg）	3	0.154	0.05	32.47	0.120～0.211
有效硫（mg/kg）	3	45.75	12.42	27.15	37.24～60.00
有效硅（mg/kg）	3	208.45	18.85	9.04	188.53～226.00

耕层质地

砂土		砂壤土		轻壤土		中壤土		重壤土		黏土	
样本数	占比（%）	样本数	占比（%）	样本数	占比（%）	样本数	占比（%）	样本数	占比（%）	样本数	占比（%）
0	0.00	1	25.00	3	75.00	0	0.00	0	0.00	0	0.00

土壤 pH

≤4.5		(4.5～5.5]		(5.5～6.5]		(6.5～7.5]		(7.5～8.5]		>8.5	
样本数	占比（%）	样本数	占比（%）	样本数	占比（%）	样本数	占比（%）	样本数	占比（%）	样本数	占比（%）
0	0.00	0	0.00	0	0.00	0	0.00	4	100.00	0	0.00

水稻土—潜育水稻土—青潮泥田耕地土壤主要理化性状

项目名称	样本数（个）	平均值	标准差	变异系数（%）	范　围
有效土层厚度（cm）	4	100.0	0.00	0.00	100.0～100.0
耕层厚度（cm）	6	20.0	0.00	0.00	20.0～20.0
耕层容重（g/cm^3）	6	1.29	0.07	5.71	1.20～1.37
有机质（g/kg）	6	14.3	10.83	75.79	5.1～29.4
全氮（g/kg）	5	0.853	0.53	61.97	0.357～1.592
有效磷（mg/kg）	6	16.0	5.10	31.92	7.5～23.2
速效钾（mg/kg）	4	131	54.00	41.13	69～199
缓效钾（mg/kg）	3	463	77.52	16.75	405～551
有效铜（mg/kg）	0	—	—	—	—
有效锌（mg/kg）	0	—	—	—	—
有效铁（mg/kg）	0	—	—	—	—
有效锰（mg/kg）	0	—	—	—	—
有效硼（mg/kg）	0	—	—	—	—
有效钼（mg/kg）	0	—	—	—	—
有效硫（mg/kg）	0	—	—	—	—
有效硅（mg/kg）	0	—	—	—	—

耕层质地

砂土		砂壤土		轻壤土		中壤土		重壤土		黏土	
样本数	占比（%）	样本数	占比（%）	样本数	占比（%）	样本数	占比（%）	样本数	占比（%）	样本数	占比（%）
0	0.00	4	66.67	0	0.00	2	33.33	0	0.00	0	0.00

土壤 pH

≤4.5		(4.5～5.5]		(5.5～6.5]		(6.5～7.5]		(7.5～8.5]		>8.5	
样本数	占比（%）	样本数	占比（%）	样本数	占比（%）	样本数	占比（%）	样本数	占比（%）	样本数	占比（%）
0	0.00	0	0.00	0	0.00	0	0.00	5	83.33	1	16.67

水稻土—盐渍水稻土—氯化物涂砂田耕地土壤主要理化性状

项目名称	样本数（个）	平均值	标准差	变异系数（%）	范　围
有效土层厚度（cm）	1	174.0	—	—	—
耕层厚度（cm）	1	30.0	—	—	—
耕层容重（g/cm³）	1	1.17	—	—	—
有机质（g/kg）	1	26.5	—	—	—
全氮（g/kg）	0	—	—	—	—
有效磷（mg/kg）	1	21.7	—	—	—
速效钾（mg/kg）	1	279	—	—	—
缓效钾（mg/kg）	1	702	—	—	—
有效铜（mg/kg）	0	—	—	—	—
有效锌（mg/kg）	0	—	—	—	—
有效铁（mg/kg）	0	—	—	—	—
有效锰（mg/kg）	0	—	—	—	—
有效硼（mg/kg）	0	—	—	—	—
有效钼（mg/kg）	0	—	—	—	—
有效硫（mg/kg）	0	—	—	—	—
有效硅（mg/kg）	0	—	—	—	—

耕层质地

砂土		砂壤土		轻壤土		中壤土		重壤土		黏土	
样本数	占比（%）	样本数	占比（%）	样本数	占比（%）	样本数	占比（%）	样本数	占比（%）	样本数	占比（%）
0	0.00	0	0.00	1	100.00	0	0.00	0	0.00	0	0.00

土壤 pH

≤4.5		(4.5～5.5]		(5.5～6.5]		(6.5～7.5]		(7.5～8.5]		>8.5	
样本数	占比（%）	样本数	占比（%）	样本数	占比（%）	样本数	占比（%）	样本数	占比（%）	样本数	占比（%）
0	0.00	0	0.00	0	0.00	0	0.00	1	100.00	0	0.00

水稻土—盐渍水稻土—氯化物涂泥田耕地土壤主要理化性状

项目名称	样本数（个）	平均值	标准差	变异系数（%）	范　围
有效土层厚度（cm）	3	150.0	0.00	0.00	150.0～150.0
耕层厚度（cm）	3	20.0	0.00	0.00	20.0～20.0
耕层容重（g/cm³）	3	1.26	0.04	2.79	1.22～1.29
有机质（g/kg）	3	14.5	8.69	59.86	4.7～21.1
全氮（g/kg）	3	0.793	0.41	51.73	0.320～1.050
有效磷（mg/kg）	3	11.7	6.70	57.14	4.0～15.9
速效钾（mg/kg）	3	150	121.92	81.18	73～291
缓效钾（mg/kg）	3	928	173.86	18.74	747～1 093
有效铜（mg/kg）	1	0.86	—	—	—
有效锌（mg/kg）	1	1.18	—	—	—
有效铁（mg/kg）	1	6.54	—	—	—
有效锰（mg/kg）	1	4.88	—	—	—
有效硼（mg/kg）	1	0.49	—	—	—
有效钼（mg/kg）	1	0.116	—	—	—
有效硫（mg/kg）	1	54.00	—	—	—
有效硅（mg/kg）	1	132.00	—	—	—

耕层质地											
砂土		砂壤土		轻壤土		中壤土		重壤土		黏土	
样本数	占比（%）	样本数	占比（%）	样本数	占比（%）	样本数	占比（%）	样本数	占比（%）	样本数	占比（%）
0	0.00	0	0.00	3	100.00	0	0.00	0	0.00	0	0.00

土壤 pH											
≤4.5		(4.5～5.5]		(5.5～6.5]		(6.5～7.5]		(7.5～8.5]		>8.5	
样本数	占比（%）	样本数	占比（%）	样本数	占比（%）	样本数	占比（%）	样本数	占比（%）	样本数	占比（%）
0	0.00	0	0.00	0	0.00	0	0.00	3	100.00	0	0.00

灌淤土—典型灌淤土—灌淤砂土耕地土壤主要理化性状

项目名称	样本数（个）	平均值	标准差	变异系数（%）	范　围
有效土层厚度（cm）	13	76.8	72.59	94.46	30.0～200.0
耕层厚度（cm）	13	20.2	6.95	34.37	17.0～40.0
耕层容重（g/cm³）	13	1.36	0.04	2.75	1.30～1.38
有机质（g/kg）	11	14.4	5.44	37.74	5.0～26.4
全氮（g/kg）	12	0.876	0.33	38.01	0.300～1.355
有效磷（mg/kg）	12	15.7	10.59	67.61	5.3～35.8
速效钾（mg/kg）	13	140	54.50	39.03	74～262
缓效钾（mg/kg）	12	657	220.90	33.62	483～1 125
有效铜（mg/kg）	2	0.43	0.31	72.30	0.21～0.65
有效锌（mg/kg）	2	1.46	0.77	52.98	0.91～2.00
有效铁（mg/kg）	2	13.06	2.21	16.93	11.50～14.63
有效锰（mg/kg）	2	14.53	6.27	43.13	10.10～18.96
有效硼（mg/kg）	2	0.41	0.20	47.60	0.27～0.55
有效钼（mg/kg）	2	0.084	0.04	43.77	0.058～0.110
有效硫（mg/kg）	2	19.72	1.95	9.88	18.35～21.10
有效硅（mg/kg）	1	101.00	—	—	—

耕层质地

砂土		砂壤土		轻壤土		中壤土		重壤土		黏土	
样本数	占比（%）	样本数	占比（%）	样本数	占比（%）	样本数	占比（%）	样本数	占比（%）	样本数	占比（%）
0	0.00	0	0.00	9	69.23	4	30.77	0	0.00	0	0.00

土壤 pH

≤4.5		(4.5～5.5]		(5.5～6.5]		(6.5～7.5]		(7.5～8.5]		>8.5	
样本数	占比（%）	样本数	占比（%）	样本数	占比（%）	样本数	占比（%）	样本数	占比（%）	样本数	占比（%）
0	0.00	0	0.00	0	0.00	0	0.00	10	76.92	3	23.08

灌淤土—典型灌淤土—灌淤壤土耕地土壤主要理化性状

项目名称	样本数（个）	平均值	标准差	变异系数（%）	范　围
有效土层厚度（cm）	123	96.7	25.27	26.13	58.0～150.0
耕层厚度（cm）	123	22.2	3.56	16.05	20.0～35.0
耕层容重（g/cm^3）	123	1.27	0.07	5.91	1.11～1.44
有机质（g/kg）	120	15.1	4.27	28.36	4.7～26.2
全氮（g/kg）	122	0.953	0.30	31.05	0.310～1.570
有效磷（mg/kg）	104	29.4	19.02	64.72	3.7～71.5
速效钾（mg/kg）	111	208	78.72	37.93	69～384
缓效钾（mg/kg）	103	1 016	224.48	22.09	466～1 499
有效铜（mg/kg）	115	0.88	0.55	62.54	0.15～2.64
有效锌（mg/kg）	115	1.11	0.68	61.51	0.28～3.68
有效铁（mg/kg）	121	13.52	5.64	41.74	1.35～30.50
有效锰（mg/kg）	120	10.84	3.34	30.79	1.93～23.50
有效硼（mg/kg）	123	0.73	0.43	58.62	0.16～2.31
有效钼（mg/kg）	117	0.123	0.05	39.92	0.060～0.380
有效硫（mg/kg）	120	21.63	19.48	90.03	2.54～171.00
有效硅（mg/kg）	121	113.42	32.14	28.33	51.18～210.00

耕层质地

砂土		砂壤土		轻壤土		中壤土		重壤土		黏土	
样本数	占比（%）	样本数	占比（%）	样本数	占比（%）	样本数	占比（%）	样本数	占比（%）	样本数	占比（%）
0	0.00	3	2.44	3	2.44	110	89.43	2	1.63	5	4.07

土壤 pH

≤4.5		(4.5～5.5]		(5.5～6.5]		(6.5～7.5]		(7.5～8.5]		>8.5	
样本数	占比（%）	样本数	占比（%）	样本数	占比（%）	样本数	占比（%）	样本数	占比（%）	样本数	占比（%）
0	0.00	0	0.00	0	0.00	0	0.00	95	77.24	28	22.76

灌淤土—典型灌淤土—灌淤黏土耕地土壤主要理化性状

项目名称	样本数（个）	平均值	标准差	变异系数（%）	范　围
有效土层厚度（cm）	40	85.9	24.23	28.22	50.0～150.0
耕层厚度（cm）	40	20.0	0.00	0.00	20.0～20.0
耕层容重（g/cm^3）	40	1.25	0.09	6.97	1.11～1.45
有机质（g/kg）	40	14.1	3.71	26.42	5.6～22.5
全氮（g/kg）	40	0.808	0.21	26.37	0.400～1.360
有效磷（mg/kg）	36	17.8	11.15	62.49	4.7～55.8
速效钾（mg/kg）	40	197	71.68	36.41	76～341
缓效钾（mg/kg）	40	1 038	213.91	20.60	503～1 292
有效铜（mg/kg）	40	0.57	0.59	103.95	0.21～2.42
有效锌（mg/kg）	40	1.16	0.67	57.68	0.51～3.95
有效铁（mg/kg）	40	10.92	2.11	19.37	6.50～17.07
有效锰（mg/kg）	40	10.76	2.81	26.09	4.60～20.92
有效硼（mg/kg）	40	0.60	0.15	24.45	0.37～1.17
有效钼（mg/kg）	40	0.119	0.03	28.81	0.110～0.320
有效硫（mg/kg）	40	21.09	7.64	36.23	8.70～59.41
有效硅（mg/kg）	40	106.26	18.29	17.21	91.25～175.20

耕层质地

砂土		砂壤土		轻壤土		中壤土		重壤土		黏土	
样本数	占比（%）	样本数	占比（%）	样本数	占比（%）	样本数	占比（%）	样本数	占比（%）	样本数	占比（%）
0	0.00	0	0.00	0	0.00	38	95.00	0	0.00	2	5.00

土壤 pH

≤4.5		(4.5～5.5]		(5.5～6.5]		(6.5～7.5]		(7.5～8.5]		>8.5	
样本数	占比（%）	样本数	占比（%）	样本数	占比（%）	样本数	占比（%）	样本数	占比（%）	样本数	占比（%）
0	0.00	0	0.00	0	0.00	0	0.00	31	77.50	9	22.50

灌淤土—潮灌淤土—潮灌淤壤土耕地土壤主要理化性状

项目名称	样本数（个）	平均值	标准差	变异系数（%）	范围
有效土层厚度（cm）	12	100.6	42.96	42.71	50.0～180.0
耕层厚度（cm）	12	20.5	1.17	5.70	20.0～23.0
耕层容重（g/cm^3）	12	1.27	0.10	7.54	1.12～1.41
有机质（g/kg）	11	15.6	4.54	29.04	8.2～22.3
全氮（g/kg）	12	0.970	0.31	32.27	0.370～1.480
有效磷（mg/kg）	9	12.6	6.45	51.12	4.8～25.5
速效钾（mg/kg）	11	159	61.12	38.43	96～289
缓效钾（mg/kg）	12	1 025	276.57	26.99	407～1 314
有效铜（mg/kg）	11	0.21	0.00	0.00	0.21～0.21
有效锌（mg/kg）	12	0.87	0.13	14.72	0.47～0.91
有效铁（mg/kg）	12	10.93	1.99	18.23	4.60～11.50
有效锰（mg/kg）	12	9.65	1.55	16.03	4.74～10.10
有效硼（mg/kg）	12	0.54	0.03	5.28	0.45～0.55
有效钼（mg/kg）	12	0.108	0.01	7.23	0.083～0.110
有效硫（mg/kg）	12	20.20	3.11	15.40	10.32～21.10
有效硅（mg/kg）	12	104.75	12.99	12.40	101.00～146.00

耕层质地

砂土		砂壤土		轻壤土		中壤土		重壤土		黏土	
样本数	占比（%）	样本数	占比（%）	样本数	占比（%）	样本数	占比（%）	样本数	占比（%）	样本数	占比（%）
0	0.00	1	8.33	0	0.00	11	91.67	0	0.00	0	0.00

土壤 pH

≤4.5		(4.5～5.5]		(5.5～6.5]		(6.5～7.5]		(7.5～8.5]		>8.5	
样本数	占比（%）	样本数	占比（%）	样本数	占比（%）	样本数	占比（%）	样本数	占比（%）	样本数	占比（%）
0	0.00	0	0.00	0	0.00	0	0.00	9	75.00	3	25.00

灌淤土—盐化灌淤土—盐化灌淤土耕地土壤主要理化性状

项目名称	样本数（个）	平均值	标准差	变异系数（%）	范　围
有效土层厚度（cm）	2	74.5	34.65	46.51	50.0～99.0
耕层厚度（cm）	2	20.0	0.00	0.00	20.0～20.0
耕层容重（g/cm^3）	2	1.28	0.03	2.54	1.25～1.30
有机质（g/kg）	2	15.6	5.08	32.59	12.0～19.2
全氮（g/kg）	2	0.885	0.32	35.95	0.660～1.110
有效磷（mg/kg）	2	11.9	10.05	84.40	4.8～19.0
速效钾（mg/kg）	2	189	167.70	88.93	70～307
缓效钾（mg/kg）	2	1 010	162.20	16.05	896～1 125
有效铜（mg/kg）	2	0.46	0.35	76.22	0.21～0.70
有效锌（mg/kg）	2	0.74	0.24	32.41	0.57～0.91
有效铁（mg/kg）	2	9.39	2.98	31.75	7.28～11.50
有效锰（mg/kg）	2	9.57	0.75	7.89	9.03～10.10
有效硼（mg/kg）	2	0.77	0.31	40.54	0.55～0.99
有效钼（mg/kg）	2	0.128	0.03	20.23	0.110～0.147
有效硫（mg/kg）	2	12.68	11.91	93.96	4.26～21.10
有效硅（mg/kg）	2	107.29	8.90	8.29	101.00～113.58

耕层质地

砂土		砂壤土		轻壤土		中壤土		重壤土		黏土	
样本数	占比（%）	样本数	占比（%）	样本数	占比（%）	样本数	占比（%）	样本数	占比（%）	样本数	占比（%）
0	0.00	0	0.00	0	0.00	2	100.00	0	0.00	0	0.00

土壤 pH

≤4.5		(4.5～5.5]		(5.5～6.5]		(6.5～7.5]		(7.5～8.5]		>8.5	
样本数	占比（%）	样本数	占比（%）	样本数	占比（%）	样本数	占比（%）	样本数	占比（%）	样本数	占比（%）
0	0.00	0	0.00	0	0.00	0	0.00	1	50.00	1	50.00

图书在版编目（CIP）数据

黄土高原区耕地质量主要性状数据集 / 农业农村部耕地质量监测保护中心编著. -- 北京 ：中国农业出版社，2024. 10. -- ISBN 978-7-109-32555-5

Ⅰ. F323.211

中国国家版本馆 CIP 数据核字第 2024Y1K302 号

黄土高原区耕地质量主要性状数据集

HUANGTUGAOYUANQU GENGDI ZHILIANG ZHUYAO XINGZHUANG SHUJUJI

中国农业出版社出版

地址：北京市朝阳区麦子店街 18 号楼

邮编：100125

责任编辑：贺志清

版式设计：杨　婧　　责任校对：吴丽婷

印刷：北京通州皇家印刷厂

版次：2024 年 10 月第 1 版

印次：2024 年 10 月北京第 1 次印刷

发行：新华书店北京发行所

开本：880mm×1230mm　1/16

印张：14.5

字数：470 千字

定价：100.00 元